AS

P. Werner Lange

HEILIGER BERG DER MASSAI

Oldonyo Lengai

Fotografien:
P. Werner Lange
Christina Helbig
Thomas Schulmeister
Michael Albus
Jörg Keller

AS Verlag

Ingrid bringt ein Massaipaar, von dem sie meint, dass es gern fotografiert werden möchte. Der Mann trägt eine Pudelmütze, das faltige Gesicht darunter gleicht einer vertrockneten Feige. Er hat sich gewiss nicht vor die Kamera gedrängt: Seine erblindenden Augen haben der vergeblichen Hast unseres Lebens lange genug zugesehen. Dieses Lebens, das ihm vorgaukelte, es währe ewig. Nun hat ihn selbst ein Schild aus Büffelhaut nicht davor bewahren können, mit dem Gefühl unerklärlicher Schuld zurückzubleiben.

Mike kommt herüber, um zu übersetzen, und ich frage den Alten, wie er uns nennt.

«Wassermenschen!», sagt er. Und dann stockend: «Es gab eine Prophezeiung. Ein Laibon sah weiße Menschen aus dem See auftauchen. Weiße Menschen mit grünen Adern und Katzenaugen.»

«Siehst du meine Adern? Sie sind blau!»

«Mich kann man täuschen. Ein Laibon irrt sich nicht!»

Dabei hebt er wie zum Schwur die verstümmelte Linke.

«Wie kann der Laibon denn in die Zukunft gesehen haben?»

«Er träumt sie, oder er trinkt Honigbier und sieht im Rausch, was geschehen wird.»

«Und irrt niemals?»

«Wenn er nicht sicher ist, fragt er die Steine im Büffelhorn. Er kann auch in den Eingeweiden einer Ziege lesen.»

Richtig, vierzig Steine sind im Büffelhorn – wie sollte er da irren?

«Was ist mit deiner Hand geschehen?»

«Das war der Leopard», sagt er, rafft die Shuka, zeigt mir die weiß schimmernden Narben auf seinem Rippenbogen, reckt sich, strafft den Körper und ist auf einmal fast einer der Krieger, deren Speerklingen in der Ebene blitzen. So sieht ein alter Mann aus, wenn er der Liebe begegnet. Einer Liebe, die zu spät kam.

«Hier, in dieser wüsten Gegend, ein Leopard?», frage ich zweifelnd.

Zum ersten Mal, seit wir miteinander sprechen, sieht er mich an, und ich glaube Spott zu spüren.

«Er ist noch da draußen, auf dem Berg. Er wird deinen Namen rufen.»

Massaipaar aus einem Dorf am heiligen Berg Oldonyo Lengai. Die beiden sind nicht für eine festliche Gelegenheit geschmückt: Glasperlenschmuck wird sowohl von Frauen als auch von Männern fast ständig getragen, sofern er nicht bei der Arbeit hinderlich ist.

In dem betrachteten Gebiet sind verschiedene Schreibweisen geografischer Namen gebräuchlich. So kann es Oldonyo Lengai, Oldoinyo Lengai – diese Namensform hat sich in wissenschaftlicher Literatur durchgesetzt – oder Oldoinyo le Engai sowie Olduvai oder Oldupai und Embakaai oder Empakai heißen. Auch die Höhenangaben weichen oft voneinander ab: Die immer wieder für den Oldonyo Lengai (2960 m) erwähnte Höhe von 2878 m mag annähernd für den Rand des Nordkraters, aber nicht für den Gipfel zutreffend sein. Hier wurden ausschließlich Schreibweisen und Höhenangaben der 2. Auflage der Karte «Ngorongoro Conservation Area», Harms Verlag Kandel 2007, verwendet. Offenkundig heillos ist die Verwirrung im Hinblick auf Völkerschaften: Die Hadza zum Beispiel erscheinen auch als Hadzabe, Hadzapi, Hatsa, Tindiga, Watindiga, Kindiga, Wakindiga, Kangeju oder im Westen ihres Verbreitungsgebietes als Wahi. Der Autor hat sich bemüht, geläufige Formen zu wählen, und das ist so anfechtbar wie jedes Bemühen. Die Rechtschreibung in Zitaten wurde der heutigen angeglichen. Sämtliche Auszüge aus englischsprachigen Texten sind vom Autor übersetzt worden.

www.as-verlag.ch

Gestaltung: www.vonarxgrafik.ch,
Heinz von Arx, Urs Bolz, Zürich
Druckvorstufe: Tamara Binder, Zürich
Druck: B&K Offsetdruck GmbH, Ottersweier
Einband: Josef Spinner Großbuchbinderei GmbH, Ottersweier
ISBN 978-3-909111-70-1

Inhalt

«Zu denen, die uns am meisten über uns selbst erzählen können, zählen sicher die Menschen, die den Pfaden unserer Ahnen folgen, die Wanderer, die das Grasland, die Wälder und Vulkanfelder der ostafrikanischen Savannen durchqueren.»

George Monbiot, «Nomadenland»

«Die Romantisierung ist eine Tochter der Zerstörung. Vergebens versuchen die Dichter zu retten, was ihre Zivilisation ausgelöscht hat.»

Bartholomäus Grill, «Ach, Afrika»

DER SCHATTENKREIS

Wenn mir die Fragen ausgehen, dann stehen wir verlegen schweigend beisammen. Wir haben ja nur unser bisschen Freundlichkeit und Mitgefühl, und im Grunde ahnen wir, dass einer die Wertvorstellungen des anderen nicht teilt, sie vielleicht sogar für einfältig hält.

Schön, ich bin wohl nicht übermäßig von mir eingenommen, und ich habe das Staunen noch nicht verlernt. Aber das Fühlen dieser Menschen, ihre Wesensart, werde ich nie begreifen. Und wenn ich mich ehrlich frage – sie beunruhigen mich: Sie erinnern an Versäumnisse, lassen mein Tun fragwürdig erscheinen. Da bleibt ein Stachel im Hirn: Auch du könntest dich verweigern, ganz anders leben.

Nein, nicht als Massai. Sie sind keine edlen Wilden. Manche behandeln die Kinder roh, kaum jemand findet etwas dabei, wenn ein Mann seine Frauen schlägt, und die Selbstgerechtigkeit, mit der sie Mädchen und Jungen bei der Beschneidung antun lassen, was ihnen einmal geschehen ist, stößt ab. Männer, die jedem ihrer hundert Rinder einen Namen geben und gefühlvolle Lieder über einzelne Kühe singen, reißen Witze, wenn sie ein Tier schlachten. Sie können so grausam wie ihre Märchen sein, und die Frauen sind hart wie Keulenholz. Wie daheim gibt es unter ihnen unbeherrschte, dünkelhafte, verlogene, habgierige Menschen und gehörige Tröpfe.

Sie sind nur weitaus fröhlicher als wir.

Das Land der grünen Gräser

MASSAI

Obgleich sie an einen einzigen Gott glauben, den sie Engai, Enkai oder Ngai nennen, gibt es in den Mythen der Massai keine Schöpfungsgeschichte: keinen schaffensfrohen Allmächtigen, der Himmel und Erde schuf, sie wüst und leer fand und sein Werk dann in sechs Tagen mit Licht, Pflanzen, Tieren und Menschen belebte. Die Erde hat es einfach gegeben. So wie es auch Engai schon immer gab: eine Gottheit, die sowohl männlicher als auch weiblicher Natur sein kann und wechselnd in schwarzer oder roter Form auftritt. Engai Narok, der schwarze Engai, lebt im Donner und im Regen, der das Gras sprießen lässt, die Rinder nährt und solcherart Wohlstand bringt. Engai Nanyokie hingegen, der rote Engai, ist im tötenden Blitz gegenwärtig und in Zeiten der Dürre, wenn Mensch und Tier dahinsiechen. Oder im Vulkan Oldonyo Lengai, wenn der Berg tobt, die Sonne verdunkelt und das Gras mit glühender Asche erstickt.

Im Gespräch mit Massai. Wenn es ihnen möglich war, eine Schule zu besuchen, sprechen sie neben dem Maa auch Swahili und Englisch.

Es wird heute angenommen, die Massai würden aus dem nördlichen Zentralafrika stammen, hätten sich im Verlauf einer Jahrtausende währenden Wanderung dem Südsudan und Äthiopien zugewandt und seien dann dem Nil südwärts gefolgt. Zuvor werden sie sich mit anderen Völkerschaften vermischt und neben sprachlichen Elementen einiges von deren Brauchtum angenommen haben: Beschneidung, die Unterteilung in Altersgruppen, das Trinken von Rinderblut, Abscheu vor Wild und Fisch oder der Glaube, bedeutende Männer würden nach ihrem Tod als Schlangen wiederkehren. Wahrscheinlich erreichten sie im 15. Jahrhundert den wüstenhaften Landstrich um den Turkanasee in Kenia, und aus der folgenden Zeit könnte die Ursprungslegende stammen, die von ihren Ältesten überliefert wird:

«Die Massai lebten in einem Land, das einem Krater glich und von einem Endikir Ekerio genannten, steilen Felshang umgeben wurde. Das war das Keriotal im Land der Kalenjin. Eine schreckliche Dürre brachte damals Hungersnot und Verzweiflung über sie. Da bemerkten die Ältesten, dass die Vögel ihre Nester aus grünen Gräsern flochten. Sie entschieden, Späher in das Land hinter dem Hang auszusenden, aus dem die Vögel kamen, denn dort musste Regen gefallen sein. Die Späher überwanden den Fels unter großen Mühen, kriechend auf Händen und Knien. Als sie oben ankamen, erblickten sie ein fruchtbares Land mit Flüssen und Bächen, sehr verschieden von dem staubigen Kessel, den sie verlassen hatten. Um keinen Zweifel an ihrer Erzählung zu wecken, sammelten sie die Früchte des Landes sowie etwas von dem kostbaren Gras und kehrten heim.

Nachdem sie den Bericht der Späher gehört hatten, fassten die Ältesten den Entschluss, es müsse eine große Leiter gebaut werden, auf der die Menschen samt ihren Rindern und Habseligkeiten das grüne Land erreichen könnten. So geschah es. Doch als erst die Hälfte der Menschen auf dem Grat stand, brach die Leiter unter der Last, und alle, die noch auf der Leiter waren, stürzten in den Krater hinab. Schweren Herzens entschlossen sich die Ältesten, sie dort zurückzulassen.

Viele Jahre danach gelang es auch den Zurückgebliebenen, aus dem Krater hinaufzusteigen. Ihre Nachfahren sind die Rendille, Pokot und andere Stämme, die der Lebensweise der Massai anhängen. Wirkliche Massai jedoch blieben nur jene, die den Kraterrand beim ersten Auszug überwanden.»

Dergleichen schildert einen Wegabschnitt aus der Wanderung der Massai, die allerdings nicht mit Leitern, sondern oft mit Speeren und Schwertern vollzogen wurde. So wird von blutigen Fehden unter ihnen selbst, vor allem jedoch von Kriegszügen gegen wehrhafte Gallastämme und Datoga oder gegen Bantu sprechende Völkerschaften wie Kikuyu und Chagga berichtet. Die zuletzt Genannten sind von den Massai bis auf die Hänge von Mount Kenya und Kilimandscharo getrieben worden. Dabei wurde es nicht versäumt, sowohl die Frauen als auch die Rinder, Ziegen und Schafe der Unterlegenen zu rauben. Was das Vieh anbelangt, glaubten die Massai ohnehin, alle Rinder dieser Welt seien ein Geschenk ihres Gottes Engai an sie. Besaßen also andere Völkerschaften Rinder, so konnten die nur gestohlen worden sein.

Am Ende des 19. Jahrhunderts beherrschten Nachfahren jener sagenhaften ersten Gruppe einen fast 1000 Kilometer langen und bis zu 300 Kilometer breiten Landstreifen grasreicher Niederungen und Hochebenen, der etwa den Südzipfel des Turkanasees in Nordkenia mit der Massaisteppe in Tansania verband. Wissen über ihr Dasein erreichte deutschsprachige Leser erstmals 1858, als in Stuttgart – zwei Jahre darauf auch in englischer Übersetzung – die «Reisen in Ost-Afrika» des Missionars, Sprachforschers, Geo- und Ethnografen Johann Ludwig Krapf erschienen. Für Bergenthusiasten nebenher: Es war Krapf, der 1849 als erster Europäer den Mount Kenya erblickte, während im Jahr zuvor sein Glaubensbruder Johannes Rebmann lange bezweifelte Kunde vom Schnee auf dem Kilimandscharo gebracht hatte. In Krapfs Mitteilungen scheint die Furcht seiner Gewährsleute auf, die häufig arabische Sklavenhändler oder ihre Gehilfen waren und gewöhnlich das Massaigebiet meiden mussten: Gnadenlose Krieger würden dort das Land mit Feuer und Schwert beherrschen, seien die Geißel benachbarter Stämme, nährten sich allein von Milch, Honig und dem Fleisch schwarzer Rinder, Ziegen und Schafe und würden den Ackerbau verachten.

Es dauerte Jahrzehnte, bis europäische Reisende erfuhren, dass derlei Berichte nicht völlig überspannt waren. Da wäre der deutsche Botaniker Johann Maria Hildebrandt zu nennen, dem sich 1877 Massaikrieger in den Weg stellten. Oder der britische Forschungsreisende Henry Morton Stanley, der wenig mit

Die vormals größte und die heutige Ausdehnung des Gebietes der Massai nach Arhem und Saitoti.

Ein Massaikrieger, wie ihn Gustav Adolf Fischer sah: Der Kopfputz ist mit Straußenfedern geziert, die Speerklinge – kennzeichnend für jene Zeit – noch breit, hinzu kommen Kurzschwert, Keule und Schild.

Rechte Seite: Heutige Krieger in der Umgebung des Gottesberges tun es den Frauen gleich und legen eher Wert auf Schmuck als auf eine wehrhafte Erscheinung.

ihnen zu tun hatte, aber bei vielen Vorträgen darauf hinwies, was für verlässliche Partner die Massai für jemanden seien, der in Afrika zum Märtyrer werden wolle. Oder Gustav Adolf Fischer, unterwegs im Auftrag der Hamburger Geografischen Gesellschaft, dem am Naivashasee gleich 3000 Krieger entgegentraten und unter anderem seine Träger mit glühenden Speeren misshandelten. Dieser Begebenheit ist es allerdings zu verdanken, dass Fischer umkehrte, sich zum Natronsee wandte und hernach als erster europäischer Augenzeuge vom Vulkan Oldonyo Lengai berichtete. Oder Joseph Thomson, ausgesandt von der Royal Geographical Society, der sich mit Unmengen von Glasperlen einen fortwährend gefährdeten Frieden erkaufte und danach über die Massai klagte: «Unbeschreiblich ist das erbärmliche Leben, das wir nun unter den gewissenlosesten und arrogantesten Wilden Afrikas führen mussten, für die alle übrigen Stämme minderwertige Wesen sind. Selbst wir mit unserer großen Karawane waren gezwungen, uns mit der Sanftmütigkeit und mit der Geduld von Märtyrern jeder nur erdenklichen Niedertracht zu beugen.» Thomson wurde immerhin von 230 zum Teil mit Schusswaffen ausgerüsteten Trägern begleitet. Oder der um Friedfertigkeit und Verständnis bemühte österreichische Forscher Oscar Baumann, der den Massai dennoch «Blutgier allen Fremden gegenüber» nachsagte und meinte, sie seien «trotz ihres intelligenten und einnehmenden Äußeren doch absolut nicht bildungsfähig und zum Untergang bestimmt».

Für die Furcht und den Hass, mit denen Abgesandte Europas dem wehrhaften Hirtenvolk noch Jahrzehnte danach begegneten, mag ein Zitat aus der Kolonialliteratur jener Zeit stehen: «Löwenmähnen flatterten wild um satanisch bemalte Fratzen, die die weiße Kriegsfarbe trugen, der stolze Kopfputz der Straußenfedern umrahmte wie das Kleid des Stachelschweins Schultern und Haupt der Herren der Wildnis, ein Wald von Lanzen funkelte im Sonnenschein; buntfarbig bemalte, ungeheure Schilde aus der Haut des wilden Büffels, fest wie Erz, flimmerten in der Ebene. Eben schlossen sie sich zu einem Wall von Eisen zusammen, kauerten wie die Löwen zum Sprunge nieder und schnellten mit federnden Gelenken wieder in die Höhe, strafften alle Sehnen in wildem Muskelspiel und stießen die dräuenden, grollenden Laute des Raubtieres aus, das auf die Beute springt. Es war der Kriegstanz der Massai, durch den sie sich zu wilder Wut berauschten, in den wahnsinnigsten Verrenkungen zum Angriff anstachelten und in einen Zustand gerieten, dass ihnen der Schaum vor den Mund trat und aus den blutunterlaufenen Augen der Wahnsinn flammte.» (Rudolf de Haas, «Im Hochlande der Riesenkrater», Dresden 1923)

Entdeckungsreisen europäischer Forscher im südlichen Afrika bis zum Jahr 1882: Das gesamte Gebiet der Massai (östlich vom Victoriasee) ist noch unberührt.

20
30
40
50
DAR FOR
DAR BANDA
ENAREA
KAFFA
NIAM-NIAM
MABODE
UKERE
BARUA
KORURU
UNIORO
UGANDA
KOKI
Victoria Nyansa
Alexandra
MANYUEMA
Nyangwe
Udshidshi
UNIAMWESI
Tabora (Unianiembe)
UGOGO
USAGARA
MASAI
WAKUAFI
GALLAS
STÄMME
Magadoschu
Brawa
Samburu S.
Baringo
Mombas
Pangani
I. Pemba
I. u. St. Sansibar
KÜSTE SANSIBAR
I. Mafia od. Monfia
Kilwa
Lindi
C. Delgado
Mosambik
Kilimane
MOSAMBIK
CANAL von MOSAMBIK
MADAGASKAR
Komoro I^n
Mayotta I.
C. d'Ambre
C. Angontsi
Antananariwo
Tamatave
Manambe
Onilahi (St. Augustin)
C. St. Marie
Wendekreis des Steinbocks
Aldabra I.
I. Assumption
I. St. Pierre
Cosmoledo I^n
LUNDA REICH
KATANGA
Babisa Gb.
Nyassa
Livingstonia
MARUTSE
MABUNDA REICH
MATABELE Gb.
Sofala
Sambesi
Matoppo
Inhambane
C. Corrientes
TRANSVAAL
Pretoria
Delagoa B.
St. Lucia B.
Pietermaritzburg
Durban
Pt. Natal
ORANJE FLUSS FREIST.
Bloemfontein
Kalahari
Wüste
BUSCH MÄNNER
HOTTENTOTTEN
BETSCHUANA
CAPLAND
East London
Port Elizabeth
Algoa B.
C. Agulhas
Walfisch B.
Kilimane
Sena
Tete
Zumbo
Karema
Karonga
Sansibar
Kilwa
Abyssinien
Berbera
Harrar
0
10
20
30
40
50
60
70

«Ganz gewöhnliche Mitglieder des Menschengeschlechtes ...»

May French Sheldon
(1847–1936)

Die Amerikanerin May French Sheldon forschte 1891 mit einer von ihr geleiteten hundertköpfigen Karawane in Ostafrika und reiste dabei vornehmlich in einem Gebiet, das heute dem Norden Tansanias angehört. Sie begegnete Angehörigen von drei Dutzend Völkerschaften, darunter den Massai. Ihr Urteil über diese «Wilden» fasste sie während eines Frauenkongresses in Chicago so zusammen:

«Es war immer mein Verlangen, den Eingeborenen kein Unheil zu bringen. Ich suchte deshalb jene Männer auf, die in dem jeweiligen Herrschaftsraum einflussreich waren – so wie eine Frau von Anstand in jedem Land und unter allen Gegebenheiten den höchsten Repräsentanten begegnen sollte: mit Achtung und dankbar für gewährtes Wohlwollen. Das weckt die Zuneigung jener, die zur Freundschaft neigen, und vermeidet Auseinandersetzungen mit denen, die vielleicht die Verbundenheit mit einer weißen Frau ablehnen. Da es meine Absicht war, Lebensumstände und Bräuche der Eingeborenen in ihrer täglichen Umgebung kennenzulernen – die Frauen als Ehefrauen, Mütter und Schwestern, die Männer als Gatten, Väter, Brüder und Liebhaber – und zu sehen, wie die Kinder aufwachsen, kurzum, weil ich einen vorurteilslosen Einblick in allgemeine soziale Gegebenheiten und in die künftige Entwicklung dieser Menschen gewinnen wollte, wäre es mehr als anmaßend gewesen, wenn ich wie ein Freibeuter nach Afrika gekommen wäre. Unter Reisenden scheint es eine Neigung zu geben, ihre Expeditionen möglichst entbehrungsreich und gefahrvoll darzustellen. Sie erfreuen sich in ihren Berichten daran, aufregende Abenteuer und Gefahren zu schildern, denen sie um Haaresbreite entgingen, und besonders gern bilden sie die hoffnungslose Verderbtheit des Afrikaners in schauerlichen Farben ab. Ich fand, dass Menschen und Begebenheiten mir unter den Umständen begegneten, die ich zuvor selbst geschaffen hatte. Die Eingeborenen sind ganz sicher nicht so schwarz, wie sie gemalt werden, und seltsam zugänglich für Sanftheit und Freundlichkeit, sogar fügsam, wenn man ihre Eitelkeit und ihr Bedürfnis nach Geltung bestärkt. Sie sind darin alle ganz gewöhnliche Mitglieder des Menschengeschlechtes.»

May French Sheldon,
«An African Expedition», 1893
in Chicago gehaltener Vortrag

Angreifende Heerschar der Massai. Deutsche Buchillustration aus dem letzten Jahrzehnt des 19. Jahrhunderts.

Das schloss jedoch nicht aus, dass man die Massai für direkte Nachkommen jener römischen Legionäre hielt, die einst in Nordafrika Dienst taten, oder dass der deutsche Kolonialoffizier Moritz Merker in einer Monografie annahm, sie seien ein Zweig aus dem Stammbaum der Israeliten. Denn immerfort mischte sich mit der Furcht auch Bewunderung. Selbst unter den geplagten Nachbarn, den Chagga, den Datoga, den Batemi und vielen anderen: Sie imitierten den Putz, die Waffen und Schilde jener Krieger, von denen sie einst vertrieben worden waren, sodass einige Völkerkundler sie zeitweilig unter der unschönen Bezeichnung «Massai-Affen» vereinten. Nicht weniger groteske Formen nahm solcher Kult in europäischer Literatur an, zu der hier ebenso die des eingewanderten Amerika gezählt sei: Der arkadische Hirte der Antike, die Schäferidylle des 16., 17. und 18. Jahrhunderts schienen wieder zu erstehen in der Gestalt eines afrikanischen Hirtenvolkes, das scheinbar fessellos, unbändig stolz und im Einklang mit der Natur lebte. Bei dem gerade erwähnten britischen Forscher Joseph Thomson klang das so: «Amboseli, das war das Land der Massai, der Krieger, der Aristokraten, der Löwentöter, der Hirten, der Trinker von Milch und Blut und der Träger mannshoher Speere. Erschüttert staunend, sah ich diesen Sohn der Wüste vor mir stehen und mit natürlicher Anmut und Gewandtheit sprechen. Es war ihm bewusst, wie einmalig und bedeutsam er war, und seine Haltung war von erhabener Würde.»

Mythen sind attraktiver als die Wirklichkeit. Immer stimmt es uns unsicher, lässt es uns ruhelos, wenn sich jemand unseren Wertvorstellungen entzieht. Der für so viele schmerzhafte Gegensatz zwischen Ideal und alltäglichem Leben, zwischen Wunschbild und Realität sowie die nie erlahmte Suche nach

Kometen

«Wenn ein Komet über den Massai erscheint, dann wissen sie, dass eine große Plage über sie kommt: Die Rinder werden sterben, es wird eine Hungersnot geben, und ihr Volk wird mit Feinden handgemein werden.

Man erzählt, in der Zeit vor der Ankunft der Europäer sei ein Komet am Himmel erschienen. Damals hätten Massaikinder Rinder an einem Wasserloch getränkt, und dabei sei ein grünes Wesen, das einem Ochsen glich, aus dem Wasser aufgetaucht. Die Kinder erschraken furchtbar und töteten schließlich die Kreatur. Sie schnitten den Rumpf auf und fanden darin keinen Tropfen Blut, sondern nur Fett.

In den Kral heimgekehrt, berichteten die Kinder, was geschehen war. Als der Laibon von der Begebenheit hörte, sagte er: ‹Sobald wir einen anderen Kometen sehen, werden sich grüne Menschen aus dem Wasser erheben und unser Land heimsuchen. Wenn man sie tötet, werdet ihr Fett statt Blut aus ihren Körpern rinnen sehen.›

Kurze Zeit nachdem der nächste Komet erschien, kamen die Europäer. Zuvor glaubte man, sie besäßen kein Blut, und ihre Körper wären voller Fett.»

Alfred Claud Hollis (1905)

dem «edlen Wilden» lenkten die Blicke auf Ostafrika: Der literarische Winnetou hatte einen vollkommenen Bruder, der lebte in Afrika, war edelmütig und von schöner Gestalt, trug das Haar lang und bemalte sich mit Ocker, nährte sich von Milch und Blut. Tags führte er kühn seine Rinder durch Steppen voller wilder Tiere und schlief abends mit der Frau seiner Wahl. Mancher sieht es noch heute so.

Im Jahr 1882 zog auch über Ostafrika der größte Komet seit Menschengedenken seine Bahn, viel strahlender als etwa der Stern von Bethlehem: der Große Septemberkomet. Um die Monatsmitte sah man ihn selbst bei Tageslicht, und er war fast so hell wie die Sonne. In den folgenden Tagen erschien er mit langem, leuchtendem Schweif während der Dämmerung und überstrahlte Mond und Venus. Das Furcht erregende Schauspiel am Himmel schüchterte Menschen in aller Welt ein, viele glaubten, es künde ihren Untergang an. Vielleicht war es jenes Jahr, in dem ein Laibon der Überlieferung zufolge prophezeite, bald würden grüne Menschen aus dem Wasser auftauchen und Verderben über das Volk der Massai bringen. (Ein Laibon ist ein Heiler sowie ein spiritueller und – in sehr weitem Sinne – bisweilen auch politischer Führer; die Massaigesellschaft kennt keinen Häuptling.) Weiße, die diese Prophezeiung später zum Teil wahr machen würden, hatte man ja bisher kaum gesehen: Von den soeben genannten Forschern näherte sich allein Gustav Adolf Fischer den Massai, Henry Morton Stanley gründete gerade für den belgischen König den Kongostaat, die größte Privatkolonie der Geschichte, Joseph Thomson rüstete sich erst zur Expedition ins Massailand, und Oscar Baumann erprobte noch seine Fertigkeiten in der Aufnahme topografischer Objekte. Der Laibon weissagte freilich, die Katastrophe werde erst mit dem nächsten Kometen eintreten, und behielt recht: Im Juli 1889 erschien Brooks 2 und im Jahr darauf der Komet Spitaler. Und in dieser Zeit begann tatsächlich das Verhängnis. Nur, dass die Menschen nicht grün, sondern weiß waren und nicht aus dem Wasser auftauchten, sondern über das Wasser kamen.

Im Gegensatz zu Hans Meyers Urteil fand Oscar Baumann Massaifrauen zuweilen bezaubernd. Abbildung aus Baumanns Reisebeschreibung.

Inzwischen durchstreiften und vermaßen schon mehrere europäische Expeditionen das Land der Massai. 1889 zum Beispiel standen der deutsche Geograf Hans Meyer und der österreichische Bergführer Ludwig Purtscheller auf dem Gipfel ihres Oldonyo Oibor, des Kilimandscharos (5895 m), und benannten ihn Kaiser-Wilhelm-Spitze. Abgesandte einer privaten deutschen Kolonisationsgesellschaft, die sich davor hüteten, mit Massaiältesten zu verhandeln, hatten zuvor mit den Häuptlingen angrenzender Gebiete sogenannte Schutzverträge geschlossen. Als nächster Schritt wurden diese Vereinbarungen mit einem Kaiserlichen Schutzbrief abgesichert. 1891, nachdem deutsches Militär einen Aufstand niedergeschlagen hatte und nun offenkundig war, wer da geschützt werden sollte, rief man die Kronkolonie Deutsch-Ostafrika aus. Dem nach europäischen Maßstäben rechtlich zweifelhaften Vorgang, dem Großbritannien vier Jahre später mit dem Protektorat über Kenia und Uganda – damals Britisch-Ostafrika – folgte, hatten die Massai nichts entgegenzusetzen.

Denn das Volk, dessen straffe militärische Organisation den Lauf der Dinge zumindest hätte aufhalten können, starb derzeit fast aus: Die Rinderpest, eine von Viren hervorgerufene Tierseuche, vernichtete um 1891 sein Vieh und damit die wirtschaftliche Grundlage der Gesellschaft. Hinzu kamen Dürren und eine Pockenepidemie. Die Folgen waren entsetzlich. Oscar Baumann, der den Massai im März 1892 begegnete, als er den Ngorongoro-Krater für Europa

Hungernder, ausgezehrter Massai im Gebiet des Ngorongoro-Kraters. Abbildung aus Baumanns Reisebeschreibung.

entdeckte, schrieb darüber: «Während die sesshaften Völker, welchen als Nahrungsmittel die Produkte des Ackerbaus blieben, sich durch Aufzucht der wenigen verschonten Tiere erholen konnten, zehrten die Massai auch diese auf, sodass sie heute tatsächlich fast gar keine Rinder mehr besitzen. In der ersten Zeit gingen kolossale Mengen von Massai, wohl zwei Drittel des ganzen Stammes, zu Grunde. Die Krieger konnten sich durch Jagd und kleine Diebstähle noch eher durchbringen, die Weiber, Kinder und Greise waren aber dem Elend völlig preisgegeben. Zu Skeletten abgemagert, wankten sie durch die Steppen, vom Honig der Waldbienen und von ekelhaftem Aas sich nährend. Alle kriegerischen Unternehmungen schlugen fehl, die Elmoran [Krieger] wurden einfach zurückgeworfen und kehrten oft gar nicht heim, sondern verhungerten unterwegs. Nur in wenigen Gebieten halten sich noch Krals [Ansammlungen von Heimstätten] durch Kleinvieh und Eselzucht sowie durch die Jagd, sonst sind weite Striche verlassen, und die Massai leben als Bettler bei den Ackerbauern der Umgebung. Dass sie dabei an Einhaltung der alten Speisegesetze nicht mehr denken, dass der Elmoran ebenso Getreide und Jagdwild verzehrt wie ein anderer, ist selbstverständlich.»

Noch sechs Jahre später zeichnete Hans Meyer ein ebenso furchtbares Daseinsbild, in dessen Hintergrund wohl das Unbehagen des Kolonialgeografen über ein Nomadenvolk – ebenso wie die alte Bürgerfurcht vor Menschen mit beweglichem Besitz – aufscheint: «Viehseuchen hatten ihre Herden vernichtet und sie gezwungen, Ackerbau zu treiben und der Jagd nachzugehen. Ihre frühere, nur periodische Sesshaftigkeit ist aus Not eine dauernde geworden, ihr ganzes wirtschaftliches Leben ist umgestürzt. [...] Es ist nicht zu viel gesagt, wenn ich diese ersten Besiedler des nördlichen Kilimandjaro ein körperlich und geistig schmutziges, diebisches, unverschämtes Gesindel nenne. Nur hier habe ich es in Ostafrika gesehen, dass die Weiber, die sich durch ebenso viel spiralförmigen Eisendrahtschmuck wie abschreckende Hässlichkeit auszeichnen, sich mit schamlosen Gebärden an die Zelte der Soldaten und Träger drängten, um etwas zu ‹verdienen›, bis sie mit Stockhieben vertrieben wurden. Kein Wunder, dass in dieser Sippe jede Schmutzkrankheit, von der Syphilis bis zum Sandfloh, verbreitet ist. Auf den Geschwüren und an den Augenrändern sitzen förmliche Klumpen von Fliegen und tragen die Ansteckung von einem zum anderen. Bejammernswert sind die hilflosen Kinder, namentlich wenn sie vom Sandfloh befallen sind. Man muss gesehen haben, wie die armen Kreaturen, die nicht mehr auf den Fußsohlen gehen können, schmerzvoll stöhnend auf allen vieren zu kriechen versuchen [...].»

Schon allein ihr Schmuck verrät, dass Kinder den Massai noch weitaus mehr bedeuten als die Kopfzahl ihrer Herden.

Da war es leicht für die gedemütigten Nachbarn, die Chagga, Kikuyu, Kamba, Nandi und Kalenjin, Vergeltung zu üben, und die Kolonialherren über Deutsch- und Britisch-Ostafrika nutzten die Gelegenheit, um das überlebende Drittel des Massaivolkes in Reservationen zu treiben. Es verlor dabei sein bestes Land, insbesondere jene Gebiete, in die es sich während der Dürreperioden mit seinen Herden zurückgezogen hatte. Deutsche und Briten besiedelten jetzt diese wasserreichen, kühlen Hochlandstriche – Nairobi beispielsweise, Kenias Hauptstadt, lag einmal im Land der Massai. Viel konnten die Hirten und Krieger nicht mehr dagegen tun, zumal sie seit dem Tod ihres Oberlaibons Mbatiany zerstritten waren. Sie wehrten sich, kämpften mit Speeren und mit Schilden aus Büffelhaut gegen Gewehrschützen. Rot vom Blut der Krieger waren die Erde unter den Dornbüschen von Laikipia und das Seeufer um Nakuru. Zum Schluss, als Hyänen die Knochen der Gefallenen in der Steppe verstreut hatten, riefen die Massai das Appellationsgericht der Kolonialmacht an. Sie scheiterten wie auf dem Schlachtfeld. Ihre Nachfahren, kenianische Massai, gingen am hundertsten Jahrestag des Landraubes im August 2004 auf die Straßen des Distriktes Rift Valley und Nairobis. Sie besetzten überdies Farmen und verlangten mit solchen Demonstrationen die Rückgabe ihres Landes. Die Polizei setzte Tränengas ein, es fielen Schüsse, und es gab Tote und Verwundete. Im Jahr darauf führte der fortdauernde Konflikt zwischen Massai und den von der Regierung bevorzugten Kikuyusiedlern zu schrecklichen Auseinandersetzungen, in deren Verlauf mehr als vierzig Menschen getötet, Hunderte vertrieben und Millionenwerte vernichtet wurden.

Massai

Massaikrieger auf der Wanderschaft. Abbildung aus Baumanns Reisebeschreibung.

Rechte Seite: Junge Frauen und ein Krieger aus einem Dorf am Fuße des Gottesberges Oldonyo Lengai. Ein wenig kenntlich ist bei beiden die kennzeichnende Lücke zwischen den Schneidezähnen des Unterkiefers.

«(Masai, oder Oigob mit eignem Namen), heidnischer […] Volksstamm um den Kenia, Kilimandscharo und am westlichen Ufer des Victoriasees, von guter Begabung, wenn sich auch mit straffer Organisation oft große Zügellosigkeit paart. Die M. sind ein hoch gewachsener (1,8 m), wohlgebildeter, sehniger, muskulöser Menschenschlag mit schmalen, schiefen Augen, vorstehenden Backenknochen, spitzem Kinn, längerm Haar als bei den richtigen Negern. Gestalt und Größe des Mundes sind nach der größern oder geringern Reinheit der Rasse verschieden; die Hautfarbe matt schokoladebraun, einige, besonders die Wakuafi, dunkelschwarz, und dieser stets von grober Körperbildung begleitete Ton verrät eine Blutmischung mit Gefangenen andrer Stämme. Tätowierung und Beschneidung von Knaben und Mädchen mit Eintritt der Mannbarkeit ist allgemein. Die Männer gehen gewöhnlich unbekleidet oder hängen einen Ledermantel über die Schultern, die Weiber einen weiten Mantel aus weich gegerbter Rindshaut. Im Krieg legen die M. ein langes Stück Tuch an mit einem farbigen Streifen in der Mitte, einen Ring von Ziegen- oder Affenfell um die Knöchel und einen Kranz von Straußenfedern um den Kopf. Ihre Waffen bestehen in einem Speer mit breitem und langem Blatt, einem kurzen Schwert und einem 1 m hohen Schild aus Büffelhaut; Bogen und Pfeil sind selten. Vom 17.–24. Jahr sind die M. Krieger. Nach dreijähriger strenger Ausbildung heißen sie El-Moran, ihre einzige Nahrung besteht in halbrohem Fleisch, Blut und Milch. An Kriegszügen nach fernern Gegenden nehmen die ältern Männer (El-Morua) nicht teil. Sklaven haben die M. nicht. Neben Kriegern sind sie Hirten und Jäger. Sie wohnen in einfachen, runden, mit Rindshäuten bedeckten, meist von den Frauen errichteten Hütten. Ihr Hauptbesitz besteht in Vieh (Einzelne besitzen 10 000 Rinder), deren Bestand (gleich dem des Volkes selbst) aber durch die um 1891 Ostafrika verheerende Rinderpest sehr dezimiert worden ist. Da nur Besitzende heiraten können, sucht man die Herden durch Raub bei den Nachbarvölkern zu vermehren. Einst der Schrecken der friedlichen Ostafrikaner, sind sie jetzt tief gesunken, sodass sie erst später vielleicht ihr Nomadenleben wieder aufnehmen können. Sie sind Heiden; ihr Gott Ngai hat aber keine Fetische, doch besitzen die Priester einen sehr großen Einfluss. Zauberei und Geisterglaube sowie Baum- und Schlangenkultus sind bei ihnen wie bei den Südgalla allgemein. Über die Abstammung und Herkunft der M. herrschen noch sehr voneinander abweichende Ansichten.»

Meyers Großes Konversations-Lexikon, Band 13, Leipzig 1908

Auch der von den Kolonialherren zugestandene oder abgehandelte Lebensraum – so 1904 und 1911 in Verträgen zwischen den Briten und Olonana ole Mbatiany, Mbatianys jüngerem Sohn, der zu solchen Vereinbarungen gar nicht ermächtigt war – wurde nochmals sehr erheblich eingeengt, als Schutzgebiete und Nationalparks entstanden. Serengeti, Ngorongoro, Arusha National Park, Manyara, Tarangire, Mkomazi, Tsavo, Amboseli, Masai Mara, Nakuru, Samburu: In all diesen heute viel besuchten, menschenleeren Tierparadiesen Tansanias und Kenias zogen einst Hirten und Herden der Massai umher. Man mag von solcher Entwicklung halten, was man will, sollte dabei aber nicht vergessen, dass die Schutzgebiete ihren Ursprung den Kolonialmächten verdanken, deren Schöpfungen bekanntlich nicht immer dem Wohl der Beherrschten galten. Heute sind sie nicht allein ein wunderbares Erbe der Menschheit, sondern auch die vielleicht unschuldigste Form von Neokolonialismus, diesmal getragen von einheimischen Eliten. Der von einem Massaiältesten erhobene Vorwurf, ihre Herden hätten den «Rindern der Naturschützer», nämlich Elefanten und Löwen, weichen müssen, weil sich damit Touristen anlocken und Dollars verdienen ließen, ist nicht grundlos. In einigen Fällen wurde zwar die Zustimmung der Ältesten zur Umsiedlung erlangt, doch die daran geknüpften Versprechungen blieben unerfüllt.

In unserer Zeit sollen in Tansania und Kenia jeweils rund eine halbe Million Massai leben, und sie mögen es gar nicht, wenn man sie zählen will. Obendrein wird bei tansanischen Volkszählungen nicht nach Ethnien unterschieden. Sie gliedern ihr Gebiet in ein Dutzend inoffizieller Abschnitte, deren Grenzen zum Teil auch unter Massai umstritten sind. Das ist jedoch ziemlich bedeutungslos, weil persönlicher Grundbesitz ihnen bis in die neueste Zeit hinein fremd war. Die Abschnitte haben gemeinsam, dass sie allesamt um ein Teilstück der Grenze zwischen Kenia und Tansania vereint sind. Der größte davon liegt in Tansania und wird Kisongo genannt. Er erstreckt sich annähernd vom Mount Meru bis zur Serengeti und vom Natronsee bis in die Massaisteppe in der Provinz Manyara. Kisongo ist die Landschaft, von der hier die Rede sein wird, denn in ihrem mittleren Norden erhebt sich der heilige Berg Oldonyo Lengai (2960 m). Der Hinweis ist notwendig, weil die Bevölkerung der Abschnitte verschiedene Dialekte spricht und sich in Lebensweise, Brauchtum, Hausbau, Kleidung und anderen Belangen von ihren Nachbarn unterscheiden kann. Eine Ursache dafür ist ihr unterschiedlicher Lebensraum, eine weitere beispielsweise die, dass kenianische Massai häufig urbanen Zentren näher sind, tansanische dagegen weniger von solcher Nähe geprägt werden und zumeist traditioneller leben.

Gemeinsam bleibt allen – und dies sei nun die letzte übergreifende Anmerkung – das Ringen um ihr «Land der grünen Gräser». Denn nachdem sich in Kenia ein Teil der höheren Amtsträger und ihre Familien nach dem Vorbild der Präsidenten Kenyatta und Moi riesige Ländereien angeeignet hatten, verfügten die Behörden die Gründung sogenannter Gruppenfarmen: zugewiesene Landstriche, deren Aufteilung sie den Massaiältesten überließen. Die wären nun Heilige gewesen, wenn sie sich nicht für die Viehhaltung besonders geeignete und gut bewässerte Parzellen ausgesucht hätten. Vielen Massai blieb künftig nicht mehr übrig, als das ihnen zugeteilte Landstück zu verpachten oder zu verkaufen und dann nicht selten das Heer der Elenden in den Großstadtslums zu vermehren. Arbeit fanden sie selten: Man schätzt Massai zwar als Wachleute, aber darüber hinaus gelten sie als schwierige, aufsässige Arbeitnehmer. Die Konflikte, die immer wieder dort ausgetragen werden, wo Weideland an das Ackerland der Bantuvölkerschaften grenzt, werden überdies gern benutzt, um Rechte dieser ungeliebten ethnischen Minderheit weiter zu beschneiden.

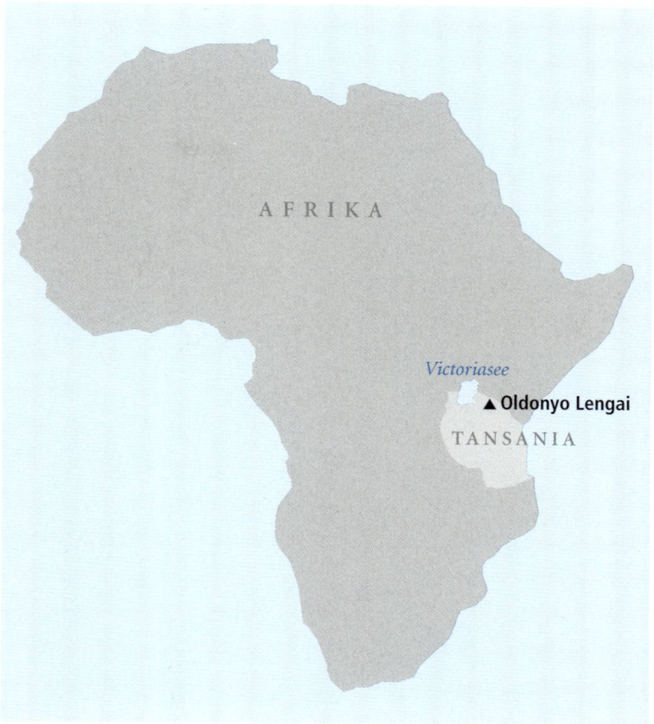

Tansania und der Oldonyo Lengai auf dem afrikanischen Kontinent.

Friedfertiger verlief bis vor einiger Zeit die Entwicklung in Tansania, wo vor der Dezentralisierung von Landrechten im Allgemeinen alles Land Staatseigentum und der Zwang zu seiner wirtschaftlichen Erschließung gering war. Allerdings fand auch dort eine Vertreibung aus den als Nationalparks genutzten Gebieten statt. Hinzu kamen noch die sogenannten Game Controlled Areas (GCA), die eigentlich nicht mehr sind als Jagdgebiete für vermögende Touristen. GCA müssen nicht verlassen werden, aber ein völlig unbeschränktes Leben ist dort auch nicht mehr möglich. Im Land der Kisongo-Massai sind das zum Beispiel Lake Natron GCA, Mto wa Mbu, Simanjiro North und South, Lolkisale oder Loliondo. Während der Ujamaa-Periode verfügte der tansanische Staat sogar Zwangsansiedlungen, um das fahrende Volk der Hirten zur Anpassung zu zwingen, und es gab ebenfalls Versuche, das Massailand in Farmbetriebe aufzuteilen. Mit der in den achtziger Jahren begonnenen liberalen Wirtschaftspolitik und dem am Ende des Jahrhunderts vom Parlament beschlossenen Landrecht verschlechterten sich die Umstände für die Massai dann immer mehr: Ihre Wirtschaftsweise gilt als rückständig und fortschrittsfeindlich, sollte ihr Anspruch den Interessen von Amtsträgern, irgendwelchen Investoren und Zuwanderern aus dem Landesinneren entgegenstehen, so unterliegen sie. Mit der Vergabe von Förderlizenzen an indische oder südafrikanische Abbaugesellschaften, von Jagdpachtgebieten an Ölscheichs oder mit irrwitzigen Agrarprojekten lässt sich schließlich gleich auf mehreren Korrup-

Kinderlied während der Trockenzeit

Rechte Seite: Massai beim Chorgesang in einem abendlichen Hotelgarten. Die lieblos aufgetragene Ockerbemalung sowie andere Details – darunter für Massai ungewöhnliches Schuhwerk – lassen erkennen, dass es sich um einen Auftritt gewerblich tätiger Sänger handelt.

Engai, taasha
Gott, lass es regnen,

Maagorr esuate
Damit ich nicht ersticke

Olnjoni musana
Am zähen Fleisch der alten Haut,

Oorieki enguruon
Mit der man die Asche wegträgt

Lengaji oloiboni.
Aus des Laibons Haus.

Maatext nach Tepilit ole Saitoti,
Übertragung vom Autor

Der Oldonyo Lengai von der Südwestseite. Auf der im Januar 2008 entstandenen Luftaufnahme steht über dem verdeckten Nordkrater eine Aschesäule, der Südkrater liegt unter einer weißen Schicht aus Asche und Lapilli begraben.

tionsebenen sehr viel Geld verdienen. Auch in Tansania ist das Hirtenvolk eine ungeliebte Minderheit, deren Dasein Staatsbedienstete und Wabenzi – so nennt man die Nutznießer der Entwicklung nach ihrer bevorzugten Automarke – gern auf Postkartenabbildungen und abendliche Tänze in Hotelgärten beschränken würden.

Ein weiteres Problem ist der Bevölkerungsdruck. Zum Beispiel: Der Siedlungsraum, der den einst aus der Serengeti vertriebenen und jetzt im Schutzgebiet Ngorongoro geduldeten Massai zugestanden wird, erscheint den Behörden immer wieder einmal zu groß. Dann siedeln sie eine Anzahl von Familien – 2008 waren es fast 200 – in den Distrikt Oldonyo Sambu aus und stellen ihnen dort Land zur Verfügung. Oldonyo Sambu wird jedoch von den Sonjo (Batemi) bewohnt, das Land ist wasserreich und fruchtbar, aber oft felsig. Die Folge sind Auseinandersetzungen um Quellen und Landgrenzen, bei denen Häuser verbrannt, Ernten vernichtet und Menschen verletzt und getötet werden. Wenn man den Pressemitteilungen darüber Glauben schenken darf, dann sind die Opfer meist Massai. Früher wehrten sie sich, indem sie die Savanne in den Nationalparks anzündeten und Wasserlöcher vergifteten, heute drohen sie der tansanischen Regierung mit gemeinschaftlicher Auswanderung nach Kenia und wissen doch selbst, dass sie auch dort nicht willkommen wären.

Von Oldonyo Sambu her kann man den heiligen Berg Oldonyo Lengai sehen. Da mag es dann geschehen, dass Nachfahren der Steppennomaden sich um einen Erzähler scharen, der eine alte Legende kennt, die von ihrer Ankunft im Norden Tansanias berichtet. Sie ist hier freilich vom Autor bearbeitet worden und deshalb keine völlig ungetrübte Quelle: «Vor langer Zeit, als die Massai noch weit von hier lebten, kam große Not über sie. Der Himmel sandte keinen Regen mehr, das Land verdorrte, das Vieh starb. Da starben auch die Alten, es erschlafften die Muskeln der Krieger und die Brüste der Frauen, Fliegen fraßen die Augen der Kinder. Gehetzt von Hunger und Tod, zogen die Massai nach Süden. Sie kamen in ein Land, in dem zum Morgen hin ein sehr hoher, mit Hagel bedeckter Berg lag, der mit den Wolken redete. Den nannten sie Oldonyo Oibor, den weißen Berg. [Kilimandscharo] Mehr zum Mittag, am Fuß eines steilen Hochlandes, erhob sich ein anderer Berg, dessen Gipfel ebenfalls eine weiße Kruste trug. Darüber hing eine Wolke aus Asche, schwarz wie die Steppe, wenn sie gebrannt hat. In der Wolke sah man Blitze und Wetterleuchten, und so erkannten die Massai, dass darin Engai wohnt. Deshalb nannten sie den Berg Oldonyo Lengai, den Berg Gottes. Und dort, wo die Asche auf die Erde fiel, begannen nach dem Regen Blumen zu blühen und wuchs saftiges Gras. Die Rinder weideten und wurden fett, die Alten tranken ihre Milch und ihr Blut, den Müttern stieg Milch in die Brüste, die Krieger kamen wieder zu Kräften, und die Augen der Kinder wurden wieder blank.»

Auf der Akazie neben dem Zelt lärmen Webervögel. Hier kann man den Sonnenaufgang hören. Aber mussten wir nach Afrika kommen, um so zu frieren?

«Paul, Ingrid, have a tea!», ruft Yoshua draußen.

Wir kriechen in den warmen Bauch der Hütte. In dem rußgeschwärzten Topf auf den Herdsteinen kocht Wasser. Yoshuas Frau lächelt uns zu, schüttet Tee hinein, dann Milch aus einer Kalebasse, und rührt und rührt. Es riecht nach Zimt und nach Kardamom. Die Milchkalebasse, daran denken wir jetzt wohl beide, ist zuvor mit Rinderurin ausgewaschen worden.

Der Tee kommt in abgestoßene Emailletassen. Aus einer Tüte gießt Yoshuas Frau sehr viel Zucker hinzu. Wir legen die klammen Hände um die Tassen, und der Tee schmeckt wunderbar: würzig, süß und nach Rauch.

«Davon könnte ich leben», sage ich.

Yoshua sieht mich an. Er hustet, hockt auf der Erde, die vernarbten Knie seiner langen Beine erreichen die Perlenketten an den Ohren. Er sieht aus wie eine Inkamumie.

«Viele von uns müssen jetzt davon leben.»

Legenden von Milch und Blut und das Dasein im Massaikral

«Das Messer isst vom Fleisch zuerst . . .»

Inneres einer Massaihütte mit der bescheidenen Ausstattung der Herdecke.

Das Grundmuster des Massailebens wird von zwei Jahreszeiten geprägt: von alamei, den Monaten der Trockenheit vom Mai bis in den Oktober, und von alari, der Regenzeit vom November bis zum Mai. Während der Dürremonate reißt die Erde auf, schartige Risse und Muster überziehen den Boden, das versengte Gras bricht unter den Rinderhufen wie dünnes Glas, und Geier sitzen wartend auf den Ästen matter Bäume. Die Tage sind trübe, flimmerndes Sonnenlicht verzehrt Farben und Konturen, die Herden wandern in trägen Staubwolken. Die Landschaft ist grau und trostlos, und wenn da nicht der vom Viehzug aufgewirbelte Staub und die sausenden Trichter der Windhosen wären, erschiene sie leblos. Der Betrachter begreift, dass nicht die Mitternacht, sondern der Mittag die Geisterstunde der Savanne ist. Mit verdorrten Kehlen heulend, verlassen Gespenster ihre Schlupfwinkel unter der glühenden Erde. Sie locken den Hirten und seine Rinder zur schimmernden Tränke, die aber nur eine Salzbank ist. Und mit der Dürre kommen nicht allein die wispernden Gespenster, die Trugbilder, es kommen auch Missgunst, würdelose Zänkereien, tödlicher Streit. Früher zogen die Hirten nun in das Hochland, wo es auch in der Trockenzeit noch Gras gibt, das nicht abstirbt, und Bäche, die nicht versiegen. Doch dieser Weg wird ihnen verwehrt, seit das Hochland der Tierwelt und den Touristen oder den Farmern gehört.

So bleibt nur bangendes Hoffen auf den Regen. In den Monaten des Hungers heften die Menschen sich in solcher Hoffnung Gräser an die Kleidung, bis endlich der kleine Regen, genannt ilkisirat, im November oder Dezember das Grau und das Braun der Ebene weithin in Grün verwandelt. Schwarzblaue Wolken, geschwollen wie der Bauch einer Schwangeren, ziehen von Osten heran. Die Luft ist rein und klar, der Regen trommelt seine Botschaft von neuem Leben auf das Gras und die Erde, auf die Samenkörner, die darin überlebt haben, auf die verstaubten Bäume, und selbst die Steine hört man erleichtert seufzen. Tausende Zebras, Gnus und Gazellen weiden in der Steppe, Kinder laufen lachend umher, Frauen bieten dem Regen die glatten Stirnen, und die Männer stehen gelöst redend beisammen, als ob sie eine frohe Nachricht erhalten hätten.

Die Jahreszeit bestimmt auch die Mahlzeiten der Massai. Die vielen Legenden, die über sie erzählt und geschrieben werden, berichten, sie würden allein von Milch und Blut leben. Das ist ungefähr so zutreffend wie eines der nicht minder zahlreichen und anscheinend ebenso anziehenden Märchen über ihr ausschweifendes Sexualleben. Es mag früher anders gewesen sein, wenn die

Kühe während einer Dürre keine Milch mehr gaben und damit die Grundnahrung fehlte. Heute wird Blut gleichfalls während der Trockenzeit und dann von Kriegern, Kranken und Verletzten, ansonsten von Frauen nach der Geburt und von Mädchen und Jungen nach der Beschneidung getrunken. Dazu staut man einem Rind die Halsvene, schießt einen Pfeil hinein und fängt das austretende Blut in einer Kalebasse – einem ausgehöhlten Flaschenkürbis – auf. Die dabei entstandene Wunde wird mit Erde verschmiert und heilt sehr schnell. Für Filmteams oder besonders gut zahlende Touristen führt man dergleichen noch häufig vor, aber gemeinhin ist das Trinken von Blut selten geworden – es sei denn, es handelt sich um eine rituelle Schlachtung. Ob das damit zu tun hat, dass im Herzen eines Massai die Rinder seinem liebsten Gut, das sind die Kinder, ganz nahe stehen, mag einmal ungewiss bleiben.

Eine Kuh wird zur Ader gelassen. Fotografie aus den ersten Jahren des 20. Jahrhunderts.

Rechte Seite: Die oben stehende Fotografie entstand in einem Massaidorf im Süden Kenias, die untere im Norden Tansanias. Hütten und Lebensverhältnisse gleichen einander.

Grundnahrung ist also Milch, die frisch oder in gesäuerter, joghurtartiger Form getrunken wird. Kleinkinder bekommen zudem ausgekochte Butter: Butterfett. Milchprodukte wie Butter und Butterfett waren schon vor langer Zeit Handelsartikel, mit denen Tabak, Honig und weitere Lebensmittel eingetauscht wurden: zum Beispiel Bataten, Gemüse, Mehl und sogar Bananen. Aus Mehl und Getreideflocken zubereitete Suppen und Breie darf man durchaus ebenfalls als Grundnahrung bezeichnen. Fleisch hingegen wird nicht häufig gegessen, wenngleich die Massai neben den Rindern auch Ziegen und Schafe halten – sehr viele zudem Esel und manche Kamele, aber die dienen als Lasttiere: Spötter nennen die Esel deshalb «Massai-Landrover». Das Schlachten von Rindern zum bloßen Verzehr, ausgenommen für festliche Gelegenheiten und rituelle Zwecke, widerstrebt dem Hirtenvolk. Dennoch stirbt kein Rind an Altersschwäche, sondern wird zuvor an umherziehende Viehhändler oder auf Viehauktionen verkauft. Den Erlös dafür braucht man dringend, seit man sich nicht mehr in Häute kleidet und aus England eingeführten Tee trinkt, moderne Medikamente – insbesondere solche gegen Tierkrankheiten – nicht mehr verachtet und die Kinder Schulgeld oder die Frauen kiloweise Glasperlen für den Schmuck benötigen, den sie an Touristen verkaufen. Hinzu kommt eine Vielzahl weiterer Bedürfnisse wie Waschpulver, Taschenlampen und Mobiltelefone, die im Verlauf der Zeit geweckt wurden. Besonders geschätzte Leckerbissen scheinen übrigens Kopfschmerztabletten und Coca-Cola zu sein. Die Massai sind ja keine Nomaden mehr und bis auf eine Minderheit nicht einmal mehr Halbnomaden.

Blut und Wasser treiben Massaikrieger beim Marathonlauf voran

«London: Sie leben von frischem Blut, das sie aus dem Nacken einer lebenden Kuh zapfen, sie laufen während der Suche nach Wasser oft Tage und Nächte hindurch und tragen dabei Sandalen, die aus Autoreifen zugeschnitten werden. Der Londoner Marathonlauf dieses Jahres sollte deshalb für die sechs Massaikrieger aus Elaui im Norden Tansanias kein Problem sein. Die Läufer sind nach Großbritannien gekommen, um durch ihre Teilnahme Mittel aufzubringen, die sie brauchen, um eine für sie lebenswichtige Wasserquelle zu erschließen. ‹Zuhause rennen wir manchmal fünf oder sechs Tage lang, Tag und Nacht›, sagt Isaya, ein in einen roten Umhang gekleideter und mit traditionellem Perlenschmuck geschmückter Krieger während eines Interviews mit Reuters. ‹42 Kilometer sind also nicht viel.› Er und seine Kriegerkameraden, alle zwischen 20 und 25 Jahre alt, erwarten, dass sie die Ziellinie am Sonntag nach viereinhalb Stunden erreichen. Sie werden in ihrer traditionellen Kleidung laufen – eine Art Toga, die Shuka genannt wird, und Sandalen aus Autoreifen – und dabei Speere sowie Schilde tragen, auf denen ihre Startnummern aufgemalt sind. Auch haben sie vor, während der 42-Kilometer-Route durch die britische Hauptstadt zu singen und zu tanzen. ‹Dabei werden wir keinen Schluck Wasser trinken›, fügt Isaya hinzu. ‹Wir laufen oft viele Tage lang, essen dabei nur zweimal am Tag und trinken keinen Tropfen. Wenn wir keine Milch oder kein Fleisch haben, dann ritzen wir den Nacken einer Kuh und trinken ihr Blut. Wenn ich genug Blut getrunken habe – so etwa zwei, drei Liter –, dann gibt mir das genug Kraft, um es tagelang ohne Essen oder Wasser auszuhalten.› Die Massaikrieger, es ist ihre Aufgabe, ihre Nächsten zu beschützen und für sie zu sorgen, hoffen genügend Geld zu sammeln, damit ihre Dorfgemeinschaft eine Wasserquelle finden und erschließen kann.»

Nachrichtenagentur Reuters
am 8. April 2008

Gemeinhin gelten jedoch oft noch die Nahrungstabus aus früheren Zeiten: So darf an jenem Tag keine Milch trinken, wer Rindfleisch isst – die Regel gilt auch umgekehrt –, und jeder rechte Massai verabscheut Fisch, Geflügel und Wild. Sieht man ab von der Jagd auf Büffel und Elenantilopen, die als verwilderte Rinder gelten, dann sind Massai auch keine – wie es der zuvor eingefügte Lexikonbeitrag aus dem Jahr 1908 behauptet – Jäger gewesen. Der Irrtum mag auf Notzeiten oder die berühmten Löwenjagden zurückgehen, die das Vieh schützen oder die Furchtlosigkeit junger Krieger beweisen sollten. Wenn solche Jagd, bei der Männer mit vorgestreckten Speeren singend auf den Löwen zugingen, ein gutes Ende nahm, dann gebührten dem, der zuerst zugestoßen hatte, Mähne und Schwanz des Löwen. Das waren begehrte Schmuckstücke, und hin und wieder geschieht so etwas noch heute, obwohl nicht nur der Löwe, sondern auch Jahre im Gefängnis zu fürchten sind. Denn ein Löwe, der von einem

Die Gallen der Flötenakazien werden von Ameisen bewohnt. Der Name rührt daher, dass der Wind ein pfeifendes Geräusch erzeugt, wenn er durch diese Büsche streicht. Darunter eine Wüstenrose, deren Samen und Wurzeln ein starkes Pfeilgift liefern. Ein Absud daraus betäubt selbst Fische im Wasser.

Jagdtouristen abgeschossen wird, erbringt der tansanischen Staatskasse derzeit 21000 Dollar. Als Ausgleich bietet sich kühnen jungen Männern nach wie vor der Viehdiebstahl an. Dabei fügt es sich glücklich, dass die Massaigebiete beiderseits der Grenze zwischen Tansania und Kenia liegen und die Brandzeichen im jeweils anderen Land unbekannt sind. Man kann den Ertrag eines Raubzuges in Tansania also ziemlich unbesorgt einem kenianischen Schlachthof zuführen. Mut gehört dennoch dazu, denn auch die Vieh haltenden Nachbarn kennen das Massaisprichwort, das da sagt: Der Löwe kehrt stets an den Ort zurück, an dem er satt wurde.

Zu den traditionellen Gerichten der Massaitafel gehört noch eine Suppe aus der Wurzelhaut der Akazie Acacia nilotica, die je nach der Beschaffen-

Die offenbare Wirkung täglicher Zahnpflege mit Salvadora persica.

heit der umgebenden Landschaft mit Bestandteilen anderer Pflanzen vermischt wird. Derlei Suppe soll sättigend, aber auch stimulierend wirken, die Krieger angriffslustig und furchtlos stimmen. Überhaupt kommt Pflanzen im Massaihaushalt eine viel größere Bedeutung zu, als von Europäern lange Zeit vermutet wurde. Ganz zu schweigen von der Ernährungsweise der vielen zum Ackerbau übergegangenen Massai: So kann man in mehreren Dörfern im Gebiet des Ngorongoro Conservation Area Mais- und Bohnenpflanzungen oder Gemüsegärten sehen, um deren Bestand und Ausdehnung immer wieder mit der Parkverwaltung gestritten wird.

In solchem Zusammenhang erwähnenswerte Pflanzenbestandteile sind ferner Gallen der Flötenakazie, die gegessen werden, solange sie noch weich sind, sowie die Wurzeln verschiedener Aloearten und die Früchte des Leberwurstbaumes Kigelia africana, denn beide dienen der Zubereitung von Honigbier. Früher war es schwierig, an den Honig dafür zu gelangen: Massai sind gewöhnlich schlechte Kletterer, und in ihren garstigen Märchen gehen Scharen abgestürzter, zerschmetterter Honigsammler um. Da waren dann die Sammler und Jäger der Ndorobo hilfreich, von denen der Honig eingetauscht wurde – heute übernimmt eher ein reisender Händler oder ein Laden diese Rolle. Den Honig mischt man mit Wasser, und dem Gebräu werden zur Fermentation Aloewurzeln oder Kigeliafrüchte hinzugefügt. Nach zwei bis drei Wochen in einem großen, möglichst nahe am Feuer stehenden Behälter ist das Getränk fertig. Das meiste davon wird bei Zusammenkünften der Ältesten oder dann ausgeschenkt, wenn Gäste bewirtet werden, also etwa anlässlich einer Beschneidungszeremonie.

Die Legenden von Milch und Blut haben bewirkt, dass angenommen wurde, Massai würden Pflanzen nicht sonderlich schätzen. Das wäre nun im Falle eines Hirtenvolkes recht erstaunlich, und so erwähnte bereits Moritz Merkers Massai-Monografie von 1904 nicht weniger als 468 Arznei- und Futterpflanzen, die ihm seine Gewährsleute benannt hatten. Vertrautheit mit den Gaben der Natur verrät überdies das Massaiwort olchani, das sowohl für die Gesamtheit der Pflanzen als auch für Medizin steht. Schon vielen Besuchern sogenannter Cultural Bomas – den Örtlichkeiten, an denen Massai zahlenden Besuchern Einblicke in ihre Kultur gewähren – ist vorgeführt worden, wie das Hirtenvolk seine fast immer prächtig weißen Zähne pflegt: durch das Abreiben mit Zweigstrünken des Zahnbürstenbaumes Salvadora persica. Inzwischen haben Wissenschaftler festgestellt, dass dies nicht nur eine mechanische Wohltat ist: Die Rinde der Salvadora enthält ein Antibiotikum. Seit langem auch unter Europäern bekannt sind die heilenden Eigenschaften des Kampferstrauches, leleshwa, bei Beschwerden der Atemwege, oder die fiebersenkende Wirkung von Aufgüssen aus der Rinde des Pfefferrindenbaumes, olmsogoni, den wir in Bestimmungsbüchern unter dem Namen Warburgia ugandensis finden. Solche Kenntnisse, insbesondere vereint im oloiboni, dem Laibon, sind Schätze, die zu einem großen Teil noch gehoben werden können.

Nebenher: Dieser Text kann nur einen flüchtigen Blick auf eine alte und vielschichtige Kultur gewähren. Es ist ein wenig so, als ob man nach Venedig fliegt, die Tauben auf dem Markusplatz fotografiert und dann behauptet, man habe etwas über Italien und die Italiener erfahren. Mehr Wissen kann allein wissenschaftliche Literatur vermitteln, zum Beispiel das, was die britische Ethnologin und Biochemikerin Gemma Burford über das Orpul-Ritual der Massai schreibt. Sie nennt solche Zusammenkünfte von Männern, Frauen und Kindern, die von Reisenden zuweilen als bloße Fressorgien beschrieben wurden, das «Massai-Hospital». Orpul findet an abgeschiedenen Orten im Wald oder im Busch statt, an denen sich Schatten, Wasser und in der Heilkunde verwendete Pflanzen finden, und kann bis zu zwei oder drei Monate dauern. Häufig kommen dabei Frauen nach der Schwangerschaft oder junge Krieger zusammen, jeder der Beteiligten steuert zur Ernährung etwas von seinem Vieh bei, und es muss nicht unbedingt so sein, dass einer oder mehrere der Teilnehmer erkrankt oder verletzt sind. Dabei wird gesungen, getanzt, gebetet und viel gegessen – geröstetes Fleisch und Suppen, die etwa ein Dutzend Heilpflanzen und Bestandteile enthalten, unter denen immer wieder die Rinde von Acacia nilotica genannt wird. Von ihr ist inzwischen bekannt, dass sie verschiedene Bakterien, Viren, Pilze, Würmer sowie Malariaparasiten abtötet. Andere Beimengungen enthalten Saponine und weitere Stoffe, die Erkrankungen der Herzkranzgefäße vorbeugen: eine Gefahr, der Massai bei einer Ernährungsgrundlage von Milch, Blut und Fleisch sonst besonders ausgesetzt wären. Orpul erweist sich im Verein mit Gebeten und Gesängen, mit Tänzen, Erzählungen und der Vermittlung von Kenntnissen über Heilpflanzen als vollkommene Fürsorge für Körper, Geist und Seele, also für eine Dreieinigkeit, die wir trennen oder gar verworfen haben. Viel geht da verloren, wenn Massai nunmehr auf ihrem Weg in die Geldwirtschaft Holzkohle aus den heiligen Bäumen der Orpul-Stätten brennen.

Leider kann es kaum anders sein: Die Anteilnahme eilender Touristen wird wohl eher den erregenderen Naturprodukten wie etwa dem Pfeilgift gelten, das aus Samen oder Wurzeln der schönen Wüstenrose, oleteti, gewonnen wird. Oder den mystischen Anwendungen wie jener des Schirmdorns, einer oltepesi genannten Akazienart. Sticht man mit ihren Dornen unter entsprechenden Beschwörungen in einen Ziegenmagen, so lässt das jemanden erblinden, der verdächtigt wird, mit dem Bösen Blick behaftet zu sein. Mit gelindem Schauder

Äußeres und Inneres einer Kuppelhütte der Massai.

werden die Besucher zudem erfahren, dass Naturheilmittel gegen Gonorrhö und Bandwürmer zu den wichtigsten Medizinen in der Apotheke des Laibons gehören.

Derlei Interesse am Spektakel kann hinderlich sein, wenn jemand etwas über den Alltag in einer Massaisiedlung erfahren möchte. Das beginnt schon mit dem Begriff Boma, der aus dem Swahili stammt und von Dornenverhauen umgebene Niederlassungen, aber auch befestigte Örtlichkeiten kennzeichnet. Im Maa – der Sprache der Massai – gibt es dieses Wort also gar nicht. (Die Sprache gab ihnen auch den korrekten Namen: Maasai. Wir folgen hier dem Gebot des Dudens.) In schöngeistiger Literatur wird oft das Wort manyatta für die Siedlungsplätze gebraucht. Eine manyatta ist jedoch eine Art Zeremonialdorf, das von den Müttern gerade beschnittener und in die Kriegergemeinschaft aufgenommener junger Männer errichtet wird. Letztere leben darin mit einigen ihrer Mütter, mit ihren Geliebten – unbeschnittenen Mädchen – sowie mit älteren Kriegern, von denen sie in Gebräuche und Traditionen des Kriegerstandes eingewiesen werden. Eine Ansammlung von Wohnstätten wird dagegen engang genannt, wenngleich in der Literatur die aus Südafrika stammende Benennung Kraal oder Kral vorherrscht.

Die traditionelle Hütte im Kral ist kuppelförmig und wird aus Pfeilern und dem sie verbindenden Flechtwerk aufgebaut: ungefähr fünf Meter lang, drei Meter breit und nur anderthalb Meter hoch. Man verputzt die Konstruktion mit einer Mischung aus Rinderdung und Schlamm, sodass sie zum Schluss einer riesigen halbierten Kartoffel gleicht. Wie nahezu jede Arbeit wird der Hausbau von Frauen ausgeführt. Männer schützen die Familie und die Herde nach außen – so vor Feinden und wilden Tieren. Sie errichten deshalb die Dornenverhaue oder Umzäunungen, die ein Gehöft oder eine Siedlung umgeben. Angemerkt sei, dass junge Männer aus irgendeinem unerfindlichen Grund – jedenfalls hat der Autor das mehrfach beobachtet – ihre eigene Wäsche waschen. Aber das tägliche Einerlei des Herantragens von Wasser und Brennholz, das Kochen, die Betreuung der Kinder, das Melken, das Sammeln oder aller Handel, bei dem es nicht um Vieh geht, und anderes mehr ist Sache der Frauen. Deren Rolle bestimmt auch die Verteilung der Wohnstätten: Jede Hütte gehört einer Frau und ihren Kindern, mag sie nun die erste oder dritte eines Mannes oder eine Witwe sein. Dem Mann steht es frei, heute hier und morgen dort zu übernachten. In der Mitte der kreisförmig angeordneten Hütten lagern nachts die Rinder, während Ziegen und Schafe in Pferche am Rande getrieben werden. Sehr junge Tiere nimmt man mit in die Hütte.

Solche Kuppelhütten sind heute oft nur noch in den Cultural Bomas zu finden. Inzwischen bestimmen in Kisongo Rundhütten mit Kegeldächern und bisweilen selbst Häuser aus gegossenem Beton oder Mauerwerk mit Wellblechdächern das Bild. Gleich geblieben ist der Anblick des Inneren: neben dem abgeteilten Raum für Jungvieh nur ein einziger Wohnraum mit einem von Fellen

Sprichwörter der Massai I

Im Gegensatz zu verbreiteten Anschauungen gelten Paviane den Massai – das bekunden einige Sprichwörter und Märchen – als klug und wehrhaft.

Rechte Seite: Im Hochland der Riesenkrater sieht man statt der soeben beschriebenen Kuppelhütten zumeist mit Grasstroh gedeckte Rundhütten (oben), deren Wände jedoch ebenfalls aus verputztem Flechtwerk bestehen. Das Sammeln von Feuerholz – es darf dort nur abgestorbenes Holz verwendet werden – bereitet den Massaifrauen noch mehr Mühen als das Wasserholen.

Ein Kopf allein ist nicht groß genug für alle Weisheit.

Fege nicht in den Hütten anderer Leute, solange deine eigene nicht sauber ist.

Es wird dich kaum schmerzen, wenn ich einen Dorn im Fuß habe.

Ein Finger allein fängt keine Laus.

Verleih deinen Bogen, aber nicht deinen Blick.

Kochtöpfe wechseln die Plätze, das Feuer bleibt dasselbe.

Rinde von einem Baum haftet nicht an einem anderen. (Gemeint ist: Verwandtschaft geht über Bekanntschaft.)

Wohin das Zebra auch geht, es wird immer Streifen tragen.

Der Faden folgt der Nadel.

Du kannst einem Pfeil nicht ausweichen, bevor er geflogen kommt.

Das Ohr, nicht das Auge, durchdringt die Dunkelheit.

Ein Elefant wird seiner Stoßzähne nicht müde.

Klug ist das Auge, das viel wandert.

Krieger und Krüppel finden schon zueinander. (Gleich und Gleich gesellt sich gern.)

Prahlerei durchquert keine Schlucht.

Wer kann schon sagen, alles würde so bleiben? Fest stehen nur die Berge.

Höre den Rat aller, aber folge deinem Verstand.

Zeig einem Affen nie die Zähne. (Behalte deine Ansichten und Geheimnisse für dich.)

Wenn der verdorrte Baum fällt, reißt er einen gesunden mit.

Der Kuh, die nicht schreit, bringt niemand Wasser. (Klappern gehört zum Geschäft.)

Nach Hollis, Sankan, Merker und anderen; Übertragungen vom Autor

bedeckten großen Gästebett, auf dem zur Not bis zu einem halben Dutzend Menschen Platz finden, und einem kleineren für die Mutter und die Kleinkinder. Mittendrin steht der Herd, dessen qualmendes Feuer wegen der lästigen Fliegen nie verlöscht, daneben vielleicht mehrere dreibeinige Hocker, an der Frontseite Brennholzvorrat und der Honigbierbehälter, ein Gestell mit Kochtöpfen, Bechern, Behältern aus Flaschenkürbissen. Erkennen wird der Besucher das alles nur schemenhaft, weil der Rauch dicht ist und Licht allein durch eine kleine Öffnung in der Wand oder im Dach hereinfällt. Ein gewisses Töpfchen wird er vergeblich suchen, denn Massai erledigen diese Art von Bedürfnissen im nächsten Gebüsch. Es erregt stets ziemliches Entsetzen, wenn sie erfahren, bei uns würden sich die Aborte in den Behausungen befinden.

Mädchen tragen ihre jüngeren Geschwister umher; auf der Abbildung darunter ist der geschilderte erste Durchstich durch die Ohrmuschel zu sehen, während die Frau daneben zeigt, dass sie Christin ist und ein Mobiltelefon besitzt.

Einige Bemerkungen noch über die Bewohner des Massaikrals. Da sind zunächst die Mädchen, die der Mutter zur Hand gehen, nebenher aber noch genug Zeit haben, um sich ihrem Spielzeug hinzugeben: oft Püppchen aus Lehm oder Ton oder einfach die Frucht eines Leberwurstbaumes. Im Alter von vier bis fünf Jahren entfernt ihnen – wie auch den Jungen – eine in solcher Tätigkeit erfahrene Frau zwei der unteren Schneidezähne. Dasselbe geschieht nochmals, wenn die bleibenden Zähne gewachsen sind. Fragt man Massai nach dem Sinn, so werden sie wahrscheinlich antworten, das sähe doch schön aus. Darüber hinaus gibt es die Erklärung, die Öffnung ermögliche es, am Wundstarrkrampf Erkrankte zu ernähren. Zwei oder drei Jahre darauf folgt der nächste Eingriff: das Durchstechen der Ohrmuscheln am oberen Rand. Späterhin durchsticht man auch die unteren Ränder der Ohrmuscheln, und die dabei entstandenen Löcher werden – meist mit hölzernen Pflöcken – im Verlauf der Jahre geweitet. Tief herabhängende Ohrlappen sind immer noch ein verbreitetes Schönheitsideal und gleichfalls an Männern zu besehen, die dann nicht selten Sicherheitsnadeln, kleine Vorhängeschlösser, Filmdosen, verzierte Pflöcke oder Perlenschmuck in den Löchern tragen. Schulkinder wehren sich allerdings mehr und mehr gegen solche Eingriffe, weil sie von Lehrern und Mitschülern aus anderen Völkerschaften gehänselt werden.

Etwa im Alter von neun bis zwölf Jahren beginnt die schönste Zeit im Leben der Massaimädchen. Sie schmücken sich mit vielfarbigem Glasperlenschmuck, den sie fast immer selbst anfertigen, und beginnen für Krieger zu schwärmen, deren Vorzüge sie in Liedern besingen. Das ist zudem die Zeit, in der sie von ihren Müttern manches Geheimnis erfahren und in der sie bald sexuelle Beziehungen zu jungen Kriegern aufnehmen. Gewöhnlich hat ein Mädchen drei verschiedene Liebhaber gleichzeitig – begünstigt wird, wer gerade anwesend ist. Das klingt recht sorglos und mag manchem, der die Mädchen wie bunte Schmetterlinge in einer manyatta umherschwirren sieht, auch so erscheinen, aber es endet mit einem grauenvollen Tag: dem der Beschneidung. Im Gegensatz zu Jungen bereitet man Mädchen kaum auf die Verstümmelung vor, bei der die Klitoris und die inneren Schamlippen herausgeschnitten werden. So unvorstellbar wie die erlittenen Schmerzen ist der Schock, den die Unglücklichen erleiden, wenn sie sich von vertrauten Frauen gepackt und den Händen der Beschneiderin ausgeliefert sehen. Obwohl von den Behörden in Tansania und Kenia verboten, wird die Beschneidung nicht nachdrücklich verfolgt und noch ständig vorgenommen – schon deshalb, weil die meisten Männer eine unbeschnittene Frau als minderwertig ansehen und für sie bestenfalls einen geringen Brautpreis zahlen wollen. Die Tätigkeit von einheimischen Frauenverbänden, Hilfsorganisationen und Missionen – ein Viertel der Massai sollen Christen sein – ist zwar nicht wirkungslos geblieben, aber es wird noch lange dauern, bis der grässliche Brauch verschwindet.

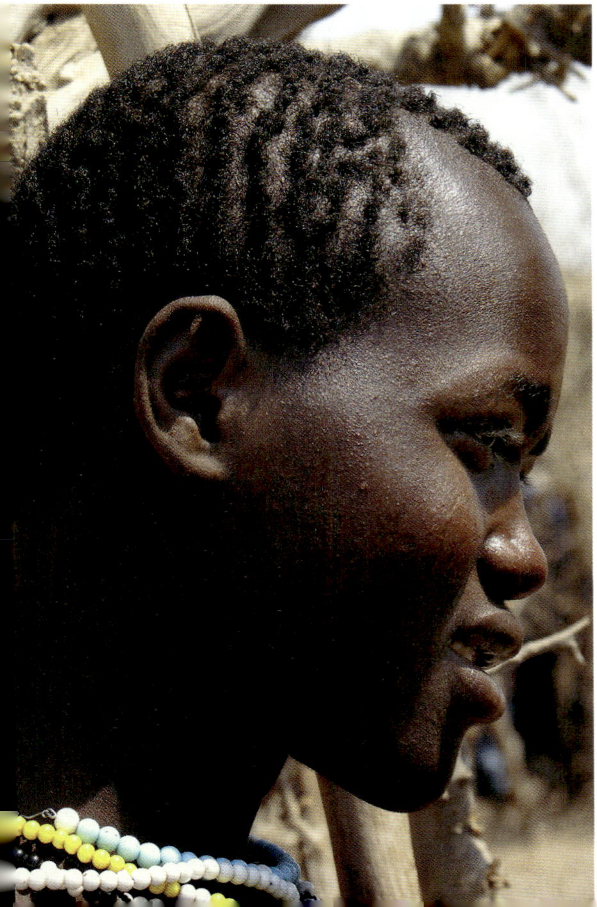

Krieger, junger Mann und Ältester aus der Umgebung des Gottesberges.

Der Beschneidung folgt zumeist sogleich die lange zuvor von den Eltern beschlossene Verheiratung mit einem erheblich älteren Mann. «Verlobung» ist nicht das richtige Wort für die vorhergehenden Absprachen, aber es soll hier einmal gebraucht werden, obwohl fast immer mehrere solcher Heiratsversprechen eingegangen werden, die nicht alle bindend sind. Ihre Anzahl ist an der Menge der Drahtringe ablesbar, die sich die Mutter der Versprochenen um die Finger windet. So erkennt jeder auf den ersten Blick, wie begehrt ihre Tochter ist. Die Frauen werden mit der Verheiratung nicht rechtlos: Sie bilden starke Gemeinschaften, und zum Beispiel gestattet ihnen ein alkishuroto genannter Brauch, sogar einen Ältesten zu bestrafen, der sich gegen Lebensregeln verging. Das geschieht, indem sie ihn mit Kuhdung beschmieren und gnadenlos verprügeln, seinem Vieh die Beine brechen oder seinen Lieblingsbullen schlachten. Es ist auch nicht so überaus selten, dass verheiratete Frauen einen Liebhaber haben und ein Kind von ihm bekommen – ihre Männer werden es gemeinhin wie ein eigenes aufziehen. Eifersüchtige Auseinandersetzungen, insbesondere unter den verschiedenen Frauen eines Mannes, sollen im Kral zwar nicht selten sein, aber ein Ehemann muss bedachtsam abwägen, ob er dann zum Stock greift. Die Frau könnte fliehen, zu ihrer Familie zurückkehren, und es mag mehrere Ziegen oder gar Rinder kosten, sie zur Heimkehr zu bewegen. Frauen sind schließlich nicht billig. Vom Autor erfragte Brautpreise betrugen 2008 um Naiyobi im Norden des Hochlandes der Riesenkrater – wo Gleichgewicht zwischen der Anzahl von Männern und Frauen herrscht – mindestens sieben, am Natronsee dagegen 15 bis 20 Rinder.

Massaijungen müssen sich frühzeitig an Verantwortung und Respekt gewöhnen. Ihnen wird bald eine Herde anvertraut, sie lernen, welche Tiere stets vorangehen und welche sich eher an den Flanken oder in der Mitte halten, kennen die Namen der Tiere und leiten sie ohne die Hilfe von Hunden. Manchmal sieht man bei Fahrten durch die Steppe eine Herde und an ihrem Rande zwei, drei verloren wirkende kleine Männer mit Speeren, deren Blätter sie hoch überragen. Wenn sie den Fremden dann mit unbewegtem Gesicht mustern oder sich hochmütig abwenden, erkennt man, dass sie keine gar so kleinen Männer mehr sind. Sie wissen viel über die Tiere, sehen sofort, wenn eines erkrankt ist, und bemerken, wenn eines fehlt, obgleich sie nicht zählen können. Das müssen sie auch nicht: Auch wir nehmen es wahr, dass in einer Schar anvertrauter Kinder eines fehlt, ohne sie zu zählen. Überdies lernen sie, was die Tiere zu welcher Jahreszeit fressen dürfen, wie man sich verhält, wenn eine Kuh kalbt, wie man einer Ziege einen Dorn aus dem Huf entfernt oder wie man Fährten liest und erkennt, ob ein Löwe heute oder vor Tagen über den Weidegrund lief. Und wenn sie einem Löwen begegnen? Nun, sie werden jedenfalls nicht davonlaufen: Henry Fosbrooke, der erste Konservator des Schutzgebietes Ngorongoro, berichtete von zwei Massaijungen, 12 und 14 Jahre alt, die mit ihren Speeren einen ausgewachsenen Elefanten töteten, weil der ihre Rinder von der Wasserstelle verdrängte.

Von den Massai gehaltene Rinder sind sowohl im südlichen Kenia als auch im Norden Tansanias fast ausschließlich sogenannte Buckelrinder.

Große Herden der kostbaren Rinder werden jedoch von Kriegern gehütet. Über die Anzahl der Kühe, Bullen und Ochsen, die im Besitz einer Familie vereint sind, kann man ganz erstaunliche Dinge lesen, aber es trifft wohl zu, dass jemand erst als wohlhabend gilt, wenn er mehr als 50 Rinder besitzt, und dass Einzelne noch immer weitaus mehr als 100 Tiere ihr Eigen nennen. Touristen, von denen Afrikaner ja vermuten, sie seien überaus reich, werden deshalb im Massaigebiet manchmal gefragt, wer sich daheim um ihre Rinder kümmert, und ernten ungläubige Blicke, wenn sie antworten, sie besäßen keine. Die Größe der Herde ist nicht nur ein Statussymbol, die Kopfzahl ist auch ein Ergebnis der Erfahrung, wie schnell eine Seuche den Bestand vermindern kann, und zudem gelten die Tiere jetzt als «Geld auf Hufen». Die neueste Literatur vermeldet, pro Person – auch Frauen und Kinder besitzen Vieh – sei ein Bestand von 5 bis 20 Tieren anzunehmen, eine Familie halte jedenfalls mindestens 20 Rinder, die Grenze nach oben sei schwer zu ziehen, weil die Massai entsprechende Angaben verweigern würden. Nun sind Durchschnittswerte so eine Sache: Auf einem Losimingori genannten Hügel in der Nähe des tansanischen Makuyuni lebt Meshuko ole Mapi mit seinen dreißig Frauen und nahezu siebzig Kindern inmitten einer Herde von weit über 2000 Rindern, 600 Ziegen sowie 200 Schafen – ihre genaue Anzahl kennt der Hausherr sicherlich nicht. Meshuko ole Mapi ist freilich ein Laibon, ein Seher und Heiler, und über hundert Jahre alt. Im Verlauf dieser Jahre werden Hilfe suchende Menschen seine Dienste immer wieder mit Vieh bezahlt haben. Schön, dass Laibon Meshuko seinen Reichtum gerade benutzt hat, um eine Schule bauen zu lassen. Von den hundert Schülern, die sie besuchen, sind fast die Hälfte seine Kinder oder Enkel.

Ansonsten hat der beständige Streit um Weidegebiete zur deutlichen Verkleinerung der Herden geführt. Dazu ein Beispiel aus dem Ngorongoro Conservation Area (NCA): Obwohl die Massaibevölkerung zwischen 1954 und 1999 von rund 10700 auf 52000 Einwohner anwuchs, sank der Viehbestand pro Kopf von 14,2 Einheiten 1966 auf 2,8 Einheiten im Jahre 1998. Diese Entwicklung wurde von den Behörden begrüßt und gefördert: Das Interesse von Touristen – sie bescheren dem Staat Tansania jährliche Einnahmen von 900 Millionen bis 1,2 Milliarden Dollar – am Anblick von Viehherden ist schließlich gering. Doch schon 1992 offenbarte eine Hungersnot im NCA, wie zwiespältig der Prozess war, sodass den Massai der zuvor verbotene Anbau von Feldfrüchten gestattet werden musste.

So viel zur Verantwortung und zum Vieh, nun bliebe noch der zuvor erwähnte Respekt. Die schönen polierten Stöcke, mit denen Massaimänner umhergehen, sind nicht nur Hirtenstäbe, sondern auch Schlagstöcke. Massaijungen lernen sie bald kennen, denn viele Väter gebrauchen sie, und auch wichtigtuerische junge Krieger betätigen sich gern als handgreifliche Erzieher. Es scheint niemanden aufzuregen, wenn jemand fremde Kinder züchtigt – Ohrfeigen oder gar Schläge gegen den Kopf sind freilich streng verpönt. Wehrt sich ein Junge gegen die Schläge, so wird das als Aufbegehren gegen die Ord-

Wie die Massai zu ihren Rindern kamen

Oldonyo Lengais Doppelkrater auf einer Luftaufnahme vom Januar 2008: vulkanisch aktiv ist seit sehr langer Zeit allein der Nordkrater.

«Engai, der Gott der Fruchtbarkeit, der Schöpfer des Regens, der Herrscher über Himmel und Erde, lebt im Vulkanberg Oldonyo Lengai. Als die ersten Menschen auf die Erde kamen, erbauten sie Krale und umgaben sie mit Dornenverhauen, um sich vor den wilden Tieren zu schützen. Sie nährten sich nur recht und schlecht, denn sie besaßen keine Rinder. Da erklang eines Tages Engais Stimme vom Himmel herab und befahl ihnen, die Dornenverhaue nachts nicht mehr zu schließen. Einige Menschen folgten Gottes Weisung, andere nicht, weil sie sich vor den Löwen in der Steppe fürchteten. In einer Nacht erwachten nun alle vom Lärm der Rinderherden, die plötzlich erschienen waren und in die geöffneten Krale strömten. Bald darauf liefen auch Ziegen und Schafe herbei und drängten meckernd und blökend hinterdrein. Als die Sonne aufging, waren jene reich, die Engais Gebot gefolgt waren, und die Furchtsamen reute es sehr, dass sie Gottes Wort missachtet hatten. Die von Engai Beschenkten wurden zu Massai, die übrigen zu Kikuyu, Kamba, Ndorobo und anderen, die sich nun entweder mit Grabstöcken auf ihren Äckern plagen mussten oder sich davon nährten, dass sie nach essbaren Wurzeln gruben und wilden Tieren nachstellten.»

Märchen aus Südkenia,
Übertragung vom Autor

nung der Gemeinschaft verstanden, und das führt zu erneuten Prügeln, diesmal auch für alle Spielgefährten des betreffenden Jungen. Für die Unterordnung, an die Kinder gewöhnt werden, spricht der Umstand, dass sie alle Frauen mit «Mutter» und alle Ältesten mit «Vater» anreden müssen. Gehorsam bestimmt später wiederum den Umgang im Kriegerstand, in dem ältere Krieger das Tun der jüngeren nicht nur bemängeln, sondern sie häufig sogar herausfordern. Ein Zeichen dafür, dass jemand wegen seines Alters solcher Demut entronnen ist, bildet ein aus Ebenholz gefertigter Abschnitt an seinem Speerschaft. Die Unterordnung endet allerdings auch damit nicht, weil immer noch den Ältesten Gehorsam gebührt. Das Sprichwort vom Mann, der noch längst keiner sei, solange sein Vater lebt, beschreibt die überaus strenge Rangordnung in der Massaigesellschaft recht gut.

Zur Erziehung gehören allerdings auch Überlieferungen und lehrreiche Geschichten, die den Kindern von den Ältesten erzählt werden. Eine der bekanntesten davon geht so: «Zwei junge Krieger, Parmes und Merero, waren einst im Massailand unterwegs und wandten sich heimwärts. Nur noch eine Wegstunde von ihrem Kral entfernt, bat Merero seinen Begleiter, auf ihn zu warten, und verschwand in den Büschen am Weg, weil seine Natur ihr Recht forderte. Parmes wartete eine Weile, wurde dann aber ungeduldig. Er sagte sich: Zum Kral ist es ja nicht mehr weit, Merero wird mich schon einholen, und ging davon. Merero jedoch wurde von einer Puffotter gebissen. Er sah noch den vom Gift geblähten Kopf der Schlange verschwinden, lief schreiend zum Weg, aber da war sein Freund nicht mehr. Merero fiel hin und starb. In der Nacht fanden Hyänen seinen Körper, und am Morgen waren ein paar Knochen alles, was von ihm übrig blieb. Leute fanden sie auf dem Weg verstreut, sodass nun jedermann annehmen musste, Parmes habe seinen Freund umgebracht und dessen Leiche den Hyänen überlassen. Weil die beiden noch eine Woche zuvor um die Gunst eines Mädchens gestritten hatten, erschien das auch wahrscheinlich.

Die Ältesten kamen von nah und fern, um zu beraten, ob Parmes schuldig oder unschuldig sei. Es dauerte einige Tage, dann fassten sie den Beschluss, dass es Mord gewesen war und Parmes' Familie nach der Tradition Mereros Angehörigen eine Buße von neunundvierzig Rindern zahlen müsse. Obwohl Parmes immer wieder seine Unschuld beteuerte, trieb seine Familie schließlich schweren Herzens die Rinder zusammen, denn gegen eine Entscheidung der Ältesten gibt es keinen Widerspruch. Als aber die Rinder aus dem Pferch getrieben wurden, lag plötzlich eine Puffotter auf ihrem Weg. Die Tiere blieben störrisch stehen, und auch den stärksten Kriegern gelang es nicht, sie zum Weitergehen zu bewegen. Noch einmal zogen deshalb die Ältesten von nah und fern herbei und berieten viele Stunden lang, was sich wohl hinter dem Geschehen verberge. Sie kamen zu der Einsicht, dass Parmes unschuldig sei, und da ließen die Rinder sich willig wieder in ihren Pferch treiben.

Parmes aber ließ nie wieder einen Gefährten zurück.»

Wann der Tag der Beschneidung und der damit verbundene Eintritt in das Erwachsenendasein gekommen ist, entscheiden die Ältesten. Er ist weniger vom Alter als von der Anzahl der herangereiften Jungen abhängig, die in einer sogenannten Altersgruppe vereint und in den Kriegerstand aufgenommen werden. Ein schmerzhafter Eintritt: Es verhält sich nicht so, dass bei der Beschneidung schlicht die Vorhaut abgetrennt wird; vielmehr bemüht der Beschneider sich um ein Gebilde, das etwas Zeit erfordert. Der geschundene Junge soll dabei möglichst keine Miene verziehen, nicht weinen und auf gar keinen Fall schreien. Bisweilen, ganz selten, ist der Schmerz stärker als der Willen. Damit bringt der Junge Schande über seine Familie, deren Vieh geprügelt und in die Steppe gejagt wird. Die seit Wochen vorbereitete Feier fällt aus, die Verwandten speien dem Unglücklichen in das Essen, es gibt Schläge, aber irgendwann wird die Schmach vergessen, und die Gemeinschaft nimmt ihn wieder auf – allerdings unter dem Namen Olkasiodoi: als einen Feigling, «der das Messer zurückstieß». Die anderen aber müssen nun nicht mehr den Kopf beugen, wenn sie Ältere begrüßen, sie dürfen sich eine Liebste wählen und mit ihr schlafen, können im Land umherziehen, ohne ihre Eltern zu fragen. Kurzum, sie sind Krieger, fähig und willens, die Gemeinschaft und ihre Herden zu verteidigen, und das zeigen sie unter anderem durch gehörigen Hochmut. Gewiss, da ist noch die Zeit, in der sie einen Kopfschmuck aus Vogelbälgen erjagen müssen, ist die manyatta und eine Abfolge von Zeremonien und Belehrungen, doch dann sind sie endlich ilmoran: Massaikrieger, Speer- und Schwertträger, denen selbst Löwen aus dem Weg gehen.

Das Kriegerdasein währt etwa fünfzehn Jahre, danach folgt abermals eine Reihung von Ritualen, die den Krieger zu einem der Ältesten – der ilpayiani – werden lässt. Was die Gemeinschaft nun von ihm erwartet, bekundet eines der von Tepilit ole Saitoti überlieferten, hier frei gestalteten Gleichnisse, die an den Feuern der Massai erzählt werden:

«Es war einmal ein Ältester, der aus irgendeinem Grunde Streit mit einem Krieger hatte. Darauf beschloss der Krieger, den Ältesten umzubringen, und nahm, was man so braucht, um mit einem Mann zu kämpfen: einen Speer, eine Keule, ein Schwert und einen Schild. Der Älteste dagegen konnte allein seine Weisheit und den Hirtenstab ins Feld führen, auf den er sich während seiner Wanderungen stützte.

Nun saß der Älteste allein in der Steppe und sann über die Lage nach, in die er geraten war. Da schlich der Krieger herbei, verlor keine Zeit und hob die Keule, um ihn zu erschlagen. Der Älteste jedoch sah den Schatten der Keule, die da über seinem Haupt schwebte, blieb reglos sitzen und sagte: ‹Schlag nur zu, junger Mann, aber schlag auch hart genug, um mich und mit mir die Wahrheit zum Schweigen zu bringen. Denn das ist es doch, wovor du dich eigentlich fürchtest – die Wahrheit.› Als der junge Mann diese Worte hörte, verharrte die Keule wie festgefroren über dem Kopf des Alten. Der befahl ihm fortzugehen

und sagte: ‹Die Keule, mit der jemand die Wahrheit erschlagen könnte, muss sehr viel größer sein als die in deiner Hand.›»

Älteste scheren sich stets kahl – der Krieger daneben trägt den traditionellen, mit Kaurischnecken und Straußenfedern verzierten Kopfputz, der vielleicht entstand, weil er einer Löwenmähne gleichen sollte.

Ohne auch nur ein Wort über den Gegenstand des Streites zu verlieren, setzt der Erzähler also voraus, dass der Älteste die Wahrheit verkörpert. Bezeichnend ist ferner, dass dieser im Gegensatz zu dem jungen Mann, der hitzig seine Waffen sammelt, als ob er in den Krieg ziehen will, über das Geschehene nachdenkt und besonnen auf den Schatten reagiert, der auf ihn fällt. So soll er nämlich sein, der Älteste: begütigend, weise, stets bedacht auf das Wohlergehen der Gemeinschaft. Man kann sie immer noch im fleckigen Schatten einer Schirmakazie sitzen sehen: die geschorenen Häupter zusammensteckend, Fliegenwedel aus Gnuschwänzen in den Händen, die Hirtenstäbe neben sich, mit einem Spiel beschäftigt – einer Variante von Bao oder Mankala, die selten auf einem Spielbrett, sondern nach Nomadenart mit der Hilfe von Vertiefungen im Sand gespielt wird – und, befreit von der Last der Polygamie, stunden- und tagelang irgendwelche Angelegenheiten beratend oder Gericht haltend.

Die traditionelle Rechtsprechung der Massai kennt nur Haftung, keine Haft. Sie geht davon aus, dass der Gemeinschaft nicht weiterer Schaden entstehen soll, indem der Missetäter weggesperrt, verstümmelt oder getötet wird. Stattdessen verhängt sie Sühnen in der Form von Vieh, dessen Anzahl dem Verbrechen angemessen ist. So überlieferte Moritz Merker, die Sühne für die Ermordung eines Mannes seien 200 oder sogar 300 Rinder gewesen, für die einer

Neue Umwelt, neue Bedrohungen

Manchmal wendet sich einer der Maler, deren Werke gewöhnlich Massaikrieger, den Kilimandscharo oder eine bunte Tierwelt darstellen und für den Verkauf an Touristen bestimmt sind, nebenher sozialen Themen zu. Dieses «Stop Aids» genannte Gemälde wurde 2008 in Moshi ausgestellt.

«Im Zentrum von Mwanza am Südufer des Victoriasees, in der Marktstraße und der Makoroboistraße, beschützen Massaiwachleute während jeder Nacht Dutzende von Prostituierten. Die Prostituierten empfangen solchen Schutz im Austausch für Sex. Man nennt so etwas nach einem Begrüßungswort der Massai ‹Yero›. Finden die Frauen nämlich keine Kunden, die mit ihnen die ganze Nacht verbringen, bleibt ihnen nichts weiter übrig, als die Wachleute um Schutz zu bitten, bis sie morgens mit dem Bus nach Hause fahren können. ‹Ich kann schließlich nicht um Mitternacht nach Hause gehen, das ist zu gefährlich›, sagt Catherine, seit zehn Jahren Prostituierte. Aber sie sagt auch, die Teilnahme am Yero könne noch viel gefährlicher sein, weil die meisten Massai sich weigern, Kondome zu benutzen. ‹Wenn wir sie darum bitten, lehnen sie das ab, und wir haben schließlich keine Wahl.› Während der letzten fünf Jahre, sagt Catherine, seien eine ganze Reihe von Massai an Aids erkrankt und hätten in ihre Heimatdörfer zurückgebracht werden müssen.

‹Ich habe keine Ahnung, wie ich diese Plastiktüten benutzen soll›, sagt der als Wächter tätige Massai Ole Letika über Kondome und fügt hinzu, dass tatsächlich einige seiner Kollegen an einer rätselhaften Erkrankung leiden würden. Er kreidet das jedoch der ungewohnten Umgebung ihres neuen Lebens an. ‹Ich denke, das kommt von der Umwelt, vom Essen und von der Kälte›, sagt er. ‹Ich weiß nicht, ob diese Männer wirklich an Aids erkrankt sind.› Nahezu alle jungen Massai, die in die Stadt gehen, tun dies ohne ihre Frauen, und damit wird die Gefährdung durch das Virus größer. ‹Wir bringen unsere Frauen und Kinder nicht mit, weil sie sonst den schlechten Sitten in den Städten ausgeliefert sind›, sagt Letika. ‹Ich vermisse meine Frau und meine Kinder und besuche sie zweimal im Jahr.›

Wenn die jungen Männer heimkehren, bringen sie neben dem Geld, das sie in der Stadt verdient haben, oft auch Aids mit.»

SUNDAY OBSERVER
vom 28. Dezember 2008

Frau, die Kinder hatte, 19 Rinder und 19 Ziegen oder Schafe – diese Anzahl konnte vergrößert werden, wenn die Hinterbliebenen Söhne waren. Die engen verwandtschaftlichen Beziehungen gewährleisteten, dass der Täter den Preis auch einbringen konnte. Todesstrafen wurden lediglich ausgesprochen, wenn jemand mehrfach Mitglieder der Gemeinschaft verletzte, Brandstiftung oder Verrat in Kriegszeiten beging. Die Blutrache war bekannt, aber die Ältesten bemühten sich sehr, sie durch Bußzahlungen abzuwenden. Wie sich das nunmehr verhält, ist unbekannt: Im Allgemeinen gestatten Massai den Behörden ebenso bereitwillig Einblick in ihre Angelegenheiten, wie sie sich und ihr Vieh zählen lassen.

Ältere Massaifrauen gelten unter anderem als besonders gewitzte Händlerinnen, ihre Kenntnisse und Lebenserfahrungen werden von der Gesellschaft sehr geschätzt.

Auch der Eintritt in den Ältestenstand erfolgt nicht einzeln, sondern gemeinschaftlich mit der Altersgruppe, mit der man schon als Krieger vereint war. Das Zusammengehörigkeitsgefühl in solchen Gruppen ist mächtig, dafür spricht unter anderem der immer wieder berichtete Umstand, die Gefälligkeit unter Angehörigen einer Altersgruppe ginge so weit, dass sie sich einander gelegentlich ihre Frauen überlassen würden. Im Verein mit dem Brauch der Mädchen, sich jungen Kriegern recht zwanglos hinzugeben, führt dergleichen heute wahrscheinlich zur Verbreitung von HIV-Infektionen: Kenias National Aids Control Council meldete 2009, die Infektionsrate unter kenianischen Massai betrage etwa 30 Prozent und sei damit fast viermal höher als unter der restlichen Bevölkerung. Die tiefste Ursache dafür muss allerdings wohl eher in den Städten gesucht werden.

Die Verbundenheit unter jungen Männern einer Altersgruppe wirkt so stark, dass sie oft in einer Weise miteinander umgehen, die uns als homoerotisch erscheinen mag, obgleich sie gänzlich harmlos ist. Andererseits überliefert Stephen ole Sankan in seiner Sammlung von Massaisprichwörtern eines, das aus unserem Kulturkreis stammen könnte und das belehrt: Freundschaft braucht Abstand. Gar so tief kann die Bindung also nicht in jedem Fall sein. Da von Bindung die Rede ist: Früher war mit dem Beginn des Ältestendaseins auch die Zeit gekommen, in der ein Mann heiratete. Heute sind die Verhältnisse lockerer, aber es herrscht weiterhin Polygamie vor. Wie viele Frauen jemand

SPRICHWÖRTER DER MASSAI II

Auch von den – im Vergleich mit Pavianen – stillen, geradezu nachdenklich wirkenden Colobusaffen sagt eine Spruchweisheit, sie seien klüger als viele Menschen.

Auch wenn er beschnitten wurde, ist der Sohn noch kein Mann, solange sein Vater lebt.

Bis du ein Seil findest, mag schon eine Schnur helfen.

Söhne und Land kann man nicht verschenken.

Die Holzkohle lacht über die Asche, das Scheit auf dem Haufen lacht über jenes im Feuer.

Neue Bogen brechen eher als alte.

Der Hals kann nicht mehr wert sein als der Kopf darauf.

Verfluche keine Steine, wenn du barfuß gehst.

Der Hintern und die Erde bleiben nicht lange getrennt.

Spiele nicht mit glühender Kohle.

Bevor du anderer Leute Dornenverhau ausbesserst, sieh erst einmal nach deinem eigenen.

Der Löwe kehrt stets an den Ort zurück, an dem er satt wurde.

Kein Bauch schwillt an, wenn die Frau nicht schwanger ist.

Die Zunge hat keine Knochen.

Dem Falken zeige den Bogen nicht – er fliegt sonst davon.

Geh in die Wüste nicht ohne Gefährten, der dir den Sand aus den Augen wischt.

Ein Bulle kann nicht in zwei Ställen zugleich brüllen.

Kein Gattertor ist so breit, als dass zwei Älteste zugleich hindurchgehen könnten.

Vergiss nie, der Ziege die Augen zu schließen. (Wenn eine Ziege geschlachtet, also erstickt wird, bedeckt man ihre Augen mit den Ohren. Etwa: Unterschätze niemanden, auch wenn er am Boden liegt.)

Wahrheiten können altern, Überlieferungen nicht.

Auch das Leben hat seine Jahreszeiten.

Nach Hollis, Sankan, Merker und anderen; Übertragungen vom Autor

nach der ersten Hochzeit noch heiratet, hängt davon ab, für wie viele er den Brautpreis aufbringen und ob er sie ernähren kann.

Wenn das alles einmal vorbei ist, dann salbt man den Verstorbenen mit Lamm- oder Ochsenfett. Er wird mit Klagegeschrei und vielen Tränen betrauert, und sofern es sich um einen Familienvater handelt, kann das Trauerritual einen Monat lang andauern. Den Namen des Toten, der freilich in den Namen seiner Kinder fortbesteht, nennt künftig niemand mehr. Massai haben keine Angst vor dem Sterben, schrieb einmal treffend Peter Matthiessen, aber sie fürchten den Tod. Leichname wurden früher in die Steppe getragen und auf die linke Seite gelegt. Dabei war der Kopf nach Norden gerichtet, das Gesicht wies nach Osten, die linke Hand lag unter dem Kopf, und der rechte Arm wurde – wie auch die Beine, die zur Hockerstellung bis an die Brust gezogen wurden – angewinkelt. Weiblichen Verstorbenen legte man eine Nähnadel oder eine Kalebasse hinzu, männlichen einen Hirtenstab, und beide bekamen neue Sandalen für den Weg, der vor ihnen lag. Es versteht sich von selbst, dass nunmehr in Gebieten, in denen Behörden Einfluss ausüben, nur noch Erdbestattungen vorgenommen werden. Das ist schon deshalb zu begrüßen, weil Hyänen und andere Wildtiere sich sonst daran gewöhnen, liegende Menschen für wehrlose Mahlzeiten zu halten – sie können kaum unterscheiden, ob da eine Leiche oder ein Schlafender in der Steppe liegt. Wohin die Toten dann in ihren neuen Sandalen gingen, bleibt ungewiss. Einerseits wird von den verschiedensten Quellen berichtet, Massai würden nicht an ein Jenseits glauben, andererseits erwähnte Moritz Merker ein sogenanntes Wolkenland, das Ziel der Toten sei, und sogar ein Paradies: «Sobald eine Seele die Pforte des Jenseits, das weit im Norden (Kopekob) liegt, erreicht, bestimmt Gott über ihr weiteres Schicksal. Die Seelen guter Menschen erhalten Einlass im Paradies, das mit allen Schönheiten und Herrlichkeiten der Natur ausgestattet ist. Üppige Weiden mit fetten Rindern wechseln ab mit Seen, Flüssen und kühlen Hainen, deren Bäume mit den köstlichsten Früchten behangen sind. Inmitten dieser Pracht leben die guten Seelen in menschlicher Weise, doch ohne Sorge, Mühe und Arbeit. Täglich erhalten sie das beste Essen im Überfluss. Jeder darf hier aber nach Gottes Gebot nur eine Frau heiraten.» Solche Vorstellungen könnten allerdings – wie manches, von dem Moritz Merker berichtete – bei der Begegnung mit christlichen Missionaren geweckt worden sein.

Die Leichname bedeutender Männer – so der eines Laibons – wurden nicht ausgesetzt, sondern in Gräbern bestattet, die man mit Steinen abdeckte. Fortan ging niemand vorüber, ohne einen Stein auf dem Grab abzulegen.

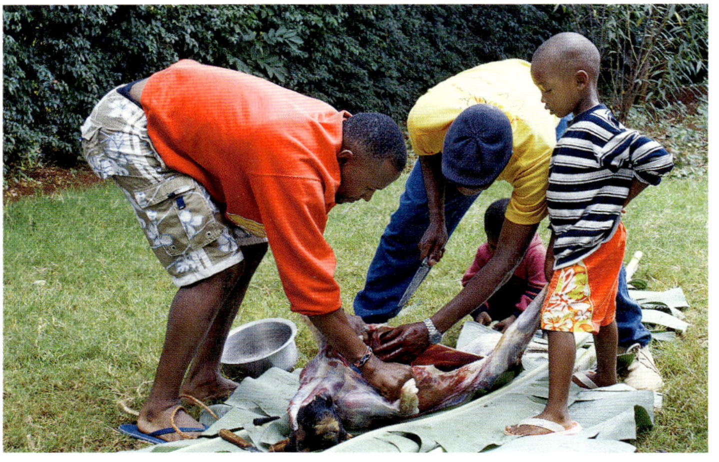

In Kiboriloni zeigt uns James das Tier, das Engai besänftigen und für das Gelingen des Buches sterben soll: ein Ziegenbock, pechschwarz und ohne Makel. Freddy sticht ihm ins Herz, damit das Blut im Körper bleibt. Ein Massai, sagt er keuchend, würde den Bock ersticken, dann die Halsadern durchschneiden und das Blut auffangen oder aus der geöffneten Bauchhöhle trinken. Wir sitzen verlegen dabei, aber weil die Kinder unbefangen zusehen, kann es nichts Schlechtes sein, das da geschieht. Ein Junge zieht dem Bock Grashalme aus dem Maul, die das Tier gerade noch abgebissen hatte.

Die Männer ziehen das Fell ab und legen Fleischteile und Innereien auf saubere Bananenblätter. Weitab, hinter dem Haus, sitzen die Frauen und schälen Kochbananen. Sie müssen fortwährend ihre vom Bananensaft verklebten Hände mit Zitronenhälften säubern, und wie es ihr Kichern verrät, scheint das überaus komisch zu sein.

Fleisch und Innereien kommen in einen großen Topf, nur die Leber wird an einem Stock geröstet. Um nicht unhöflich zu sein, esse ich wenigstens eine Schale von der streng schmeckenden Suppe und brauche dabei sehr viel Brot. Die Familienväter streiten lachend darum, wer die Hoden bekommt.

Für Engai wird nicht viel übrig bleiben.

Vierzig Steine sind im Büffelhorn

Ein Ziegenopfer, das Engai und seinem brennenden Berg dargebracht werden soll.

Der Afrikaforscher Oscar Baumann, der unter anderem den Ngorongoro-Krater und eine der Quellen des Nils entdeckte, meinte von den Massai, sie seien «trotz ihres intelligenten und einnehmenden Äußeren doch absolut nicht bildungsfähig und zum Untergang bestimmt». Moritz Merker, einer der vortrefflichsten Kenner ihrer Kultur, glaubte vor einem Jahrhundert, dass sie «ein ganz neues Leben beginnen müssen, wenn sie nicht untergehen wollen». Man kann derlei Aussagen auch umwunden formulieren. So sagt in dem Film «Jenseits von Afrika» Robert Redford als Finch Hatton in einem Gespräch über die Massai, das er mit Meryl Streep alias Karen Blixen führt: «Wir sind die einzigen hier draußen, die sie überhaupt nicht interessieren. Und das wird ihr Untergang sein.» Nun waren es einige jener Dialoge noch wert, dass man sie im Gedächtnis behielt. Doch es stimmt nicht: Sie interessieren sich durchaus für uns und für die Veränderungen, die uns folgen. Überdies gehen Völker, Kulturen und Ideen selten wie Schiffe im Sturm unter – sie werden häufiger Opfer der menschlichen Habgier.

Dabei kommt es bisweilen zu Wechselwirkungen. Gewöhnlich unterwirft eine wirtschaftlich und technisch entwickeltere Gesellschaft eine andere, um deren Menschen und Ressourcen auszubeuten. Wenn die Unterlegenen dieses Geschehen überleben, zersetzt oft Verlangen nach den fremden Errungenschaften ihre Wertbegriffe und ihre Gemeinschaft. Obwohl sie nie vom Schicksal australischer Ureinwohner oder nordamerikanischer Indianer hörten, werden schon viele Massaiälteste diese Binsenweisheit überdacht haben. Ein Entschluss, der dabei entstand, war der, sich auch äußerlich gegen den Einfluss des Fremden zu wehren: Die Rede ist von einer Kleidung, die hier mit dem weithin gebräuchlichen Begriff Shuka benannt werden soll, obschon auch das kein Wort aus dem Maa ist und im Swahili ein Leinentuch kennzeichnet. Jedermann erkennt Massai heute an diesem vorwiegend rot karierten Umhang der Männer, den Frauen als kleineres Tuch vor der Brust verknotet über ihren meist blau, schwarz oder rot gefärbten Kleidern tragen. Im Gespräch mit Touristen erklären Massaimänner gern, ihre Vorliebe für rote Musterungen komme daher, dass diese Farbe Löwen erschrecke. Sie dürfte aber historisch bedingt sein, aus jener Zeit herrühren, in der Krieger sich noch mit rotem Ocker salbten.

Wohlverstanden: Natürlich hat es die Massai als unterschiedslose Gemeinschaft nie gegeben. Tansanische und kenianische Regierungen schmücken sich heute mit Ministern aus dem Hirtenvolk, wir begegnen Massai, die als Wissen-

Rätsel der Massai I

Am Dornenverhau eines Massaidorfes werden verzierte Flaschenkürbisse und Glasperlenschmuck feilgeboten.

Wem gleichen meine Krieger, wenn sie auf einem Bein stehen? (Der Kandelabereuphorbie – eine solche Ruhehaltung, bei der ein Fuß seitlich gegen das Standbeinknie gesetzt wird, ist bei Massaihirten sehr häufig zu sehen.)

Vor wem kannst du niemals davonlaufen? (Vor deinem Schatten)

Ich habe zwei Rinderhäute. Auf einer liege ich, die andere deckt mich zu. (Erde und Himmel)

Wenn du Fleisch röstest, dann musst du etwas davon allen abgeben. (Den Geruch)

Du bist so stark und tapfer, aber auf den Platz des kleinen schwarzen Mädchens kannst du dich nicht setzen. (Der Kochtopf auf dem Feuer)

Du bist so stark und tapfer, aber die Kälber aus Loosilate kannst du nicht festhalten. (Speerklingen und Kurzschwerter, die in Loosilate geschmiedet wurden)

Was bewegt sich über die Erde, ohne eine Spur zu hinterlassen? (Der Schmetterling)

Nach Hollis, Sankan und anderen;
Übertragungen vom Autor

schaftler oder Unternehmer, als Geistliche, Schriftsteller, Rechtsanwälte, Informatiker oder als sonst etwas tätig sind. Doch nicht gar so selten tragen sie über dem Maßanzug ein kariertes Tuch. Während andere Afrikaner ihre Kleidung vorwiegend dort erwerben, wo die importierten Ballen gebrauchter europäischer Kleidung geöffnet werden oder – wenn sie vermögend genug sind – unsere Moden nachäffen, beharrt die Mehrheit der Massai auf einer ihr eigenen Erscheinung. Auch die unterliegt Moden: Es ist noch nicht sehr lange her, dass Perlenschmuck jenen aus Drähten verdrängte und die Shuka ledernen Umhängen und dunklen Leinentüchern folgte, aber das Streben nach Eigenart blieb beständig.

Jedenfalls ist das Tragen der Shuka eine anziehende Sitte. Den Touristen mag sie neben anderen Dingen daran erinnern, dass er einer Kultur begegnet, die auf Grundlagen ruht, die sich von den seinen sehr unterscheiden und die nicht mit seinen Maßstäben gemessen werden können. Er stellt sich dann vielleicht sogar die Frage, ob es sinnvoll sei, diese Menschen zu zwingen, kleine Europäer zu werden. Nachdenklich stimmt auch, dass die Shuka in den Augen wohlhabender und angepasster Afrikaner ein Ärgernis, ein Ausdruck von Rückständigkeit ist. Schon 1968 erging in Tansania die staatliche Anordnung, männliche Massai hätten Hosen zu tragen, wer mit öffentlichen Verkehrsmitteln fahren wollte, musste zeigen, dass er unter seinem Umhang eine Hose trug. Schlägertrupps von Angehörigen der tansanischen Einheitspartei verbrannten öffentlich Massaikleidung und nahmen erniedrigende Zwangswaschungen vor. Das war vergnüglicher und billiger, als endlich die seit langem versprochenen Brunnen im Massaigebiet zu bohren. Kenianischen Massai dagegen wurde es untersagt, Nairobi in traditioneller Kleidung zu besuchen. Vermutlich wirkt die Shuka auf jene, die nunmehr alles feilbieten, was Afrika eigentümlich war, wie das sprichwörtliche rote Tuch.

Eine andere und von Touristen wenig geschätzte Eigenheit der Massai lernt jeder kennen, der sie ohne ihre Einwilligung fotografieren möchte. Wer auf einem Zeltplatz oder in einem Dorf ihr Gast ist und sie zuvor fragt, dem wird das Fotografieren keine Probleme bereiten – im Gegenteil, es wird schwierig sein, Fotos zu erhalten, die nicht gestellt wirken. Das gilt auch für Aufenthalte in den Cultural Bomas, bei denen Besucher mit dem Eintrittsgeld das Recht zum Gebrauch ihrer Kameras erwerben, und ebenso für gewerbliche Folkloredarsteller in Hotels. Gewiss wird es selbst dort nicht schaden, jemanden um sein Einverständnis zu bitten – so wie man es in unseren Breiten auch tun würde. Schnappschüsse im Vorüberfahren, auf irgendeine Art erzwungene Aufnahmen, können jedoch üble Folgen haben. Die harmlosesten davon sind zornige Zurufe wie «Fotografiert doch Affen!», und nicht selten kommen Steine geflogen. Groß ist die Zahl wunderlicher Erklärungen für solches Verhalten: Zum Beispiel würden die Massai den Bösen Blick fürchten, der von der Kamera ausgehe, sie hätten von Röntgengeräten gehört, die ihr Inneres bloßlegen, und nähmen nun an, auch Kameras könnten so etwas bewirken. Dabei ist es ganz einfach: Sie fühlen sich zu den Tieren in den Nationalparks hinabgestoßen, die der Tourist selbstverständlich ohne deren Einwilligung fotografiert, und beanspruchen eine Würde, Persönlichkeitsrechte, für die man hierzulande nicht nach fragwürdigen Erklärungen suchen müsste. Darüber hinaus kann der Reisende auf geschäftstüchtige Massai treffen, die sogar für Aufnahmen von Hütten oder Vieh ein Entgelt fordern.

Es gibt Völkerschaften, die leichter, und solche, die schwerer korrumpierbar sind. Wem das zu anmaßend klingt, der ersetze den Begriff der Korrumpierbarkeit durch «Anpassung». Zweifellos gehören die Massai zu jenen, die sich nicht leicht anpassen, und man darf das bewundern oder bedauerlich finden. Man mag schwärmerisch auf eine Zeit zurückblicken, in der das Hirtenvolk wehrhaft und stolz den Horizont überwand. «Im Einklang mit der Natur», wie so oft behauptet, ist das allerdings nie geschehen: Rinder, Ziegen und Schafe weiden nun einmal anders als Wildtiere, sie rupfen die Gräser, und allein der Kopfschmuck, den ihr Hirte dem Brauch gemäß nach der Beschneidung erjagen muss, kostet vierzig Vögel das Leben. Überall lebt der Mensch nicht im Einklang, sondern in der Auseinandersetzung mit der Natur. Das schloss nicht aus, dass Nomaden über Jahrtausende sehr sorgsam mit jedem Wassertropfen und mit jedem Grashalm umgingen. Es kann doch kein Zufall sein, wenn nunmehr die meisten und weitaus größten Nationalparks dort liegen, wo zuvor Massai lebten. Überweidung, verfestigte Böden und versiegende Quellen gehören nur Landschaften an, in denen die Herden in engen Grenzen gehalten werden müssen. Mit Recht umstritten erscheint es natürlich, ob es in Gebieten mit rasch wachsender, landwirtschaftlich tätiger Bevölkerung noch möglich ist, riesige Weideflächen bereitzuhalten. Aber gar so zweifelsfrei kann man auch darauf nicht antworten, denn viele tansanische oder kenianische Agrarprojekte sind wegen der Beschaffenheit der Böden von vornherein zerstörerisch. Nicht weniger zerstörerisch als andere Nutzungsformen. Als Beispiel könnte der Landstrich an der Oldupaischlucht dienen: Grasbüschelsteppe, aus der die Massai vertrieben wurden, weil angeblich die Gefahr der Überweidung bestand. Heute richtet dort schon ein einziger Landrover, der Touristen zum Shifting Sand bringt, während der Fahrt mehr bleibende Verwüstungen an als eine tausendköpfige Rinderherde.

Staunenswert ist jedenfalls, wie schnell es den Massai gelang, sich zu behaupten, obwohl die Grundlagen ihrer Gesellschaft untergingen: Die nomadische Lebensweise ist nicht mehr möglich, die Viehhaltung stark eingeschränkt, die Krieger dürfen keine Krieger mehr sein, überleben nur noch als Ikonen von Kriegern. Inzwischen betreiben fast neun Zehntel der in Sonderzonen lebenden Massai zeitweilig oder fortdauernd Ackerbau. Der Übergang verläuft nicht problemlos, beispielsweise sind drei Viertel dieser Menschen Analphabeten, aber das ist nicht immer ihre Schuld. Als sie die Serengeti verlassen mussten,

Im kühlen Hochland der Riesenkrater tragen Männer zur Shuka gern Pudelmützen.

versprach man ihnen von Brunnenbohrungen bis hin zu Schulen so ziemlich alles. Die Brunnen wurden für die Hotels auf dem Rand des Ngorongoro-Kraters gebohrt, die Schulen liegen hinter den sieben Bergen. So in Simanjiro: In dem vornehmlich von Massai bewohnten Distrikt mit rund 200000 Einwohnern sind die wenigen Primary Schools 30 bis 70 Kilometer voneinander entfernt, die meisten Schulkinder müssen mehr als drei Stunden laufen, bis sie ihre Schulen erreichen. Der – mangelhaft von schlecht bezahlten Lehrern und Pensionären durchgeführte – Unterricht dauert von 8 bis 16 Uhr, der Heimweg währt oft bis in die Dunkelheit. Die Lehrer sind wie auch anderenorts fast im-

Kenianische Löwen werden Opfer von Rachefeldzügen

Vorangehende Doppelseite: Begegnung am Südufer des Natronsees. Im Hintergrund brennt der Gottesberg Oldonyo Lengai.

Der Löwe posiert eindrucksvoll vor einem soeben gerissenen Büffel.

«Im Nairobi-Nationalpark haben kenianische Massai als Vergeltung für umgebrachtes Vieh zehn Löwen getötet.

Nachdem er sechs Kühe, sieben Ziegen, sieben Schafe und einen Esel gerissen hatte, wurde am Sonntag der zehnte Löwe getötet. Inzwischen setzte die Regierung die paramilitärische General Service Unit in Marsch, um die dafür verantwortlichen Massaikrieger aufzuspüren und zu verhaften. Die Löwen wurden während der vergangenen zwei Monate getötet, als sie außerhalb der Parkgrenzen Zebras und Antilopen nachstellten.

Die Massai ließen verlautbaren, sie würden der Haftandrohung durch die Regierung nicht nachgeben. ‹Sobald ein Löwe umgebracht wird, rüstet die Regierung sogleich zur Schlacht gegen uns, wenn aber hundert von unseren Tieren getötet werden, denkt niemand daran, uns zu entschädigen›, zitierte Kenias Daily Nation Geoffrey Ntampaya, den Sprecher der Massaikommune. Sie seien bereit, ins Gefängnis zu gehen, wenn der Schutz ihres Viehs das erfordere. Die Massai betrachten die Anzahl ihrer Kühe oder Ziegen traditionell als Maßstab ihres Reichtums. Tierschützer beschuldigen sie, die Löwen abzuschlachten und ihre Mähnen, Schwänze, Krallen und Zähne zu verkaufen.

Die Jagd auf Wildtiere ist in Kenia seit dem Ende der siebziger Jahre verboten. Das Gebiet des Nationalparks gehört dem traditionellen Massailand an. Es wird befürchtet, dass Wilderer die Auseinandersetzungen zwischen Massai und Kenya Wildlife Service ausnutzen und in das Gebiet eindringen. Die Massai leben an den Parkgrenzen und lassen ihr Vieh dort weiden. Während der Regenzeit zwischen März und Juli verlassen Grasfresser wie Zebras und Antilopen auf der Suche nach frischen Weidegründen die Nationalparks, und die Löwen folgen ihnen.»

BBC News am 23. Juni 2008

Sogenannte Walking Safaris, bei denen sie Touristen durch Gebiete inner- oder außerhalb der Nationalparks führen, sind für die Massai zu einer bedeutenden Quelle ihrer Einnahmen geworden.

mer Bantu, die kein Maa sprechen, ihre Versetzung in Massaigebiete nicht selten als Strafe empfinden und bisweilen ihre Abneigung gegen die Massaikultur offen bekunden – was wiederum Eltern dazu bewegt, ihre Kinder von der Schule zu nehmen. Secondary Schools, an denen dann auch ein erkleckliches Schulgeld sowie Geld für die Internatsunterbringung entrichtet werden muss, gibt es im gesamten Distrikt nur zwei.

Seit die Massai aus den Schutzgebieten vertrieben wurden, ist die Frage, ob das wirklich notwendig war, nicht verstummt, da doch selbst ein überaus entschiedener Tierschützer und Kenner Ostafrikas wie Bernhard Grzimek der Ansicht war: «Wenn man überhaupt Eingeborene in einem Nationalpark hat, dann sind die Massai immer noch das kleinste Übel.» Fragwürdig ist auch, ob die Betroffenen etwas dadurch gewonnen haben, dass in der Serengeti statt 100 000 – wie während der fünfziger Jahre – nunmehr fast anderthalb Millionen Gnus umherziehen. Da war es nicht verwunderlich, wenn die Massai das Wild als Ursache aller Nöte betrachteten, es manchmal abschlachteten, die Steppe anzündeten, Wasserlöcher vergifteten, Wilderer unterstützten und sich dafür mit Rindern bezahlen ließen.

Häufig zwang sie auch die eine oder andere Dürre – im Gefolge des Klimawandels haben sich die Regenfälle in Ostafrika während der letzten zwei Jahrzehnte erheblich vermindert –, ihr Vieh in die Nationalparks zu treiben, und nicht nur dann schlugen die «Bwana Nyama», die Wildhüter, unbarmherzig zu. Inzwischen lässt man Massaikommunen wenigstens in geringem Maße am Tourismusgeschäft teilhaben, beteiligt sie an den Einnahmen für Camping-

Rätsel der Massai II

Schmuckangebot am Rande eines Massaidorfes – Zubrot für die Frauen, die diese Gegenstände anfertigen.

Es sind drei Krieger. Wenn einer fehlt, dann gibt es Kummer. (Die drei Steine, auf denen der Kochtopf ruht)

Geh du links um den Berg, ich gehe rechts um den Berg! Begegnen werden wir uns nie. (Die Ohren)

Wenn du eine Kuh schlachtest, kann etwas davon nicht staubig werden. (Das Knochenmark)

Was ist das hungrigste Ding auf der Erde? (Das Feuer)

Nenne mir drei Wunder! (Die Kalebasse trinkt keine Milch, obwohl sie damit gefüllt ist, der Hocker kann nicht laufen, obwohl er Beine hat, und eine Schlange kann laufen, obwohl sie keine hat.)

Wer bekommt als Erster vom Fleisch zu essen? (Das Messer)

Wir gehen stets gemeinsam, und dennoch sprechen wir nie ein Wort miteinander. (Der Schatten)

Was fliegt am schnellsten? (Der Blick)

Was weckt dich ohne Lärm? (Die Sonne am Morgen)

Nach Hollis, Sankan und anderen; Übertragungen vom Autor

plätze, lässt sie Cultural Bomas unterhalten und sogenannte Walking Safaris durch ihr Gebiet führen. Das ist eine wunderbare Form des Reisens in Afrika, bei der man vom behüteten, selbstsicheren Betrachter zum Teil der Natur werden kann. Sie wird aber zu wenig genutzt, weil Touristikunternehmen dergleichen aus nahe liegenden Gründen nur halbherzig anpreisen und die Massai allein lassen. Die Massai hingegen haben noch nicht überall erkannt, dass man zum Beispiel den Reiseführern der Touristenbusse Provisionen zahlen muss, damit sie an Verkaufsständen oder Cultural Bomas anhalten, dass zur Vermarktung einer Kultur mehr gehört als Freundlichkeit. Was sie dagegen schon empfindlich spüren, ist die Zwiespältigkeit der Geldwirtschaft.

Mancher Älteste wird nun darüber nachsinnen, ob es richtig war, Perlenschmuck und Speere feilzubieten, in Hotels zu tanzen und uns zu gestatten, auf den heiligen Oldonyo Lengai zu gehen. Dabei mag er in die abendliche Ebene sehen, wo die Wolken rot über schwarzer Vulkanasche schweben, auf der Rinder als weiße Flecken dahinziehen. Das sind die Farben, mit denen die Massai viele Jahrhunderte lang ihre Schilde bemalten. Wie tief der Verlust greift, mag ein Beispiel erhellen, das den Zusammenhang zwischen den Altersgruppen des Kriegerstandes und der Geschichte aufzeigt. «Wenn es keine Krieger mehr gibt», sagte ein offenbar der Vergangenheit zugewandter Ältester dem Autor, «gibt es keine Disziplin und keine Erinnerung mehr, und ohne Disziplin und Erinnerung ist kein Überleben möglich.» Er wollte damit unter anderem sagen, dass Ereignisse früher nicht mit Jahreszahlen vereint, sondern in den Zeiträumen der Altersgruppen überliefert wurden: Zur Zeit der Ilmerishari wurde das Gebiet um den Manyarasee erobert, die Ilkidotu nahmen Engaruka ein, und die Iltwati vertrieben die Datoga aus dem Ngorongoro-Krater.

Will ein Laibon Vorgänge durchschauen oder weissagen, dann bedient er sich eines Ochsen- oder Büffelhornes, das mit Kieseln gefüllt ist. Er schüttelt die etwa vierzig Steinchen darin und verstreut sie auf einem Fell. Das dabei entstehende Muster verrät ihm etwas, von dem wir meinen, es sei bereits bedacht worden, aber das ist eine voreingenommene Vermutung. Der Mann ist Schamane, kein Scharlatan, er muss nur begreifen, was er weiß, und auch wir benötigen unbewusste oder bewusste Strukturen, um unser Nachdenken zu lenken. Wie auch immer, die Anzahl der Steinchen im Büffelhorn entspricht ungefähr jener der Ratschläge, die Wohlmeinende dem Laibon erteilen werden, wenn es um die Zukunft seines Volkes geht. Dabei wissen wir doch, dass dessen Kultur vergehen wird, dass wir künftig gemeinsam in einem die Welt wie im Märchen überquellenden Brei zappeln. Es geht ja auch gar nicht um Kulturen, es geht um gerechte oder wenigstens um annehmbare Lebensbedingungen, die sich kaum nach bloßer Verweigerung einstellen werden. Ureinwohner auf allen bewohnten Kontinenten entziehen sich dieser Einsicht zuweilen durch Alkoholismus, aber wie es scheint, sind jedenfalls die außerhalb von Städten lebenden Massai trotz ihrer Vorliebe für Honigbier davor noch gefeit: Sofern jemand in der hier

Massaikrieger mit Schilden aus Büffelhaut, Fotografie aus der Zeit um 1900.

betrachteten Landschaft unvergleichbar mehr Vorhängeschlösser als Betrunkene sieht, dann ist er in einem Massaidorf.

Mit dem Land, dem tätigen Kriegerstand und den großen Herden gingen auch kleinere Dinge verloren. So die Schilde, mächtige Schutzpanzer aus Büffelhaut, die selbst eine Löwenpranke kaum durchschlagen konnte. Man kann sie heute nur noch in Museen betrachten. Die nunmehr von Massaikriegern bei Kampfspielen oder zeremoniellen Aufmärschen getragenen Schilde aus Rindsleder sind kleiner und leichter als die früher verwendeten, und was die Andenkenindustrie nunmehr als Massaischilde ausgibt, ist nur lieblos angefertigtes Spielzeug, das in unser Gepäck passen soll. Die ursprünglichen Schilde mussten noch groß genug sein, um ihren Träger zu schützen, der sich beim Angriff eines Löwen wie eine Schildkröte darunter verbarg. Moritz Merker hat die in seiner Zeit schon schwindende Bedeutung der Schildwappen noch sorgsam aufgezeichnet, die damals unter anderem den Clan und die Altersgruppe verrieten. Anrührend sind nun seine mehr als hundert Jahre alten Fotografien, auf denen Krieger sich, um Würde bemüht, dem einäugigen Kasten stellen. Sich abzubilden, war ihnen ja sehr fremd, und überdies werden sie Grauen vor dem glänzenden Kameraauge empfunden haben. Die Furcht vor dem Bösen Blick ist heute noch verbreitet und erklärt die runden Narben, die viele Massai unter den Augen oder auf der Stirn tragen: Der Laibon brennt sie Kindern mit der erhitzten Öffnung einer Flasche ein, damit sie den Bösen Blick täuschen und in diese falschen Augen lenken, wo er vom Körper nicht aufgenommen wird.

Ähnlich wie mit den Schilden verhält es sich mit den etwa 40 Zentimeter langen Keulen, die früher auch als Wurfkeulen benutzt wurden. Jetzt stellen sie eher ein Kennzeichen der Ältesten dar, die sie beim Gestikulieren während ihrer Reden oder zum Aufschlagen von Markknochen benutzen – Schädel sind damit seit langem nicht mehr eingeschlagen worden. Allerdings hat der Umstand, dass viele Massai als Wachleute angestellt sind, eine Wiederkehr der Keulen begünstigt, weil man sie nicht mit Speeren Dienst tun lässt. Sehr aus der Mode gekommen ist jedoch der Frauenschmuck aus Messing-, Eisen- oder Kupferdrähten, die lose um den Hals getragen oder um die Gliedmaßen gewunden wurden. Man sieht ihn nur selten, er wurde verdrängt von Halsreifen, Arm- und Fesselbändern aus Glasperlen. Die früher in Italien, heute in Böhmen und im Fichtelgebirge hergestellten Perlen sind nicht willkürlich angeordnet, sondern zeigen die Herkunft der Trägerin, erzählen Geschichten, verraten Wünsche. Die Farbe Blau zum Beispiel ist Sinnbild des Himmels – Engai bei Tag. Grün steht für

Das düstere Bild des gnadenlosen Massaikriegers ist längst dem Lächeln gewichen, mit dem man Gastfreunde begrüßt.

die Weiden, Rot für den Kriegerstand oder für Gefahren, Weiß für die Milch des Viehs, Schwarz für Engai bei Nacht. Der Perlenschmuck von Männern bekundet überdies ihre Altersgruppe sowie ihren gesellschaftlichen Rang.

Hin und wieder zeigt sich jemand enttäuscht vom Umfang der materiellen Kultur der Massai, obwohl ihr auch verzierte Gegenstände im Besitz der Laibons – Keulen aus Elfenbein, beschnitzte Flusspferdzähne und Rhinozeroshörner, Mörser aus den Beckenknochen von Elefanten – angehören. Nun, diese Kultur wurde geprägt vom Nomadenleben der Vorfahren und hat wenig Raum für Dinge, die man auf dem Rücken davontragen muss, oder etwa für Felszeichnungen an einem heiligen Ort, zu dem man immer wieder zurückkehrt. Der Blick des Nomaden geht über den Schmuck, die Waffen, den notwendigsten Hausrat und zuweilen selbst über die Herde hinaus: zum Horizont, zum Sternhimmel, der ihm den Weg weist. Nicht nur das: Aus der wechselnden Färbung der Venus liest der Laibon ab, ob und wo es Regen geben wird. Er irrt selten, und die meist Stunden währende Betrachtung des Planeten verrät ihm noch viel mehr, Dinge, die wir vielleicht auch erfahren könnten, wenn wir uns die Zeit dafür nähmen.

Viel ist von der Nomadenmentalität geblieben. Radios wird ein Besucher also nicht sehen – auch schon deshalb, weil Nachrichten auf Swahili gesendet werden und die Musik nicht dem Geschmack der Massai entspricht. Mobiltelefone dagegen werden in Gegenden, die einen Empfang gestatten, immer häufiger. Auch Armbanduhren, möglichst große, sind beliebt: nicht etwa, um die Tageszeit abzulesen, die zeigt die Sonne genau genug an, und meist sind die Batterien ohnehin längst erschöpft, sondern als Schmuckstücke. Musikinstru-

Das vermeintlich lange Haar der Krieger ist das Ergebnis erheblicher Mühen.

mente bleiben auf die Hörner von Kuduantilopen beschränkt, die zu Feierlichkeiten und Ritualen rufen, aber alle Massai singen gern: nicht selten stundenlang, und es soll Männer geben, die jedes einzelne Tier einer noch so großen Herde besingen und seine Vorzüge preisen können. Für Frauen beginnt der Tag schon mit Liedern, beim Melken nämlich, weil Gesang die Tiere beruhigt. Singen gehört natürlich auch zum Tanz, über den der Autor wenig zu sagen weiß, denn er kennt nur die notgedrungen etwas lustlosen, von kehligen Lauten begleiteten Hüpftänze jener Männer, die sich in Cultural Bomas zur Schau stellen. Ihre Landsleute, denen dergleichen erspart bleibt, nennen die bezahlten Tänzer hämisch «Frösche». Dass auch sie zur Freude am Tanz und zu ganz anderen Sprüngen fähig sind, zeigen Dokumentarfilme. Da sehen ihnen dann ja auch statt Touristengruppen singende junge Frauen zu, und das verleiht Sprungkraft.

Solcherart in den Bereich des Kunstsinns geraten, seien die vielfältigen Körperbemalungen erwähnt, die mit der Hilfe von Ocker, Asche und pflanzlichen Farben aufgetragen werden – nicht minder sorgfältig als die großflächigen, meist geometrischen Brandmuster, mit denen man Zuchtrinder verziert. Viel Geschick und Geduld offenbaren auch die oft schwärmerisch beschriebenen langen Haare der Krieger – die Natur schenkt sie ihnen nicht, es sind aus Wolle geflochtene Zöpfe, Ergebnisse stunden- und tagelanger Mühen. Die geschätztesten Friseure in Daressalam sind übrigens Massai. Zudem muss vor allem an den Schatz von Sprichwörtern, Rätseln, Fabeln, Legenden, Märchen und Gleichnissen erinnert werden, den die Ältesten weiterreichen. Einiges davon schien hier kurz auf. Massaimärchen entsprechen allerdings selten unserem Geschmack, weil ihnen fast immer das glückliche Ende fehlt und die Geschichte zumindest für einen Beteiligten blutig ausgeht. Eines der harmlosesten davon sei schnell noch – stark gekürzt und sinngemäß nach Alfred Claud Hollis – erzählt:

«Ein Hase, der an einem Fluss lebte, sah eines Tages Elefanten daherkommen. Die Riesen waren unterwegs zu den Kralen ihrer Schwiegerväter, und der Hase bat nun den größten davon – er trug einen Sack mit Honigwaben als Gastgeschenk auf dem Rücken –, ihn durch den Fluss zu tragen. Gutmütig stimmte der Elefant zu, sodass der Hase die Waben aus dem Sack ziehen und den Honig essen konnte. Als sie das andere Ufer erreichten, verlangte er vom Elefanten, er solle ihm ein paar Steine hinaufreichen, damit er nach den Vögeln werfen könne. Die Steine steckte er jedoch in den leeren Sack und machte sich davon.

Im Kral seines Schwiegervaters merkte der Elefant bald, was geschehen war. Er suchte nach dem Honigdieb und kam zu den Pavianen – ohne zu wissen, dass

der Hase sich dort versteckte. Er fragte die Paviane, ob sie den Hasen gesehen hätten, und die antworteten, sie würden es ihm sagen, wenn er ihnen einen Becher voll von seinem Blut geben würde. Der Elefant sah, dass der Becher klein war, und stimmte zu, die Paviane schossen einen Pfeil in seinen Rücken, und das Blut floss. Im Becher war jedoch ein Loch, sodass der Elefant schwach und schwächer wurde. Die Paviane verspotteten ihn, der Becher sei erst halb gefüllt, er aber beginne schon zu wanken. Da blieb der Elefant standhaft, bis er tot umfiel.

Der Hase hatte nun nichts mehr zu fürchten und verließ sein Versteck.»

Schon möglich, dass dieses Märchen etwas über die Massai verrät: Wer sich so etwas ausdenkt, der hat keine Angst vor großen Tieren, der ist listig und mag Blut.

Wem es vergönnt ist, in einem Massaidorf zu Gast zu sein, der kommt in einer Hinsicht aus dem Staunen nicht heraus. Vollgestopft mit den uns gewöhnlich dargebotenen Nachrichten über Afrika – Dürren und Überschwemmungen, Hungerkatastrophen und Aids, Kindersoldaten, Bürgerkriege und unsägliche Korruption –, sieht er in der heißesten Tageszeit hier die Männer und dort die Frauen stundenlang unter Schattenbäumen sitzen, singen, endlos erzählen und unglaublich viel lachen. Er fragt sich, was es in der abweisenden

Einwohner eines Massaidorfes reihen sich zum Empfang von Touristen auf. Während Mädchen und Frauen sich in dem Schmuck zeigen, den sie ohnehin häufig tragen, haben zwei junge Männer ihren kriegerischen Kopfputz angelegt.

Gestirne I

Der südliche Sternhimmel, dargestellt 1515 von Albrecht Dürer.

«Die Sterne, welche nachts am Himmel blinken, sind Augen Ngais, der auf die schlummernden Massai herabblickt. Eine Sternschnuppe bedeutet den Tod eines Menschen; dann flehen sie, dass kein Massai, sondern ein Feind [...] sterben möge.

Die Sonne betrachten die Massai als einen Mann, der auf einem Wege gegen Westen zieht, jedoch im Osten wohnt. Im Westen taucht er in eine Höhle und besucht seine Frau, den Mond. Dann eilt er auf hoher Brücke, den Blicken unsichtbar, wieder nach Osten [...]. Als vornehmster Stern gilt Kilekeen, der Morgenstern.»

«Die Milchstraße ist der Weg, auf dem die Kinder Ngais als helle Sterne wandeln. Von hier aus sehen sie dem Treiben der Menschheit zu und berichten Gott darüber. Andere Sterne sind seine Augen, ab und zu schnellt eins davon nach der Erde zu vor, um genauer zu sehen – eine Sternschnuppe. Die Venus, welche die Massai en kilegen nennen, kündet durch besonders helles Leuchten Regen an. Die nubes minor und major [Kleine und Große Wolke: Sternhaufen am südlichen Sternhimmel] sind zwei Seen, aus welchen die Rinder Ngais trinken. Die Plejaden (ngokwa) zeigen durch ihr Aufgehen im Westen den Eintritt der nach ihnen benannten großen Regenzeit an.

[...] Die beiden großen Sterne im Centaurus (ol orugo) und die vier Hauptsterne im Südlichen Kreuz sind Knaben, die die Rinder Ngais, welche durch die kleinen Sterne der Milchstraße dargestellt sind, hüten. Ein Hof um Sonne oder Mond kündet Regen an. Den auf einem Zug befindlichen Kriegern gilt die Erscheinung als reiche Beute verheißend. Wie sich Sonne oder Mond einen Kral gemacht haben, so werden auch die Krieger unterwegs einen solchen für das Beutevieh anlegen müssen.»

Oscar Baumann (1894) und Moritz Merker (1904); in eckige Klammern gestellte Erläuterung vom Autor

Mittagsplauderei in einem Dorf unter dem Gottesberg.

Landschaft, im ärmlichen Dorf, unter Menschen mit dem ewig gleichen Tagewerk viel zu erzählen gibt. Wird er von jemandem begleitet, der ihm das übersetzen kann, dann erfährt er wahrscheinlich, dass er selbst Gegenstand der Unterhaltung und eine unerschöpfliche Quelle der Heiterkeit ist – schon weil er so ernsthaft umhergeht wie der Kaiser in seinem neuen Kleid. Aber auch dann, wenn der Fremde sich längst verabschiedet hat, zurückgekehrt ist in seine Welt der verödeten Beziehungen, wird sich daran nichts ändern, werden die Massai zumindest ein paar Stunden am Tag eine Lebensfreude genießen, deren er kaum fähig ist. Nun sagt irgendwer mit belehrend erhobenem Zeigefinger, das sei eine Idealisierung, die eher trennt als verbindet, aber vielleicht lässt es sich ja damit leben.

Der nüchternen Weltsicht eines Materialisten kommt da nicht viel abhanden. Er wird auf den geringen Grad der Arbeitsteilung in der Massaigesellschaft hinweisen: Sie besteht im Grunde nur zwischen den Geschlechtern, die Viehhaltung ist urtümlich, Schmiede gehören einer verachteten, ausgestoßenen Kaste an, eine Töpferei gibt es nicht. Alles richtig, obwohl der Anteil, den Hirten heute zum Reichtum der Nation beisteuern, erheblich ist – die Produktionsziffern für Fleisch, Milch, Wolle und Häute steigen beständig. Und vor allem: Wer wird den fast vier Millionen Menschen verschiedener Ethnien, die in

Gestirne II

«Es sind drei Gestirne, mit denen die Massai besonders vertraut sind.

So erkennen sie am Erscheinen oder Verschwinden der sechs Sterne, die Plejaden genannt werden und einander wie Rinder folgen, ob sie Regen erwarten dürfen oder ob die Trockenzeit bevorsteht. [Beim Blick auf die Plejaden, das «Siebengestirn», sieht ein normales Auge nur sechs Sterne.]

Wenn der Monat kommt, den die Massai jenen der Plejaden nennen und die Plejaden nicht mehr sichtbar sind, dann wissen sie, dass die Regenzeit vorüber ist. [Mai/Juni] Denn die Plejaden versinken in diesem Monat unter dem Horizont [...].

Es gibt noch drei andere Sterne, die einander ebenfalls wie Rinder folgen: Man nennt sie die Alten Männer. [Orions Schwert] Dazu kommen weitere drei, die ihnen von links zustreben und Witwen genannt werden. [Orions Gürtelsterne] Weil die Witwen, so sagen es die Massai, ihre Männer verloren haben, legen sie sich in den Weg der Alten Männer, um von ihnen geheiratet zu werden.

Überdies ist da Kileghen – die Venus –, und dieser Planet kündigt den Massai die Morgendämmerung an. Er wird deshalb auch der Stern der Morgendämmerung genannt. Wenn die Krieger einmal nicht zur erwarteten Zeit von einem Kriegszug heimkehren, dann richten die Frauen ihre Gebete an die Venus.

Schließlich gibt es noch Leghen. [Gemeint ist abermals die Venus.] Wenn man Leghen sieht, ist das ein Zeichen dafür, dass der Mond gleich aufgehen wird. Leghen verharrt im Westen und erscheint nur abends.»

Alfred Claud Hollis (1905); in eckige Klammern gestellte Erläuterungen vom Autor

Tansania von der Weidewirtschaft leben – nahezu einem Zehntel der Bevölkerung –, künftig Arbeit geben, wenn man ihre vorgeblich so rückständige, fortschrittsfeindliche Wirtschaftsform verdrängt? Mancher meint, es werde dabei außer einem Knäuel von Problemen wenig verschwinden. Keine Würde, keine Weite, keine Poesie? In der Sprache der Massai gibt es 16 Wörter für verschiedene Formen des Regens, 28 für unterschiedliche Gräser, 31 für die Färbungen von Rindern – und nicht einen einzigen Begriff für Geld. Stattdessen wird künftig mehr Raum sein für die Mängel unserer Natur, für Machtlust, Habgier, Unehrlichkeit und Misstrauen. Es geschieht schon. Catherine Oddie, eine mit einem Massai verheiratete Australierin, schreibt nach Jahren in ihrer neuen Heimat: «Am traurigsten finde ich, dass heute Macht und Wohlstand in den Händen einiger weniger gebildeter Massai liegen, die meist verwandten Clans angehören. Anstatt ihre Position zum Vorteil aller Massai zu nutzen, neigen sie dazu, sich ausschließlich ihren eigenen politischen Ambitionen zu widmen sowie der Erhebung ihres Clans über andere.»

Jene, denen Berge allein sportliche Herausforderungen sind, mögen sich inzwischen vielleicht enttäuscht vom Text abgewendet haben. Sie wollten sogleich etwas von Bergfahrten und Routen auf dem Gottesberg erfahren. Das wäre bedauerlich. Es ist in Mode gekommen, Erlebnistiefe an Erregung, mit dem Pulszähler zu messen. Auch in Ostafrika sieht man inzwischen von weither angereiste Menschen auf Mountainbikes durch die Landschaft rasen oder unter Konkurrenzdruck von einer Berghütte zur anderen hasten und fragt sich, weshalb sie das nicht preiswerter daheim tun. Was zählt, ist die Zeit, der Gipfel, der Rekord vor exotischer Kulisse. Aber auch Erkunden, ahnendes Begreifen, Anteilnahme können erregend sein. Einen heiligen Berg sollte man nicht besteigen, ohne zu wissen, wem und warum er heilig ist. Das erhöht Erlebnis und Genuss, und immer wird ein Satz gelten, der dem märkischen Wanderer Theodor Fontane zugeschrieben wird: «Man sieht nur, was man weiß.»

«Am Rande des Ostafrikanischen Grabens, nicht weit entfernt von der Grenze zwischen Kenia und Tansania, erhebt sich ein Berg, den die Massai Oldoinyo le Engai nennen, den Berg Gottes ... Sein grollender Donner, seine zuckenden Flammen, sind Ausdruck der Gegenwart und Macht Gottes, Engais, von dem es heißt, er lebe im Berg, und dem die Menschen dort makellose Lämmer opfern.»

Tepilit ole Saitoti, «Maasai»

«Ich wandte mich zuerst zum Lengai, denn der Gottesberg war der Wegweiser in der sonderbarsten und schönsten Gegend, die ich jemals in Afrika gesehen habe ...»

Peter Matthiessen, «The Tree where Man was Born»

Der Gottesberg

Licht und Wärme fliehen schnell. Vollkommene Stille: Den Flügelschlag eines Vogels, den heimlichen Weg einer Schlange im Gras, das Seufzen eines Käfers in der Asche – man könnte es hören.

Scharf umrissen wie eine Klinge wandert der Schatten des Hochlandes, zweigeteilt zeigt sich die Welt. Diesseits, im Dunkel, erscheint alles begreifbar, jenseits strebt der Oldonyo Lengai wie ein gläserner Aufwind in den Himmel.

Warten auf das Echo eines längst verklungenen Rufes.

Und dann, von ganz fern, die Erinnerung an den funkelnden, todbringenden Berg des Märchens: «Bald vernahmen die Brüder, dass eine schöne Prinzessin verzaubert wäre im Schloss, das auf dem gläsernen Berge steht, zu welchem niemand wegen der großen Glätte emporklimmen könne. Wer aber glücklich hinaufgelange und dreimal um das Schloss herumreite, der erlöse die schöne Prinzessin und bekomme sie zur Gemahlin. Gar unendlich viele hätten schon den Bergritt probiert, wären aber alle wieder herabgestürzt und lägen tot umher.»

Wallfahrten zum Oldonyo Lengai

Hoch und heilig

Endulen ist ein Dorf im Ngorongoro Conservation Area, einem Naturschutzgebiet, in dem auf über 8300 Quadratkilometern fast 60000 Massai leben. Nach Endulen führt keine feste Straße, im Ort gibt es weder Elektrizität noch Wasseranschlüsse, aber ein von der katholischen Kirche unterhaltenes Krankenhaus – das nächste, ebenfalls von der katholischen Kirche betrieben, liegt 230 Kilometer entfernt. Behandelt werden meist Malaria, Tuberkulose, durch unsauberes Wasser hervorgerufene Wurmerkrankungen, Verletzungen durch Wildtiere, Unter- und Mangelernährung. Ärzte und Schwestern bemühen sich zudem, über Aids/HIV aufzuklären und die Menschen vom Brauch der Beschneidung abzubringen. Wie viele andere Helfer im Land tun sie das, ohne jemanden mit den Geboten ihrer Religion zu bedrängen. Deshalb sehen sie Anteil nehmend, wie im Februar 2008 ein Pilgerzug von Hunderten Frauen unter einem Baum lagert, den man dort oreteti nennt. Wir kennen oreteti unter dem Namen Würgefeige, und wie einige dieser oft einsam stehenden Bäume ist er den Massai heilig.

Abendlicher Triumph der Geometrie: Dem aus diesem Blickwinkel dreieckig erscheinenden Oldonyo Lengai nähert sich der – wie mit dem Lineal gezogene – Schatten des Hochlandes der Riesenkrater.

Der Anlass für die Pilgerfahrt heißt Oldonyo Lengai und liegt, gemessen im Vogelflug, 90 Kilometer nordwestwärts. Dennoch hat vom Vulkan ausgeworfene Asche die Landschaft um Endulen erreicht. Das ist nicht verwunderlich und geschieht nicht zum ersten Mal: Nördlich von Endulen bewundern Touristen täglich eine mächtige schwarze Wanderdüne, die Lengaiasche zur Serengeti trägt. Die Pilgerinnen befürchten nun, der Berg ihrer Gottheit Engai werde das Gras wie in früheren Zeiten bitter machen und das Vieh verhungern lassen. Sie haben deshalb ihre besten Gewänder aus dunkelblauen, schwarzen und roten Stoffen angelegt und sich mit perlenbesetztem Kopfschmuck, mit Ohrgehängen, Halsreifen und Fesselbändern geschmückt. Jede hält einen mit Milch gefüllten Flaschenkürbis, aus dessen Öffnung Grashalme hervorsehen, sie besprühen einander mit Milch, gießen Milch auf die Erde unter dem heiligen Baum und auf ein Opfertier: ein pechschwarzes Lamm. Sie lassen das Tier einem Ritual gemäß schlachten und beten und singen für Stunden. Das ist kein Chorgesang, wie wir ihn kennen. Einig ist er im Wortlaut, aber selten in der Tonlage, denn jede der Frauen singt so hingebungsvoll, dass ihre Stimme sich hin und wieder von der Menge entfernt, weil eine Stelle des Liedes sie besonders berührt. Es klingt schrill, aber nicht unmelodisch, es ist einfach bewegend: Starke und wohl auch harte Menschen rufen ihren Gott an, hadern oder feilschen nicht mit ihm, ihre Bitten sind bestimmt – er wird irgendwann ein Einsehen haben.

Der Bergregenwald am Ostrand des Ngorongoro-Kraters ist kühl, neblig und eine Heimstatt der Baumflechten.

Rechte Seite: Oldonyo Lengai im Juni 2008. Nach explosiven Eruptionen wirft der Vulkan nun hin und wieder noch Asche aus, ansonsten steigt Wasserdampf aus dem Nordkrater auf.

Weshalb die Frauen nicht zum Berg gehen? Das taten Pilgerinnen aus dem Rift Valley, aus Engare Sero und anderen Ortschaften, schon im September. Vor jenen aus der Landschaft um Endulen läge eine schwierige, lange Wanderung: auf dem Rand des Ngorongoro-Kraters entlang, über Berge und durch Wälder des Hochlandes, den steilen Weg nach Engaruka hinab und dann im wüstenhaften Grabenbruch nach Norden. Schon deshalb unmöglich, weil keine Krieger sie begleiten, die den Pilgerzug vor wilden Tieren schützen könnten. Elamal, die Fürbitte, die Prozession, ist wie so vieles im Massaileben eine Angelegenheit der Frauen. Auch Männer beten, man sieht sie das zuweilen mit Gräsern in der Hand unter den heiligen Bäumen tun, doch im Pilgerzug erscheinen sie nur als Älteste, die das Opfertier schlachten. Das muss nicht immer so sein. Tepilit ole Saitoti erwähnt in seinen Erinnerungen an die Schreckensjahre 1966 und 1967 gemeinsam unternommene Wallfahrten: «Im Jahre 1966 ließ Gott, von dem mein Volk glaubt, dass er diesen heiligen Berg bewohnt, seinen Zorn gnadenlos toben. Die Erde bebte unter dem Donner des Vulkans, und die Flamme, die aus den Tiefen der Erdkruste aufstieg, glich einer Säule aus Blitzen. [...] Es starb viel Vieh und noch mehr sollte sterben. Giftige vulkanische Asche bedeckte hundert Meilen weit das Land und erstickte das Gras und die Blätter der Bäume. Die Rinder versuchten zu grasen, fanden aber nur Asche und wurden von Tag zu Tag schwächer. Sie konnten ohne unsere Hilfe nicht mehr aufstehen, und wir mussten lange Hölzer unter die gefallenen Tiere schieben, um ihnen aufzuhelfen.

Es muss mehr als einen Grund dafür gegeben haben, dass Gottes Zorn uns derart heimsuchte. Doch wir konnten nur beten und um Gnade flehen. Mein tapferes Hirtenvolk bot den heißen Winden unerschrocken die Stirn und zog

Gebete

Regenbogen über dem noch unzerstörten Nordkraterplateau.

«In Fällen von Not, Gefahr, Krankheit oder andern Heimsuchungen beten alle Leute zu Gott. Sonst sprechen die Männer meistens nur bei besonderen Gelegenheiten ein Gebet, während die Weiber täglich früh und abends beten. Kinder beten in einigen Distrikten gar nicht, in andern beten nur die Mädchen, und wieder in andern lernen es alle Kinder im Alter von sechs bis acht Jahren, meist durch ihre Mutter. Beim Beten wendet man das Gesicht nach Norden oder früh zur aufgehenden und abends zur untergehenden Sonne. Im Norden liegt sowohl die Urheimat der Massai als auch das Paradies, wo die Seelen der Verstorbenen wohnen. Jedes Gebet beginnt in der Regel mit ‹Ngai pasinai› oder ‹Ngai atomono› oder ‹Ngai atasaia›, das heißt: Lieber Gott, ich bitte, ich flehe. Daran anschließend dankt eine betende Frau Ngai, dass er sie und die ihrigen beschützt hat und bittet ihn weiter um Schutz, um Erhaltung und Mehrung des Viehs sowie darum, ihr viele Kinder zu schenken. Während des Gebets streckt sie die Arme gen Himmel. Dabei hält sie in beiden Händen Grasbüschel oder nur ein solches in der linken Hand, während sie um den rechten Oberarm mehrere Halme gebunden hat. Bei jedem Gebet opfert die Frau für Gott ein wenig Milch. Entweder drückt sie aus ihrer eigenen – und zwar der rechten – Brust ein paar Tropfen, oder sie gießt aus einer Kürbisflasche etwas auf die Erde. Ein ähnliches Opfer bringt sie morgens und abends beim Melken dar, indem sie sowohl aus dem Euter als auch aus dem Melkgefäß etwas Milch zur Erde fließen lässt.»

Moritz Merker (1904)

zu dem flammenden Berg, um dort zu beten. Würdevoll, in ihrer besten Kleidung, singend, näherten Frauen und Männer sich Gott.

Aber der Berg blieb ungerührt, und das Vieh starb zu Tausenden. Mein Vater entschied, wir sollten fliehen, bevor auch die Menschen starben. ‹Wir müssen fortgehen, solange noch Kinder am Leben sind, sonst verlieren wir alles›, sagte er.»

Dass Engai nicht allein in Notzeiten angerufen wird, überlieferte schon Oscar Baumann: «Ein eigentümlicher Zug der Massai ist ihre Frömmigkeit und das feste Vertrauen, welches sie Ngai, dem Überirdischen, Gott, entgegenbringen. [...] Ngai hat seinen Sitz in der Höhe, im Himmel, er wird stehend mit erhobenen Händen, in welchen man Grasbüschel hält, und mit dem Ruf ‹Ngaieh!› verehrt. Vor jedem Kriegszug sowie überhaupt in allen Lebenslagen kann man die Massai derart beten sehen.»

In unserer Zeit erweist unter anderem der Dokumentarfilm «Reise zum Berg des Schwarzen Gottes» (Michael Albus, D 1997) das ungebrochene Verhältnis im Ostafrikanischen Grabenbruch lebender Massai zu ihrer Gottheit. Der Film zeigt auch eine von Reinhold Messner und seinen Begleitern ausgeführte Besteigung des Oldonyo Lengai, wendet sich aber vornehmlich seiner Bedeutung als Gottessitz und dem damit verbundenen Brauchtum zu – ein lobenswertes Unterfangen, das von Messner kommentiert wird. Da ist der gesamte Verlauf einer Pilgerfahrt abgebildet: der Beginn während der Nacht mit Kriegertänzen, die vielleicht der Einstimmung der ohnehin von Gesängen erregten Frauen dienen, ihr weiterhin von Gesängen begleiteter Weg durch das Dunkel, die schönen Kleidungs- und Schmuckstücke – darunter die selten gewordenen Spiralen aus Draht – und schließlich die Ankunft bei einem von Gesträuch umgebenen heiligen Baum am Bergfuß.

«Kurz vor dem Aufgang der Sonne», beschreibt Michael Albus in seinem Buch «Wohnungen der Götter. Heilige Berge» das Geschehen, «der sich grandios zwischen der Kulisse der Wolkenberge entfaltet, sind wir da, am Ort des Opfers. Von jetzt ab entfaltet sich eine streng geregelte Liturgie, die von den vier Männern gefeiert wird. Die Frauen lassen sich im Schatten des einzigen Baumes an der Opferstätte nieder und singen ohne Unterbrechung weiter. Die Melodie ist monoton, hat nur drei bis vier Kadenzen, und immer wieder ist das Wort ‹Engai›, Gott, zu hören.

Dann wird das schwarze Lamm, das in der Prozession mitgeführt wurde, erstickt. Jede Geste hat etwas Starres, Rituelles. Das Ganze vollzieht sich schweigend. Zwei der Männer machen Feuer auf alte Art. Sie reiben ein Holz mit dürrem Gras ganz schnell, bis eine kleine Flamme herausschlägt. Aliz, der mit uns auf den Berg gestiegen ist, spielt beim Schlachten die Hauptrolle. Er zieht dem Tier das Fell ab. Das Öffnen der Bauchdecke hat etwas Gewaltsames an sich. Dabei fließt zum ersten Mal Blut. Die Därme, der Magen und das Zwerchfell des Tieres werden entnommen, sauber, ohne jede Verunreinigung. Dazu kommen

Fotografien, die während der Dreharbeiten zum Dokumentarfilm «Reise zum Berg des Schwarzen Gottes» entstanden. Wie geschildert, tragen Massaimänner das Opferlamm dem Berg mit Ritualgesängen entgegen, errichten ein Gestell zum Rösten des Fleisches und trinken nach der Schlachtung das Blut. Auf der rechten Seite im Hintergrund der heilige Oldonyo Lengai.

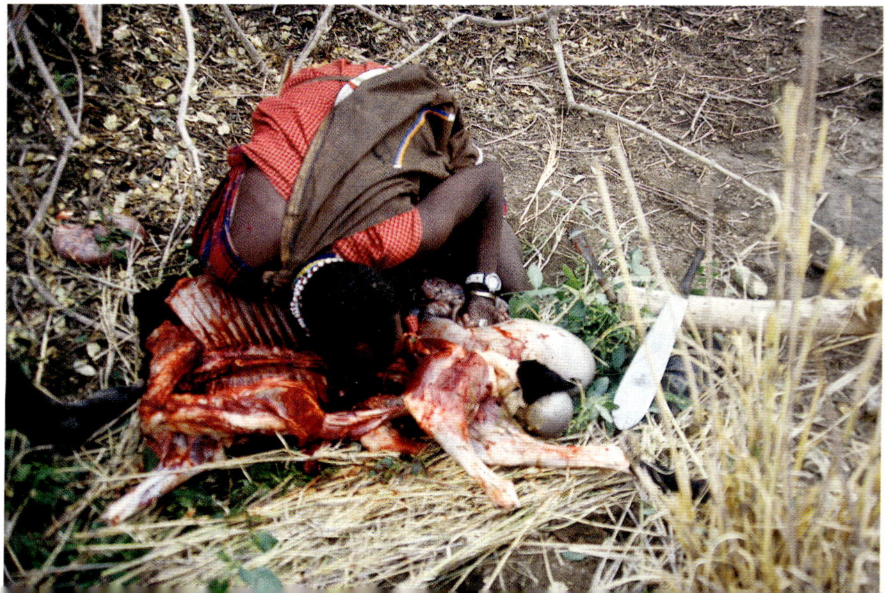

Der Nordkrater vor den explosiven Ausbrüchen von 2007 und 2008. Im Westen und im Nordosten ist Lava über den Kraterrand hinabgeflossen. Auf dem Bild darunter rechts der südliche Teil des Nordkraterplateaus – über der südwärtigen Wand, dort, wo die Schenkel des Dreiecks zusammenlaufen, liegt der Gipfel.

die Nieren, die sofort roh gegessen werden, ebenso wie andere Innereien. Lunge und Leber werden kurz angebraten und dann mit den Frauen, die auf der anderen Seite des Baumes sitzen, geteilt. Die Bauchhöhle ist mit einem bis eineinhalb Liter Blut gefüllt, das warm und frisch mit bloßen Händen aus dem geöffneten Tierleib geschöpft wird. Die Männer beugen sich mit dem Gesicht zum Tier hinab, sie tauchen es auch ins Blut. Ich beobachte, mit welchem Genuss sie das Blut trinken.

In diesen Minuten erreichen wir das Innere jeder Religion, die Religion unter allen Religionen, die nahezu allgemein gültig ist: Das Lamm, das geschlachtet wird, das Essen und Trinken von Fleisch und Blut.»

Vieles gleicht der am Beginn dieses Kapitels entworfenen Skizze aus Endulen: ein heiliger Baum, ein schwarzes Lamm als Opfer, das Versprengen von Milch sowie die Grasbüschel, die manche Frauen in den Händen halten. Wiederum ist kein Laibon dabei, obgleich man mutmaßen sollte, ein religiöser Führer lasse solche Gelegenheiten nicht verstreichen. Das Opfertier war vor der Schlachtung mit Honigbier und Milch gesalbt und von den Gebetslieder singenden Männern dem Berg entgegengetragen worden. Die eigentliche Opfergabe für Engai besteht nun nur noch aus dem Fell, dem Magen sowie Resten der Därme. Die Gottheit scheint damit zufrieden zu sein, denn es kommt zu einer großartigen Szene: Ausgerechnet ein Weißnackenrabe – jeder, der in Ostafrika Berge bestieg, ist diesen Vögeln schon begegnet – kommt herbeigeflogen und nimmt die Mahlzeit an.

Was folgt, ist die Rückkehr und eine Art feierlicher Einbringung durch die Männer des Dorfes. Es könnte also sein, dass hinter der Prozession ein gemeinsames Anliegen stand, dass die Frauen nicht allein für die eigene Fruchtbarkeit, sondern auch für die der Männer, des Viehs und der Weiden gebetet haben.

Eine Frage, die Reinhold Messner im Film stellt, bleibt bestehen: Warum dieser Berg? Messner vermutet, der Anblick vom Gipfel, der Gegensatz zwischen der Mondlandschaft des Nordkraters und dem von alpinen Sträuchern und Kräutern begrünten Südkrater – der Kontrast von Tod und Fruchtbarkeit – habe eine mythologische Deutung herausgefordert. Wirklich muss es dem Aufsteigenden so erscheinen, und zweifellos haben Massai den Berg schon vor langer Zeit bestiegen. Sie tun es als Bergführer noch heute mit staunenswerter Leichtigkeit. Dennoch: Weshalb nicht der Meru, ein ruhender Vulkan, den die Massai 1910 ausbrechen sahen, weshalb nicht der ebenfalls ruhende, weitaus höhere Kibo mit seiner eindrucksvollen Gletscherhaube? Es ist bekannt, dass die Massai sowohl den Kibo als auch den gleichermaßen von Schnee und Eis bedeckten Mount Kenya mit Ehrfurcht betrachten, aber als heilig, als Heimstätte Gottes gelten sie ihnen nicht.

Eine Voraussetzung dafür, dass Bestandteile der Natur verehrt werden, ist ihre Vereinzelung. Das mutet vertraut an: die allein stehende Thingeiche, unter der unsere Vorfahren zusammenkamen, später die Gerichtseiche oder ein-

Der Nordkrater im Januar 2008. Die Unschärfe rührt von der Asche in der Luft her. Darunter vom Aschefall erstickte, zuvor von Graswuchs begrünte Hänge.

fach die einsame Linde am Brunnen vor dem Tore. Wenngleich die Massai auch geheiligte Wälder kennen, bleibt ihnen deren Dunkel unheimlich. Es könnte sein, dass dort Enenauner umgeht: ein haariger Riese, zur Hälfte aus Fleisch, zur Hälfte aus Stein, der Verirrte auffrisst – hin und wieder hört man im Wald das klappernde Geräusch, mit dem seine Keule an Baumstämmen entlangstreift. Allein schon wegen der Naturverhältnisse in der Savanne herrscht jedoch der heilige Baum vor: manchmal eine Würgefeige, manchmal eine einsame Akazie, ein verloren wirkender Baobab. Eine der Legenden, die von der Tourismusindustrie begierig aufgegriffen und wohl auch gehörig bearbeitet werden, behauptet, Engai habe den Massai alle Rinder dieser Welt an den Luftwurzeln einer Würgefeige vom Himmel zur Erde gesandt. Deshalb seien ihnen solche Bäume heilig. Andere Fassungen beteuern, es wären nicht Feigenwurzeln, sondern Streifen aus Rinderhaut gewesen – das ist ziemlich unerheblich, denn wie jedermann erfahren kann, werden nicht nur Würgefeigen verehrt. Bedingung ist immer, dass der Baum abgeschieden steht, weltverloren wirkt.

Vom Baum zum Berg: Ebenso abgesondert erscheint der Oldonyo Lengai dem Betrachter. Seine zahlreichen Ausbrüche – gemeint sind explosive Ausbrüche, rauchende Ausbruchskegel und Lavaflüsse hat es zwischendurch immer wieder gegeben – haben es verhindert, dass wie auf den hohen Bergen ringsum ein von Nebeln befeuchteter Wald wächst. Die Berge der Umgebung wirken im Vergleich plump und verfallen, nur der Lengai strebt mit klaren Linien himmelwärts, und wenn der Gipfel, wie so häufig, von Wolken eingehüllt wird, dann sieht es aus, als ob er mit dem Himmel rede. Oldonyo Lengai ist ein vollendetes Kunstwerk der Natur. Wo die Form bedeutsam erscheint, sollte es auch der Inhalt sein. Ganz so empfinden es nicht allein die Massai, sondern auch die westlich vom Natronsee lebenden Sonjo (Batemi), in deren Sprache der Lengai ebenfalls als Berg Gottes bezeichnet wird und mit dem sie eine apokalyptische Vorstellung verbinden: Eines Tages werden zwei Sonnen aufsteigen, eine im Osten, eine im Westen, und sich über dem Gipfel vereinen. Dann ist das Ende der Welt gekommen, und Erde, Pflanzen, Tiere und Menschen werden zu Staub zerfallen.

Einer Statistik der Smithsonian Institution und den Berichten Reisender zufolge ist der Oldonyo Lengai in neuerer Zeit in den Jahren 1917, 1921, 1926, 1940, 1954, 1955, 1958, 1960, 1966, 1967, 1983, 1994, 2007 und 2008 explosiv ausgebrochen. Für das 19. Jahrhundert sind nur zwei explosive Ausbrüche überliefert, doch können es erheblich mehr gewesen sein, ohne dass eine Nachricht darüber nach Europa drang. Folglich war also selten Gelegenheit, den Gegensatz zwischen Nord- und Südkrater wahrzunehmen und darauf eine mythologische Vorstellung zu gründen. Denn es dauert Jahre, bis im von heißer Asche verbrannten Südkrater wieder Pflanzen wachsen. Anlass zur Heiligsprechung des Berges mag dagegen vor allem seine vulkanische Natur gegeben haben: Was gliche mehr der zwiespältigen Wesensart des Gottes Engai, der den Menschen

Vorangehende Doppelseite: Oldonyo Lengais Ausbruchskegel in den Wolken, am oberen Bildrand schemenhaft der Natronsee.

bekanntlich rot – als Dürrebringer und im Blitz tobend – oder schwarz – als Spender von Regen und Fruchtbarkeit – begegnen kann. Dem entspräche auch der Zusammenhang von Zerstörung durch die ausgeworfene Asche und ihrer späterhin fruchtbaren Einwirkung auf den neuen Graswuchs. Einem Hirtenvolk kann solche Wechselwirkung gewiss nicht entgangen sein.

Nicht ganz belanglos für die Frage, welche religiöse Bedeutung dem Oldonyo Lengai zukommt, könnte vielleicht auch eine fremdartige Benennung auf dem Berg sein: Pearly Gates. Der Plural verleitet hier zu einem Trugschluss, denn die deutsche Entsprechung dafür wäre «Himmelspforte». Der Begriff erinnert an die Johannesoffenbarung 21: «Und die zwölf Tore waren zwölf Perlen, und ein jegliches Tor war von einer Perle …» Da ging es um Jerusalem, aber der Name ist zum Synonym für die von Petrus bewachte Himmelspforte geworden, von der zur Hölle hinabfahren muss, wer keinen Zugang erhält. Der Autor hat nie ergründen können, wie es zu dieser Namengebung kam. Vorstellbar wäre, dass sie aus der Erleichterung heraus entstand, nach dem steilen Anstieg endlich vor dem Kraterrand zu stehen. Ebene Stellen an den Tuffbänken laden dort zu kurzer Rast und einem Schluck aus der Wasserflasche ein, der Nordkrater ist nahe, der Aufstieg geglückt. Ebenso könnte der Name auch die Schöpfung eines christlichen Bergführers der Massai sein, der damit eine Brücke zu den religiösen Vorstellungen seiner Vorfahren schlagen wollte: Hinter der Himmelspforte beginnt das Reich Engais, den man sich ja gleichermaßen als im Berg und im Himmel wohnend vorstellt – erinnert sei an die aus den Wolken herabhängenden Feigenbaumwurzeln oder Fellstreifen, an denen entlang Engai den Massai Rinder zur Erde sandte. Und den Himmel könnte man dort durchaus vermuten, weil beide Lengaikrater und der Gipfel häufig in den Wolken liegen.

Überaus verlockende Erklärungen bietet zudem eine Veröffentlichung Moritz Merkers mit dem Titel «Die Masai. Ethnographische Monographie eines ostafrikanischen Semitenvolkes». Merker war seit 1895 Offizier der deutschen Schutztruppe und fast acht Jahre lang in Moshi im Süden des Kilimandscharogebirges, später als Leiter der Station Muansa (Mwanza) am Victoriasee tätig. Er nahm an der Niederschlagung von Aufständen teil und gehört somit für manche in die Schublade mit der Aufschrift «Imperialistische Totschläger», aber das ist ziemlich einfältig. Vielmehr wurde Merker in Widersprüche hineingestellt, von denen er meinte, sie seien anders unlösbar – und die es wohl auch nicht waren. Bis zu seinem frühen Tod in Mwanza hat er nahezu seine gesamte Freizeit der Erforschung der Massai, ihrer Geschichte und ihrer Lebensumstände gewidmet. Weil er das Maa vollkommen beherrschte, führte das schließlich zu mehr als 400 Seiten Quartband – zum umfangreichsten Buch, das je über das Hirtenvolk geschrieben wurde. Seine Vorgesetzten belohnten ihn dafür mit einer Strafversetzung nach Daressalam. Natürlich erscheint in Merkers Arbeit auch der Oldonyo Lengai, von dem man ihm erzählte, er sei heilig, weil dort ein Engel den Massai Gottes Gebote verkündete.

Oldonyo Lengai – der Berg der Verkündigung?

Moritz Merkers «Oldonjo Geri» – der Berg mit den weißen Flecken. Schon lange zuvor wurde berichtet, der Oldonyo Lengai trage eine Schneehaube wie Kibo, Mawenzi oder Mount Kenya.

«Um diese Zeit geschah es, dass eine feurige Schlange bei den Massai erschien und versuchte, die Menschen Gott abwendig zu machen, indem sie vorgab, selbst Gott zu sein und den, welchen die Massai bisher als Gott verehrt hatten, an Macht zu übertreffen. Doch die Menschen ließen sich nicht beirren, wozu wohl auch der Umstand beitrug, dass Gott bald darauf einen Engel auf die Erde schickte.

Eines Tages hörten die Massai auf dem Berge Gottes, dem ol donjo geri (wörtlich der gefleckte Berg; er hatte der Sage nach weiße Flecken), Sturmbrausen und Rufe, und als sie herbeigeeilt waren, hörten sie aus einer Wolke an der Spitze des Berges folgende Worte erschallen: ‹Gott hat mich gesandt, den Massai zehn Dinge zu sagen. Morgen werde ich wiederkommen, und morgen früh sollen daher die Ältesten hierher kommen.› Am folgenden Tag versammelten sich die Ältesten in der Frühe am Fuße des Berges und stiegen dann zusammen hinauf. Nachdem sie bereits ein gutes Stück gegangen waren, gebot ihnen eine laute Stimme Halt. Als sie nach der Höhe des Berges blickten, sahen sie ein Wesen in der Gestalt eines Menschen, doch hatte dasselbe zwei große Flügel wie ein Vogel auf dem Rücken, aber nur ein Bein. Um sich mit dem einen Bein fortbewegen zu können, hatte der Engel einen Stock in der Hand, den er beim Gehen wie eine Sprungstange benutzte. Die Greise sprachen: ‹Olotu en diriman› – er kommt mit einer Krücke – und nannten ihn daher Ol dirima.

Als sich die Ältesten auf die Erde geworfen hatten, sprach der Engel: ‹Gott hat mich gesandt, um euch zehn Dinge zu sagen:

Es gibt nur einen Gott. Er hat mich hierher gesandt. Ihr nanntet ihn bisher E majan oder E magelani; von nun an sollt ihr ihn Ngai nennen. Ihr sollt euch von Ngai kein Bild machen. Wenn ihr seinen Geboten folgt, wird es euch gut gehen; wenn ihr aber nicht gehorcht, so wird er euch mit Hungersnot und Seuchen strafen.

[...]

Ihr sollt zu Ehren Gottes alle Jahre am achten Tage des neunten Monats, des Kudjarok, [...] mit dem Feueropfer des wohlriechenden os segi-Holzes feiern, wofür euch Gott die Plagen wie Hungersnot und Krankheit fernhalten wird.

Alle Jahre am siebenten Tag des siebenten Monats, des le logunja airodjerod, sollt ihr eine schwarze Färse an den Fuß des Berges Gottes, des ol donjo geri, bringen und daneben vier Töpfe mit duftendem Honigbier stellen. Wenn Gott die Färse annimmt, so ist dies ein Zeichen, dass er euch wohlgesinnt ist; nimmt er sie nicht an, so zürnt er euch.›

Nachdem der Engel diese Worte gesprochen hatte, senkte sich eine Wolke nieder und entzog ihn den Blicken der Ältesten. Diese verließen nun den Berg und kehrten in ihre Krale zurück, wo sie von dem Gesehenen und Gehörten berichteten.»

Moritz Merker (1904)

Es kann gar keinen Zweifel daran geben, dass Merkers Oldonjo Geri, der Berg mit den weißen Flecken, der Oldonyo Lengai ist: Nahezu weiße Ausblühungen bedecken einen erheblichen Teil seiner Oberfläche und finden sich nur auf diesem Berg, der deshalb auf den ersten Landkarten neben dem Kibo und dem Mount Kenya als «Schneeberg» erschien. Er ist darum von Massai auch Oldonyo Osira Lengai, der gestreifte Berg Gottes, genannt worden. Fragwürdig erscheinen dagegen andere Bestandteile jener Überlieferung: die Schlange als Verführerin, zehn Gebote – das erinnert doch sehr an das Alte Testament, wenngleich der Engel auf einem Bein daherkommt. Massaihirten sieht man freilich sehr oft so stehen: einen Fuß gegen das Knie des Standbeines gesetzt, scheinbar einbeinig und auf den Hirtenstab gestützt. Auch das Gebot, «von Ngai kein Bild» zu machen, scheint aus einem fremden Kulturkreis zu stammen: Die bildende Kunst der Massai ist auf wenige Gegenstände im Besitz der Laibons beschränkt. So wecken denn ferner das bei Merker erscheinende Paradies, eine Schöpfungsgeschichte sowie andere Bestandteile von ihm aufgezeichneter Mythen einen Verdacht, den bereits nach dem Erscheinen des Buches der ebenfalls unter Massai tätige Ethnologe Alfred Claud Hollis äußerte: Merkers Gewährsleute hatten zuvor Umgang mit christlichen Missionaren. Das wird nun nicht mehr zu ergründen sein. Merker beklagte selbst, dass es nach den Hungersnöten und Epidemien am Ende des 19. Jahrhunderts nur noch wenige Älteste – Bewahrer der Überlieferungen – gab, und denen musste er vertrauen. Wer sich antisemitischen Neigungen hingab, der wies obendrein hämisch auf Merkers jüdische Herkunft hin und unterstellte, Merker spüre aus offenbarem Interesse einen Stamm der Israeliten in Afrika auf. Unbestritten blieb, dass der Monotheismus der Massai, der sie – sieht man ab von den zum Islam bekehrten Küstenbewohnern – von allen ringsum lebenden Völkerschaften unterschied, eine Erklärung verlangte. Dennoch, Merkers Werk bietet wesentlich mehr als fragwürdige Mythen, und er hätte es verdient, nicht vergessen zu werden. Die nach ihm benannten Seen bei Arusha tragen seit langem einen anderen Namen, aber selbst in den Jahrzehnten britischer Herrschaft über das heutige Tansania erinnerte noch eine Merkerstein Hill genannte Erhebung ostwärts von Longido an den Forscher. Da man den Namen für ein verachtbares Erbe der Kolonialzeit hielt, kennen ihn wegen der dort gefundenen Rubine bestenfalls nur noch einheimische Juweliere.

Moritz Merker (1867–1908)

Ist Moritz Merker wohl dabei, wenn in gewissen Vollmondnächten der einbeinige Engel der Massai auf dem Oldonyo Lengai erscheint und die Geister jener Europäer sich sammeln, denen der Gottesberg mehr als nur ein Berg war und die deshalb seine steilen Hänge überwanden? Sein Freund Carl Uhlig berichtete, Merker habe den Vulkan besucht und dort Gesteinsproben gesammelt. Hinaufgestiegen ist er aber sicherlich nicht – es stand nicht gut um seine Lunge.

Die Zeit fährt dahin, und mit ihr vergeht auch die Religiosität der Massai. Als der Autor vor einem Aufstieg auf den Oldonyo Lengai im Juni 2008 den Bergführer bat, ein Gebet an Engai zu richten, erwiderte der ausweichend und mit schlauem Lächeln, zum Beten brauche man Grasbüschel, das Gras sei nun aber verbrannt. 150 Dollar bekam dieser Bergführer gemeinsam mit der Wache, die beim Auto zurückblieb. Den größten Teil davon gaben die beiden an die Dorfkommune von Engare Sero weiter, und das sind Einnahmen, auf die dort niemand mehr verzichten will: Am Jahresende entsprachen 150 Dollar immerhin 196 000 tansanischen Schillingen beziehungsweise – selbst bei den nach dem Vulkanausbruch emporgetriebenen Lebensmittelpreisen – zehn Zentnersäcken Maismehl. Man konnte dafür sogar vier magere Kühe bekommen. Kaum verwunderlich, wenn angesichts solcher Einkünfte die religiöse Bedeutung des Berges schwindet. Stattdessen wird er mehr und mehr Gegenstand der Identität, der Würde, des Lebensanspruchs.

Es gibt nämlich offen bekundete Bestrebungen der Behörden, die Hirten aus dem Umland zu verdrängen, das Gebiet um den Oldonyo Lengai dem Ngorongoro Conservation Area hinzuzufügen. Deshalb wurde der letzte Ausbruch – vorgeblich aus Sorge um das Wohl der Menschen – zur Weisung benutzt, die Landschaft zu verlassen. 5000 Menschen wollte der District Commissioner, eine Art Gouverneur, des Distriktes Ngorongoro damals sogleich umsiedeln. Die Presse war ihm dabei zunächst mit haarsträubenden Meldungen behilflich: Angeblich war ein ganzes Volk auf der Flucht vor dem Vulkan, 10 000 Rinder sollten umgekommen sein. Am Jahresende 2008, als man besonnener berichtete, wurden daraus 7350 Menschen, die zeitweilig ihre Dörfer verlassen

Verfluchung

«Vergiftet möge sein, was er isst.
Umbringen soll ihn das Wasser, das er trinkt.
Die Luft, die er atmet, lasse ihn mit der Sonne verschwinden.
Sein Bett soll voller Schlangen sein.
Und sein Weg voller Dornen.
Feinde mögen ihn heimsuchen und ihn erschlagen.
Bitter soll das Gras auf seiner Weide sein.
Und Gott soll ihm keine Kinder schenken.
Er soll ohne Freunde sein.
Und ohne Heim.
Die Milch, die er von den Massai empfing, möge ihn töten.
Wo er auch geht, soll Gefahr sein.
Glück und Segen seien ihm versagt.
Er soll verhasst sein, verjagt aus der Familie der Massai.
Möge Gott ihn für immer aus unserer Gemeinschaft verstoßen.»

Nach Frederick Burkewood Welbourn «The Idea of a High-God …». Bei der Verfluchung – in diesem Fall richtete sie sich gegen einen Politiker – wandte der Sprecher der Ältesten sich zur untergehenden Sonne, die Übrigen wiederholten nach jeder Zeile die Worte «Wenn er uns übel will». Eine Verfluchung muss nämlich gerechtfertigt sein, das ist Gegenstand der vorhergehenden Diskussion. Ob sie wirkt, bleibt Engai überlassen.

Ein Dämon, geschnitzt von einem Künstler der Makonde und ausgestellt in Arusha.

Der Augenblick der Wahrheit: Ankunft am brennenden Berg Oldonyo Lengai.

hätten – nach Angaben unabhängiger Hilfsorganisationen sowie von Vertretern der Massai war es nur ein Drittel dieser Anzahl –, und 1006 verendete Rinder.

Die Massai sind der Anordnung des District Commissioners nicht gefolgt. Sie ließen sich auch vom drastischen Fall der Viehpreise nicht erschrecken, den gerissene Händler in der Erwartung inszenierten, Flüchtlinge würden ihre Rinder für ein Butterbrot hergeben. Sie wissen sehr gut: Wenn sie ihren Anspruch auf das Land um den heiligen Berg aufgeben, wird an ihrer Stelle eine Parkverwaltung Eintrittsgelder und Zeltplatzgebühren kassieren, werden nur noch von ihr zugelassene Bergführer tätig sein dürfen. Man wird die Massai dann wahrscheinlich nicht einmal mehr Touristen zu den Flamingoscharen am Natronsee begleiten lassen, sondern sie als Tänzer, als würdelose «Frösche», oder mit etwas Glasperlenschmuck in den Händen an den Weg stellen. Am Natronsee wird eine Sonderzone ausgerufen und endlich die Sodaförderung aufgenommen werden, die von Naturschutzorganisationen seit Jahren verhindert wird. Tata Chemicals Limited sowie Glas- und Waschmittelhersteller in Asien und Südafrika warten schon darauf, locken mit der angeblich entstehenden Vielzahl von Arbeitsplätzen und, insgeheim, mit üppigen Provisionen. Wie es dort dann zugehen wird, kann man am Magadisee in Kenia sehen, wo eine Gesellschaft bereits seit langem Soda fördert: Sesshaft gewordene Massai in zweistöckigen Wohnhöhlen aus Beton, Menschen, zerstört vom Salz, vom Alkohol und von sinnlosen Mühen. Der Dorfvorsteher von Pinyinyi am Natronsee hat die richtigen Worte gefunden, als man ihm vorhielt, die Förderanlage wäre doch ein Segen für die Region: «Das bedeutet nur, einen großen Fisch zu fangen und dann in den Busch zu werfen!»

Voraus erscheinen Tuffbänke, schneeweiß von Asche bedeckt und zu seltsamen Gestalten geformt: Zwerge mit qualvoll verzerrten Gesichtern, Tiere mit gebrochenem Rückgrat, schuppige Kreaturen, grinsende Dämonen, abscheuliche Lemuren. Ingrid versagen die Beine, sie hat Tränen in den Augen. Mir ist übel vor Schwäche, und unter dem Hemd flattert eine verirrte Taube. Das ist mein Herz. Beißender Geruch nach frischem Mörtel umgibt uns.

«Die Fotos vom Sonnenaufgang bekommst du von mir!», ruft Christina von oben. Ich kann nicht einmal mehr grunzen. «Siebenmal wirst du die Asche sein ...»

Asche, Asche, wir schwimmen darin: ein ätzendes Zeug, weiß obendrauf, schokoladenbraun dort, wo unsere Schritte eingesunken sind. Beim Schwimmen im Meer habe ich oft Angst vor Möwen gehabt. Möwen kreischen wie verdammte Seelen und hacken dir die Augen aus. Leoparden sind verdammte Seelen und skalpieren dich. Wenn ich die Augen schließe, sehe ich das Bild vor mir: eine Fährte, tief eingedrückt in den Sand, herzförmige Ballen, davor vier Zehen, die Krallen eingezogen.

Lengaibesteigungen von Fritz Jaeger bis zu Reinhold Messner

Der Leopard auf dem Gipfel

Auf dem Oldonyo Lengai, dessen Hänge von frisch gefallener Asche weiß gefärbt sind.

Um die Jahreswende 1903/04 bemühte sich Carl Uhlig, derzeit Leiter des meteorologischen Dienstes in Deutsch-Ostafrika, während eines Heimaturlaubs um Reisegefährten. Sie zu finden, war nicht einfach, obwohl Uhlig darauf verweisen konnte, dass der Heidelberger Verleger Otto Winter eine sehr erhebliche Geldsumme für die von ihm geplante Expedition bereitgestellt hatte: für die geografische Erforschung jenes Abschnittes des Ostafrikanischen Grabens, der sich im Norden Deutsch-Ostafrikas erstreckt. Das mag manchem Kollegen als reizvolle Aufgabe erschienen sein, denn das Gebiet war auf der Karte der Kolonie noch ein weißer Fleck. Allerdings zeigte sich, wenn man genauer kalkulierte, dass Otto Winters großzügige Spende nicht ausreichen würde und die Reiseteilnehmer Zuschüsse erbringen müssten. Vor allem jedoch war bekannt, dass Carl Uhlig an keinem Berg vorübergehen konnte, ohne hinaufzusteigen: «Warum ersteigt und quert man denn einen Berg nicht, statt aus der Ferne darüber zu diskutieren, aus welchem Gestein seine Hauptmasse besteht, zumal das eine für den Aufbau der ganzen Gegend recht belangreiche Frage ist?», schrieb er einmal in einer wissenschaftlichen Darstellung. So hatte Uhlig 1901, wenngleich das doch wohl am Rande seiner Aufgaben lag, gemeinsam mit dem Zahlmeister Eberhard Mühlhäuser versucht, den höchsten Gipfel im Kilimandscharogebirge (Kibo, 5895 m) zu erreichen. Fünfzehn Träger, vier Ziegen und eine Kuh begleiteten den Aufstieg der beiden – die Tiere natürlich als Reiseproviant. Die Kuh musste allerdings bald erschossen werden, weil sie nicht mit den Männern Schritt halten konnte. Wenngleich also gut genährt, gelangten Uhlig und Mühlhäuser nach einem qualvollen Aufstieg nur bis zum Rand des Kraterkessels, dorthin, wo heute ein Schild mit der Aufschrift «Gillman's Point» Bergsteiger begrüßt. Damit nicht zufrieden, stand Uhlig noch im selben Jahr gemeinsam mit dem Missionar Rohmer als erster Mensch auf dem Deckengletscher und bald darauf auf dem Meru (4566 m). Nun munkelte man, auch das geplante Vorhaben werde wohl nicht ohne neuerliches Herumsteigen auf irgendwelchen Bergen abgehen.

Den jungen deutschen Geografen – wegen seiner Herkunft besaß er auch das schweizerische Bürgerrecht – Fritz Jäger schreckte das nicht. Zwar musste er seinen Anteil an der Unternehmung vom Vater erbitten, immerhin 4000 Reichsmark, aber er ergriff begeistert die Gelegenheit, an einer Expedition durch unerschlossene Landstriche teilzunehmen. Später gesellte sich noch der als Bezirksamtmann in der Kolonie tätige Jurist Theodor Gunzert hinzu, und

Carl Uhlig (1872–1938) und Fritz Jaeger (1881–1966)

nur sehr selten hat eine Forschungsreise so freundschaftlich verbundene Männer vereint. Carl Uhlig konnte deshalb bald in seinem Reisebericht schreiben: «Ich habe die Wahl dieser beiden keinen Augenblick zu bereuen gehabt. So gute Gefährten werde ich schwerlich wieder zusammenbekommen.» In der Tat währte die achtungsvolle Freundschaft Uhligs und Jaegers nun ein Leben lang.

Es kam dann so, wie es mancher Kollege befürchtet haben mag. Nach einem Zug durch Usambara wies Uhlig seinen Begleitern das nächste Ziel: die strahlende Gletscherhaube des Kibos. Im August 1904 standen die drei unter einem Schwindel erregenden Blau am Rand des mit Eis und Schnee gefüllten Kraterkessels, blickten herab auf die bläulich und grün schillernde Eissphinx, auf die kupferfarbene Kontur des Meruberges im Westen und auf Mawenzis braune Drachenzähne im Osten. Ihre Freundschaft hatte sich zuvor zum ersten Mal bewährt: Fritz Jaeger wurde höhenkrank, hielt die anderen auf, weil er immer wieder erbrechen musste, schaffte dennoch den Aufstieg, weil er unbeirrbar weiterging und weil seine Gefährten sich rücksichtsvoll verhielten. Im nächsten Monat, in dem sie ihr eigentliches Ziel erreichten und in der glutheißen Steppe des Ostafrikanischen Grabens umherzogen, erwies sich Jaeger sogar als der ausdauerndere Bergsteiger, sodass Carl Uhlig mitteilte: «Anfang September erstiegen wir den als tätig bekannten Vulkan Oldonyo l'Engai. Jedoch gelang es nur Dr. Jaeger, die höchste Spitze des etwa 2800 m (ü. d. M.) hohen, steilen Kegels zu erreichen. Gunzert und ich blieben etwa 250 m tiefer liegen. Wir hatten, sicher gemacht durch die an und für sich unvergleichlich anstrengendere Ersteigung des Kibo und manche andere Tour, die Arbeit unterschätzt.» Was war da geschehen?

Die Zelte der Expedition stehen unter Schirmakazien am Engare Sero, dem kleinen Fluss, der aus einem Hochland herabstürzt, das die Männer gerade für Europa entdeckt haben. Frühere Forschungsreisende haben es nicht bemerkt, weil es manchmal von einer Wolkenwand verborgen wird. Um den Förderer ihrer Unternehmung zu ehren, beschloss Carl Uhlig gerade, es als «Winter-Hochland» in seinen Kartenentwurf einzutragen. Überdies hat er von Einheimischen erfragen wollen, was Engare Sero bedeutet. Das war schwierig gewesen, weil die Massai in diesem Landstrich nach einer Hungersnot im Gefolge der Rinderpest sowie der Pockenepidemie in den neunziger Jahren nahezu ausgestorben sind. Erst in der rätselvollen Ruinenstadt Engaruka, deren ursprüngliche Bewohner vor langer Zeit Opfer eines Kriegszuges der Massai geworden

«Zuckerguss» und Dampfwolke über dem Gottesberg.

waren, waren ihm Nachfahren jener Krieger begegnet. Dort erfuhr Uhlig, Engare Sero heiße «Baumsteppenwasser», und dieses Wasser erscheint nunmehr als Geschenk des Himmels, denn alles Grundwasser in der Umgebung des nahen Natronsees ist salzig. Hier aber gibt es Trinkwasser im Überfluss, es ist ein guter Lagerplatz. (Er wird es bleiben: Uhlig, Jaeger und Gunzert lagerten damals an der heutigen Engare Sero Waterfall Campsite bei Oltevesi.)

Wenn die Reisenden südwärts blicken, sehen sie den steil in den Himmel weisenden Kegel des Oldonyo Lengai, von dem die Massai ihnen erzählt haben, er sei die Wohnstätte ihres Gottes Engai. Dabei erinnert der Berg sie vermutlich eher an japanische Holzschnitte als an afrikanische Mythen. Fremd steht er zwischen den flach abfallenden Schildvulkanen der Umgebung, ebenmäßig, einzigartig in harmonischer Form und ungewöhnlicher Färbung: nicht schwarzbraun wie die übrigen, sondern hellgrau, im Gipfelbereich weiß, wie mit Zuckerguss übergossen. Er trägt auch keinen Gipfelwald mit von Flechten behangenen Bäumen wie der benachbarte Gelai oder der noch nähere Ker Massi. Der Aufstieg wird freilich schwierig sein. Die oberen Hänge fallen im Winkel von etwa 40 Grad ab, ihre Oberfläche, das sieht man durch das Fernglas, ist zerschrundet, und am Bergfuß hat herabstürzendes Regenwasser tiefe Schluchten ausgewaschen. Ein Weg bietet sich vielleicht im Westen dar, wo eine Art Sattel zur Abbruchkante des Hochlandes führt. Er könnte eine Wasserscheide sein, auf der entlangsteigend man wenigstens einen Teil vom verworrenen Netz der Schluchten meidet.

Dorthin ziehen die drei also am 4. September 1904 hinauf, nachdem sie die Nacht im Biwak am Bergfuß verbracht haben. Es ist halb sechs Uhr morgens – viel zu spät, wie sie bald bemerken werden. Ihre Zuversicht erscheint erstaun-

Bergsteigen I

Ein Bergsteiger schlägt mit seinem Eisgerät Stufen in Oldonyo Lengais steile Lapillibänke.

Rechte Seite: In das Tuffgestein am Bergfuß haben Regenfälle tiefe Rinnen geschnitten.

«Befinden sich in der Nähe der Sommerfrische hohe Berge, welche Gletscher, Abgründe, steile Felskegel, Lawinen und ähnliche interessante Eigentümlichkeiten aufzuweisen haben, so hüte man sich, Freunden zu begegnen, welche des passionierten Bergsteigens verdächtig sind. Wird man eingeladen, den Berg zu ersteigen, so sage man zu und erscheine nicht an der Stelle, an welcher aufgebrochen wird. Man bedenke immer, dass es eine große Freude ist, bei einem Absturz mit einigen unbedeutenden Hautabschürfungen davonzukommen, dass solches aber niemals der Fall ist. Meist wird man später zerschmettert aufgefunden.

Man lasse sich nicht durch die Tatsachen verführen, dass man, abgestürzt, in allen Blättern genannt und so auf leichte Art populär wird. Man bedenke, dass dies doch mit dem Leben oder den gesunden Gliedern viel zu teuer bezahlt sein kann.

Es gibt allerdings Fälle, wo alles Sträuben nichts hilft und man der Einladung, das Klettern mitzumachen, mit dem besten Willen nicht auszuweichen vermag. Nun, wenn alle Stricke reißen, so lasse man sich anseilen.

Will man sich ohne Gefahr amüsieren, so kaufe man sich einen Alpenstock und lasse eine Anzahl Höhennamen hineinschneiden. Das Amüsement besteht darin, dass in der Heimat dem betreffenden Alpenstock geglaubt und dass man als Bergsteiger bewundert wird, während man doch nur ein gewöhnlicher Talsteiger ist.

Man lasse sich durch die Billigkeit eines Führers nicht verleiten, irgendeine höchste Spitze zu erklimmen. Wenn man abstürzt, so wird dies Vergnügen durch den billigen Preis, für den der Führer mitgegangen ist, nicht gesteigert. Aber man versäume nicht, den billigen Führer zu empfehlen, um ihm Kunden zu verschaffen, denn er ist kein reicher Mann und hat gewöhnlich eine große Familie zu ernähren.

Will man aber eine halsbrecherische Tour unternehmen, so lasse man solche bis nach der Sommerreise. In die Heimat zurückgekehrt, ersteige man ein im Bau begriffenes hohes Gebäude mit Benutzung der außen angebrachten Leitern. Auch hier kann ein großes Unglück geschehen.»

Julius Stettenheim, «Der moderne Knigge. Leitfaden durch das Jahr und die Gesellschaft», Bd. II, Berlin 1905

lich, denn sie kennen doch den Bericht des Ornithologen Oskar Neumann, ihres einzigen europäischen Vorgängers, der 1894 nur 150 Meter unter dem Gipfel gescheitert war. Nach drei Stunden Aufstieg, der noch durch Steppengras führt, schicken sie die Träger zurück, die bisher ihre Rucksäcke und Gewehre getragen haben. Nur Mahuni, ein Afrikaner, der sie schon im Kilimandscharogebirge begleitet hatte, bleibt noch bei ihnen. Danach beginnt eine verzweifelte Kletterei: Die Trockenbetten, die von Regenfällen in den weichen Tuff des Bergfußes gesägt wurden, sind bis zu zwanzig, später immer noch zehn Meter tief und ihre Sohlen nur einen bis zwei Meter breit. Die Wände hängen bisweilen über. Mehrfach müssen diese Schluchten gequert werden, weil man sonst die Richtung verliert. Endlich, nach Stunden, erreichen sie den mit Buschwerk bewachsenen Sattel, auf dem sie ansteigen wollen. Ein hilfreiches Feuer hat dort eine Schneise gebahnt. «Allerdings sahen wir dann auch aus wie die Schornsteinfeger.»

Wenn sie sich umwenden, sehen sie Zebraherden in der Steppe und die blaue und weinrote, von weißen Salzrändern gesäumte Fläche des Natronsees. Meist wird nun Nashornpfaden gefolgt, dann solchen von Elenantilopen, aber häufig verlieren die Männer diese verschlungenen Wege und müssen durch brusthohes Gras und verfilztes Strauchwerk hindurch. Die Hitze wird mörderisch, und sie haben nur ihre Feldflaschen mit insgesamt drei Liter Tee dabei. Am Nachmittag gibt zuerst Gunzert, dann selbst Uhlig auf, der die Gefährten bislang noch angefeuert hatte. Mahuni bleibt bei ihnen.

Fritz Jaegers Tagebuch berichtet: «Uhlig gibt mir noch Anleitung in der Handhabung seines fotografischen Apparates und füllt mir meine fast leere Feldflasche aus der seinen ein wenig auf. Höchstens noch 200 m Anstieg! Es ist 5 Uhr nachmittags, als ich aufbreche. Teils noch auf Antilopenpfaden zwischen den Büschen hindurch, teils auf nacktem, staubigem Boden mit oft merkwürdig runzeliger Oberfläche und weißen Salzkrusten geht es leichter aufwärts als vorher. Diese Gebilde sind wohl Tuffe, die als Schlammströme hinabgeflossen sind. Ein anderes Gestein als Tuffe haben wir auf dem Doinjo Lengai nicht gesehen. Die Schluchten schlossen diese meist schön geschichteten, große Brocken enthaltenden hellen Tuffe sehr schön auf. Zuletzt wurde die Steigung wieder geringer, und ich kam auf einen Pass zwischen zwei Gipfeln, die beide noch mit der bisherigen niedrigen Strauchvegetation bedeckt waren. Kaum 50 Schritt vor mir stand eine große Elenantilope, die mich neugierig ansah und erst weglief, als ich in die Hände klatschte, ein großes plumpes Tier wie ein Rind. Ich stieg auf den etwas höheren linken Gipfel hinauf. Im Ganzen mag ich noch 200 m gestiegen sein, seit ich Uhlig verließ, leider versagte das Barometer. Um 5 Uhr 20 kam ich an.

Der Anblick überraschte mich. Ich stand auf dem höchsten Punkte eines Kraterrandes, einer steilen, 40–50 m hohen Mauer, die im Halbkreis den Krater von 200 m Durchmesser umschloss. Die Nordhälfte der Kraterwand fehlte, es

Ausbruchskegel im Nordkrater, aufgenommen 1910 von Carl Uhlig.

standen aber zwei weiße Ausbruchskegel darauf, deren östlicher ebenso hoch war wie mein Standpunkt, der westliche etwas niedriger. In der Mitte des Kraters erhob sich noch ein kleiner solcher Kegel von etwa 8 m Höhe, zwischen ihm und dem höchsten ein ganz kleiner, 1–2 m hoher, dem weiße Dämpfe entströmten. Schon beim Aufstieg hatten wir gelegentlich kleine weiße Wölkchen am Gipfel des Berges schnell auftauchen und vergehen sehen, die Uhlig für gewöhnliche Wolken hielt, während ich eher dachte, dass es vom Winde empor geblasener weißer Staub oder auch vulkanische Aushauchungen seien. Nun zeigte es sich also, dass der Vulkan noch Dämpfe aushaucht, dass er sich im Solfatarenstadium befindet. Ich wurde sehr an die Solfatara bei Neapel erinnert, sowohl durch die weiße Farbe des ganzen Kraters, der Ausbruchskegel und der südlichen Kraterwand als auch durch gelbe Ausblühungen am zentralen Kegel und durch den Schwefelwasserstoffgeruch der Dämpfe. Es scheint mir, dass aus den Kegeln Schlammströme ausgebrochen sind, auf denen dann das weiße Salz ausblühte, das auch die oberen Außenhänge des Lengai umkleidet. Nicht wie Firn sieht es von ferne aus, sondern wie ein Kirchendach, auf dem viele Störche nisten. Auch der Kraterboden sieht überall aus wie getrockneter Schlamm.»

Die Mauer, eigentlich ein Grat, auf dem der höchste Punkt des Berges liegt, verläuft sichelförmig und trennt zwei Krater: einen seit langer Zeit verschlossenen im Süden, der von Gebirgskräutern und Gesträuch bewachsen wird, und einen aktiven im Norden, den ausgeworfener Tuffschlamm gefüllt hat. Jaeger vermutet, der Südkrater habe in der Zeit seiner Tätigkeit den Berg aufgetürmt. Irgendwann muss sich der Vulkanschlot dann verlagert und den Nordkrater ausgesprengt haben. Der Grat zwischen beiden Kratern – als Wand nach Norden und als Hang südwärts abfallend – ist wahrscheinlich ein Überrest der Südkraterumwallung.

Vorangehende Doppelseite: Im Südteil des Nordkraters erhebt sich eine Wand, die vom Gipfel (2960 m) gekrönt wird.

Nach dem Sonnenaufgang kriecht Oldonyo Lengais Schatten zum Hochland der Riesenkrater.

War Fritz Jaeger der erste Mensch, der auf dem Lengaigipfel stand? Der erste Europäer ganz gewiss, aber wohl kaum der erste Mensch. Carl Uhlig hat für seine Karte des damals erforschten Landstriches von den Massai Namen erfragt, mit denen sie Berge kennzeichneten. Viele davon verraten topografische Details und Besonderheiten der Tier- oder Pflanzenwelt, die man von der Ebene her nicht wahrnehmen kann. So gibt es zwar den «Schwarzen Berg» oder den «Berg mit der Löwenmähne» – dergleichen war fraglos von der Steppe her sichtbar –, doch immerfort auch Namen wie «Berg der Elenantilopen», «Bambusdickichtberg» oder schlicht «Es ist ein Loch darin», wenn sich oben ein Kraterkessel befindet. Es wäre verwunderlich, wenn es diese ausdauernden Menschen nicht auf die Gipfel ihrer Heimat getrieben hätte, zumal diese ohne technische Hilfen erreichbar sind. Wer einmal gesehen hat, mit welchem Schrittmaß heutige Massai-Bergführer auf den Oldonyo Lengai steigen – in Sandalen aus Auto- oder Motorradreifen, aber mit einem Tempo, das sonst nur Siebenmeilenstiefel gestatten –, wird da ohnehin wenig Zweifel haben.

Absteigend, in der Dunkelheit durch das Strauchwerk irrend, sieht Jaeger ein von Mahuni entzündetes Signalfeuer und findet die Gefährten. Sie beschließen, die Nacht 300 Meter unter dem Gipfel zu verbringen, weil ein Abstieg schon allein wegen der vielen Schluchten zu gefährlich wäre. Für solch ein Biwak sind sie schlecht gerüstet. Sie sind durstig und hungrig, es ist schrecklich kalt, der Hang so steil, dass sie ihre Eispickel vor den Füßen in den Boden schlagen müssen, um nicht abzurutschen. Obwohl zwei von ihnen dicke Wolljacken mithaben, frieren sie und behelfen sich schließlich mit Zweigen und mit dem Abdecktuch des Fotoapparates. Diese Nacht wird ihnen unvergesslich bleiben

Morgendämmerung im Nordkrater. Die einem Tafelberg gleichende Silhouette rechts gehört dem Kibo im Kilimandscharogebirge.

– weniger wegen der Entbehrungen, sondern wegen des Kräuterduftes, der Schwärme von Sternschnuppen über ihnen und des leuchtenden Brandes, der sich wie eine dunkelrote Schlange durch die Steppe windet. Als gegen drei Uhr der Mond aufgeht, sehen sie den Schatten des Berges in der Luft, und als sie am Morgen absteigen, bietet ihnen der Gottesberg noch ein erregenderes Erlebnis dar: die Begegnung mit einem Löwen. Das Lager am Engare Sero erreichen sie dann am späten Vormittag. Jaegers Tagebuch vermeldet, Carl Uhlig habe sich sofort bekleidet in den Fluss gestürzt, trinkend und badend zugleich.

Die sachliche Schilderung des Gipfels in jenem Tagebuch lässt nicht erahnen, dass der Berg einmal so etwas wie ein meditativer Mittelpunkt in Fritz Jaegers Leben sein wird. Im Verlauf der Reise besteigt er den Oldonyo Sambu (2042 m), den Monduli (2660 m) sowie den Meru (4566 m) allein von der Westseite. Zwei, drei Jahre später kommt noch eine ganze Reihe ostafrikanischer Berge hinzu, und dann wird er gemeinsam mit Eduard Oehler eine neue, heute viel begangene Route auf den Kibo erschließen. Aber das alles wiegt ihm nicht den Tag auf, an dem ihn die Elenantilope auf dem Gottesberg begrüßte. Niederschreiben wird er es nie, doch bewusst bleibt ihm immer, dass dieser Berg einen schwer fassbaren, tiefen Eindruck in seinem Leben hinterlassen hat. Nun muss man Berge nicht besteigen, um ihr Wesen zu empfinden – Hemingway zum Beispiel hat es beim Anblick des Kilimandscharos mit einem einzigen unsterblichen Satz getan – oder um sie abzubilden: Cézanne ist durch bloßes Betrachten, seine Gemälde vom Mont Sainte-Victoire zeigen es, darüber sogar zum Schöpfer von Bergen geworden. In heutiger Bergliteratur sieht es freilich zuweilen so aus, als ob es allein darum ginge, nicht den Berg, sondern den Aufsteigenden zu beschreiben und abzubilden. Da wird ein lebendiges Subjekt, das einmal so weit wie die Welt und so vielfarbig wie die Palette des Malers war, zum öden Objekt im Schatten eines Helden. Vielleicht ist das aufregender und einträglicher, vielleicht auch nur der Ausdruck eines kümmerlichen Naturempfindens.

Nein, beschreiben will er es nicht, aber glücklich ist Fritz Jaeger schon, dass er es war, der am 4. September 1904 der Antilope begegnete.

Es vergehen immerhin sechs Jahre, bis sich wiederum Europäer am Oldonyo Lengai versuchen. Diesmal sind es zwei: Carl Uhlig und der Geologe F. Th. Müller. Die beiden steigen am letzten Julitag des Jahres 1910 wie während der Expedition mit Fritz Jaeger von Nordwesten her zum Sattel auf und geraten tags darauf in ein Gewirr aus Schluchten und Gestrüpp. Zwar findet Uhlig die damals begangene Hauptschlucht, aber sie ist inzwischen dicht bewachsen. Dann versperrt eine Steilstufe den Weg, und zum Klettern sind die Männer nicht ausgerüstet. Vor allem erweist sich der dichte Bewuchs als derart hinderlich, dass sie beschließen, das Buschwerk anzuzünden. Das Feuer nimmt auch zunächst den gewünschten Verlauf, «schlug aber bald zurück und nötigte uns zur Flucht durch die große Schlucht, über der von beiden Seiten her das Flammenmeer tobte». Vorstellbar wäre, dass Carl Uhlig angesichts des Widerstandes, den der Berg ihm abermals entgegensetzt, mehr als nur verdrossen gestimmt ist. Aber am 4. August, nach einem Biwak auf dem Sattel und einem Aufstieg von nicht einmal vier Stunden erblickt er endlich, was vor ihm Fritz Jaeger gesehen hatte: das weite Rund des Nordkraters, auf seinem Rand einen wohl 40 Meter hohen Ausbruchskegel, den man selbst noch vom Natronsee her sehen kann und künftig «Teufelsnadel» nennen wird, drei kleinere Ausbruchskegel, den sichelförmigen Grat und den begrünten Südkrater. Doch etwas ist anders. Fritz Jaeger war noch umhergegangen und hatte die Hand in die Solfataren gehalten: Aushauchungen schwefelhaltiger Dämpfe, gewöhnlich ein Anzeichen dafür, dass der Vulkanismus abklingt. Erträglich heiß war der Dampf gewesen, der da aufstieg. Uhlig aber berichtet: «Auf dem Boden des Kraters sank man oft plötzlich ein, etwa 15 cm tief, wie in ganz locker ausgeworfenem Material. An anderen Stellen, so am Fuße des Zentralkegels, geschah das Einsinken wie in Schlamm mit Staubdecke. Dort stieß man überall schnell auf eine heiße Schicht: 10 cm unter der Oberfläche herrschten über 60 Grad Celsius im Sand. Auch der dunkle Schlamm ist sehr heiß. Müller steckte seinen Stock in den kleineren Kegel. Sofort wurde das Holz angesengt. Aus dem großen Zentralkegel hörte Müller Brodeln und Zischen.» Bereitet Engai in der Tiefe Unheil vor?

Von Regenfällen in die Tuffschichten am Bergfuß gesägte Trockenbetten lassen schon die Anreise zu einem Abenteuer werden.

In der erst 1942 erschienenen Monografie Uhligs und Jaegers über den Oldonyo Lengai sowie über Gebiete am Natron- und Manyarasee ist eine Fotografie Uhligs vom 4. August 1910 abgebildet. Sie zeigt unter anderem einen Mann mit Tropenhelm, der sich zum Größenvergleich auf den zentralen Ausbruchskegel gestellt hat – ganz gewiss Müller. Weit links von ihm sitzen drei Männer auf dem Kraterboden, und die Art ihrer Umhänge lässt vermuten, dass es Massai sind. Der Text erwähnt an anderer Stelle Massaiführer, doch nichts darüber, ob sie mit auf den Berg kamen. Aber das mag daran liegen, dass Carl Uhlig an der Textauswahl nicht mehr mitwirken konnte: Er war vier Jahre zuvor gestorben.

Wie es 1904 geschehen war, hält der Berg auch diesmal eine Überraschung für die Absteigenden bereit. Da ist es längst dunkel, es herrschen Neumond und sternklarer Himmel, als Uhlig und Müller ein etwa 500 Meter entferntes Licht bemerken, das sie schwankend begleitet. Vermutend, es seien Männer aus ihrem Lager, die sich mit einer Laterne nähern, rufen sie, erhalten jedoch keine Antwort. «Also konnten es unsere Leute nicht sein. Umherschweifende Wandorobo haben keine Laternen, besitzen auch keine Neigung, ihre Speere sichtbar zu machen. An andere Eingeborene ist in dieser Wildnis nicht zu denken.» Es sieht aus, als ob eine der von der Expedition benutzten Stalllaternen

Die sogenannte Teufelsnadel war sogar vom Natronsee her sichtbar. Fotografie von Carl Uhlig (1910)

Rechte Seite: «Teufelsnadeln» vor dem explosiven Ausbruch von 2007.

schnell durch die Steppe getragen würde. Nach einiger Zeit erscheint in der Nähe des ersten ein weiteres Licht, dann ein drittes, noch immer mehr als 100 Meter entfernt. Aber nun erkennen die Männer, was ihnen folgt: «Es scheint mir sehr bemerkenswert, welch kleine Menge Licht genügt, um, von den Löwenaugen reflektiert, diese so unheimlich deutlich sichtbar zu machen.»

Wenn jemand Porträts von Carl Uhlig und Fritz Jaeger miteinander vergleicht, dann fällt ihm vielleicht eine Gemeinsamkeit auf: Beide haben tiefe Furchen in den Augenwinkeln. Fischer, die jahrelang dem Widerschein der Sonne auf dem Wasser ausgesetzt waren, Bergführer, die häufig über gleißende Schneefelder und Gletscher gingen, haben solche Gesichter. Es mögen die Sonne der Tropen und Entbehrungen gewesen sein, die da ihre Spuren hinterließen. Denn wer glaubt, eine damalige Expedition in Afrika habe in irgendeiner Hinsicht den Angeboten heutiger Safariunternehmen geglichen, der irrt. Das beginnt schon mit der Art der Fortbewegung: ein Reisen im Maß der Schritte, Geländewagen gab es noch nicht. So gehen denn nach Uhligs und Müllers Aufstieg auf den Gottesberg noch drei weitere Jahre dahin, bis sich endlich ein Berufener der Frage stellt, ob der Oldonyo Lengai wieder ausbrechen könnte. Das erscheint befremdend, weil in jener Zeit mehrere Expeditionen das Gebiet der Kolonie erkunden. Freilich, das Land um den Natronsee ist nicht nur unter Europäern als tödliche Falle verschrien. Dort herrscht eine Hitze, wie man sie nur aus dem Inneren von Wüsten kennt, die Luft brodelt, die Erde glüht, und Trugbilder von blauen Wasserstreifen und grünen Wäldern narren den Reisenden. Die Massai, denen die wenigen Wasserlöcher auf den Bergen bekannt sind, verweigern sich meist als Führer. Erzählt wird, sie würden sich, wenn sie es dennoch täten, an den Qualen der Geführten weiden und sie jämmerlich verdursten lassen.

Der Mann, der nun mit seinen Begleitern in ihr Gebiet kommt, wird erfahren, dass dies keine haltlosen Gerüchte sind. Er heißt Hans Reck und ist Geologe, wurde aber als Paläontologe bekannter, seit er im letzten Jahr der Tendaguru-Expedition von 1909–1912 deren Leitung übernahm. Insgesamt 250 Tonnen Knochenmaterial von vorzeitlichen Tieren hatten deutsche Wissenschaftler und ihre einheimischen Gehilfen am Tendaguru-Hügel in Deutsch-Ostafrika ausgegraben und nach Deutschland gesandt: Zum Beispiel stammt der 13 Meter hohe Brachiosaurus, das bisher größte zusammengefügte Saurierskelett, das Besucher in der Eingangshalle des Berliner Naturkundemuseums begrüßt, vom Tendaguru. Auch jetzt, im Jahr 1913, leitet Reck Ausgrabungen in der Oldupaischlucht am Rande der Serengetisteppe. Ginge es hier um mehr als

Carl Uhligs Kartenbild vom Oldonyo Lengai und von dessen Umgebung. Der von ihm Elanairobi genannte, mit einem See gefüllte Krater südwestlich vom Lengai ist der Embakaai.

um den Oldonyo Lengai, dann sollte nun unbedingt auch von der bemerkenswerten Frau erzählt werden, von der Schriftstellerin Ina Reck, die an der Seite ihres Mannes tätig ist, aber das muss wohl unterbleiben. Also: Die Reise zum heiligen Berg der Massai ist gleichsam ein Ausflug in Recks eigentliches Fachgebiet, den er mit Grabungen in Engaruka verbindet. Es mag die Eile sein, die ihn nach Knochenfunden in den Steinbauten zu dem Irrtum verleitet, Engaruka sei eine Nekropole, eine Totenstadt. 1936 wird der Paläoanthropologe Louis Leakey dort graben und schätzen, in Engaruka habe es 6000 steinerne Häuser und ein viele Kilometer langes Bewässerungssystem gegeben – nicht gerade Hinweise auf eine Totenstadt. Eine glücklichere Hand als in Engaruka scheint Hans Reck jedoch bei Verhandlungen zu haben, denn es gelingt ihm, zwei Massaiführer zu verpflichten, die er allerdings bald entwaffnen und gefesselt vorangehen lässt, weil ihr Interesse am Wohlergehen der Expedition sichtlich erlahmt.

Recks Vorhaben, den heiligen Berg zu besteigen, erregt unter den Ältesten von Engaruka Entsetzen. Man erzählt ihm von Feuer und Rauch, von dumpfem Grollen im Berginneren und vor allem vom Teufel, der auf dem Kilima ya mungu, dem Gottesberg, haust und Zelte, Lasten und Menschen verbrennen wird. So völlig unrecht haben sie damit nicht. Reck wendet sich zunächst nordostwärts, besteigt mit einigen Getreuen den Kitumbeine (2865 m) und den Gelai (2941 m) und verliert dabei seinen Zeltdiener Mtengulo, von dem nur noch ein Teller und ein Turbantuch gefunden werden. Wahrscheinlich ist er, wahnsinnig vor Durst, in die glühende Steppe hinausgegangen.

Vom Gelai her blickt Hans Reck nun auf Engais Berg und ist nicht sicher, ob es dort vielleicht tatsächlich etwas höllisch zugeht: «Uns gegenüber ragte der Götterberg, Oldonyo l'Engai der Massai, vor einer Bucht der Grabenwand als vollendet schöner Spitzberg in ungebrochenem Schwung seiner Hänge frei aus der Tiefe des Natronseevorlandes bis fast 3000 Meter Höhe empor. Eins der Naturwunder dieser Gegend, eine der rätselvollsten Gestalten dieses an Ungewöhnlichem so reichen Landes, eins der ersehntesten und sicherlich auch am schwersten zu erreichenden Ziele meiner Reise. Es war der einzige noch tätige Feuerberg der Vulkanlandschaft Ostafrikas. [sic] Würde es überhaupt möglich sein, den Gipfel dieses stolzen, von einem Gewirr tiefer Schluchten beschützten, von den Eingeborenen gefürchteten Berges zu bezwingen?»

Ein erster Aufstieg scheitert in den Sträuchern und Schluchten am Bergfuß, obwohl Reck dem zuvor von Gunzert, Jaeger, Müller und Uhlig eingeschlagenen Weg folgt. In seiner Schilderung erscheint übrigens erstmals die einheimische Benennung Korongos für diese Schluchten – Jaeger hatte sie Canyons genannt. Die Wortwahl mutet in diesem Fall poetisch an: Korongo heißt im Swahili nicht nur die Schlucht, sondern auch der Reiher. Wirklich gleichen die Schluchten aus der Ferne einem auf dem Berg liegenden Reihergefieder, mit

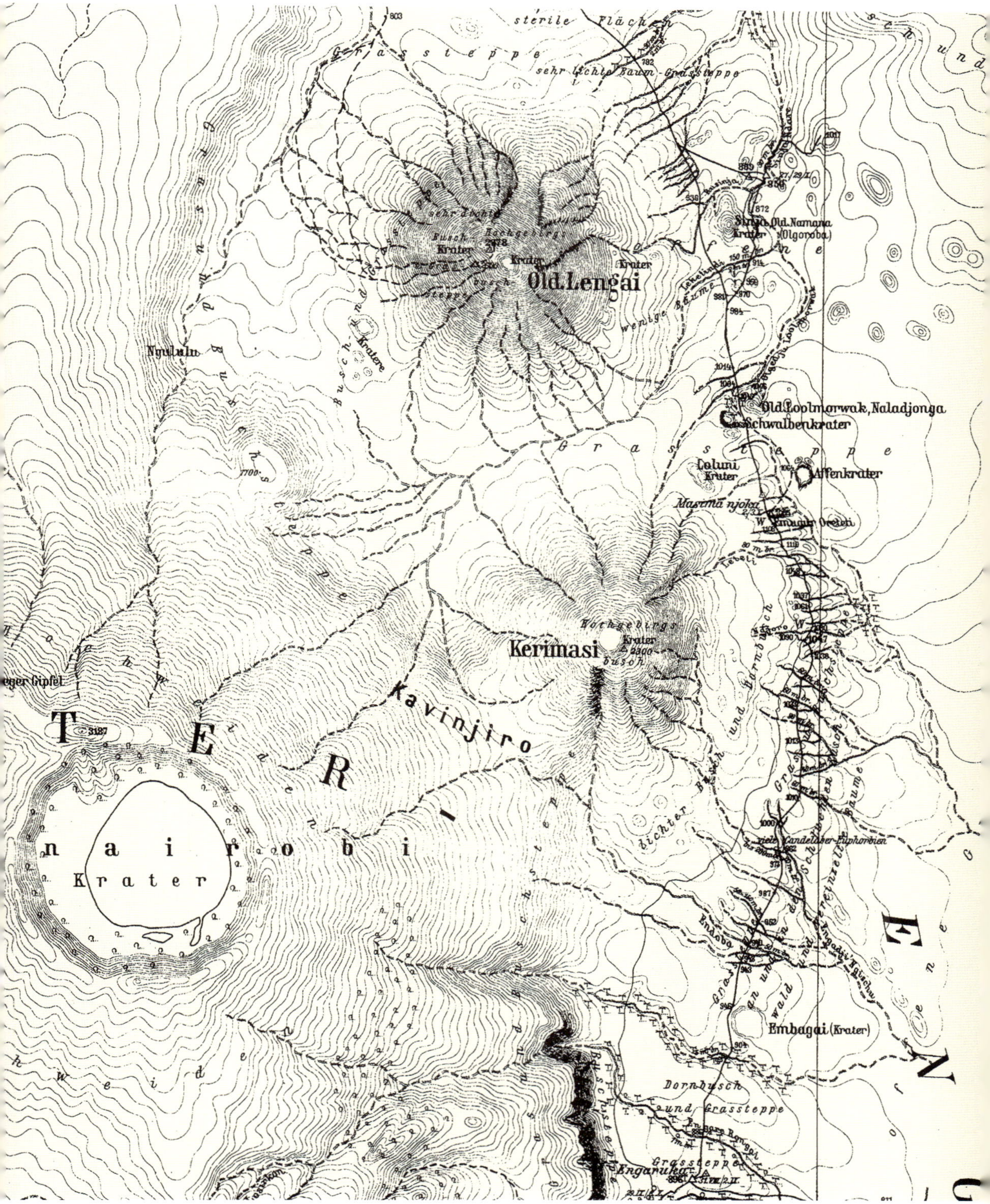

sterile Flächen
Grassteppe
sehr lichte Baum-Grassteppe
Krater
Old.Lengai
Krater
Ngululu
Old.Namana
(Olgoroba)
wenige Bäume
Old.Loolmorwak, Naladjonga
Schwalbenkrater
Grassteppe
Affenkrater
Kerimasi
Krater
2300
busch
Kavinjiro
T
3187
E
R
R
I
n a i r o b i
Krater
viele Candelaber-Euphorbien
Embagai (Krater)
Dornbusch
und Grassteppe
Grassteppe
Engaruka

Bergsteigen II

Abstieg vom Oldonyo Lengai, links die Tuffbänke unterhalb der Pearly Gates.

Rechte Seite: Der Wind hat die vom Vulkan ausgeworfene Asche viele Kilometer weit in das Hochland der Riesenkrater getragen. Darunter ein Massaibergführer, der wie gewöhnlich in Sandalen aufsteigt und dabei nicht mehr Ausrüstung als seinen Bergstock mitführt.

«Man steige überhaupt langsam, stetig, schweigend und mache ab und zu stehend, nicht sitzend, eine kleine Ruhepause. Unverständiges Bergsteigen hat manche gute Gesundheit zerstört. Bei allen schwierigen Partien ist ein Führer zu nehmen, welcher auch zugleich die nötigen Verhaltungsregeln in Bezug auf passende Kleidung und alles Übrige geben wird. Besser einige Mark vielleicht überflüssigerweise opfern, als Leben oder Gesundheit verlieren. Auf der Höhe angekommen, schütze man sich durch Umhüllen gegen Wind und Zug, der nach der Erhitzung des Steigens doppelt schädlich wirken muss.

Ferner dürfte für manche Reisende auch die Mahnung nicht überflüssig sein, sich nicht zu gebärden, als habe Gott das Stück schöne Welt, das sie von berühmten Aussichtspunkten aus überblicken, für sie allein geschaffen, und andern den Genuss nicht durch lärmende Ausbrüche des Entzückens zu stören. Auch hier Rücksichtnahme auf andere, bitte! Freilich braucht diese nicht so weit zu gehen, dass man sich zum Ritter völlig fremder, zufällig des Wegs daherkommender Frauen macht und ihnen die Dienste erweist, welche man auf Ausflügen den zur Gesellschaft gehörenden Damen widmet. Auf der Reise hat eben das ‹Jeder ist sich selbst der Nächste› seine Berechtigung.»

B. von York, «Lebenskunst», Leipzig [1893]

dem sie auch die Färbung gemeinsam haben, denn ihre Wände bestehen aus grauem, sandsteinartigem Tuff, in den nur selten Bänder aus Lavabrocken eingelagert sind.

Der 11. Dezember 1913 jedoch bringt den Erfolg, zumal Reck und seine afrikanischen Begleiter Alberti und Issa nur wenige Schluchten – allerdings «in wilder Kletterei mit großem Zeitverlust» – queren müssen. Auch den folgenden Weg finden sie weniger dicht bewachsen als ihre Vorgänger vor, und abermals zeigt sich ein hilfreicher Nashornpfad. Mit zunehmender Höhe geht die Strauchvegetation in einen Bewuchs aus würzig duftenden Hochgebirgskräutern und farbenprächtigen Blumen über, denn in den Nächten zuvor ist der erste Regen gefallen. «Die Böschung wurde immer steiler. [...] Mit jedem Schritt

Bergsteiger zwischen sogenannten Hornitos, den Ausbruchskegeln auf dem Nordkraterplateau.

wurde die Spannung größer. Immer schmäler liefen von allen Seiten die Kegelmantelstreifen, an deren einem wir wie die Fliegen klebten, zur Spitze zusammen. Im letzten Anstieg konnte man schon ab und zu kleine Dampfwölkchen über den Gipfelrand wegziehen sehen, und saure Schwefeldämpfe wehten uns entgegen. Endlich standen wir am Rande des tätigen Kraters, der die Nordseite des Gipfels einnahm. Gegen die höhere, ältere Südhälfte trennte ihn sichelförmig eine senkrecht kahle, graue, scharf horizontal gestreifte Felswand, wohl bis 50 Meter hoch. [...] Nirgends ein tiefes Loch, das in das Innere des Berges führt, wie dies das übliche Bild der Schichtvulkane ist. Der Krater war wieder aufgefüllt worden in der langen Ruhezeit des Berges; er war vollgelaufen, überschwemmt von den breiten Strömen eines festen, hellgraubraunen Schlammes. Gerade gegenüber der Südwand ragte das Wahrzeichen des Berges, sein drohend erhobener, weißer Finger, die Teufelsnadel, 25–30 Meter hoch, schlank, senkrecht in die Lüfte. Stolz baute sich ihre glitzernde Spitze, aus übereinander geklebten Schlammfladen errichtet, über breit ausladendem Sockel auf, aus dessen Fuß hier und dort die kleinen Dampffähnchen hervorbrachen, deren Schwefelgestank der Wind uns über den Kraterboden weg entgegenführte.»

Es ist heiß geworden auf dem Gottesberg: Alberti und Issa, die mit nackten Beinen umhergehen, halten das gerade noch aus, aber es ist völlig unmöglich, etwa wie Fritz Jaeger die Hand in eine der Solfataren zu halten. Leider zerbrach Recks Thermometer beim Aufstieg, sodass Messungen nicht vorgenommen werden können. Den überall im Nordkrater gegenwärtigen Schlamm bezeichnet der Geologe, der bereits auf Island vulkanologische Studien betrieben hat, als Sodaschlamm und vermutet, der Vulkan reiße dessen salzige Bestandteile aus der Tiefe des Gesteins und wohl auch aus dem Grundwasserspiegel empor: Der sodahaltige Natronsee ist nur knapp 20 Kilometer entfernt.

Hans Reck verließ den Oldonyo Lengai auf einer westsüdwestlichen Route, die zum Kirurum-Krater führt und heute noch Reck-Route heißt, «mit dem stolzen Bewusstsein des Sieges über den Götterberg und mit reichen Notizen in der Tasche». Letztere wurden zur Grundlage seiner 1914 erschienenen Monografie, in der er abschließend schrieb, mit den Solfataren habe «offenbar eine neue, abermals schwächere Tätigkeitsphase des Vulkans begonnen [...], der schließlich das völlige Erlöschen folgen dürfte». Das war einer von mehreren Irrtümern: 1915 beobachtete Gustav Schulze im Nordkrater erstmals austretende Lava – glühenden Gesteinsschmelzfluss aus dem Erdinneren –, und im Januar 1917 brach der Vulkan mit gewaltigen Explosionen aus. Aber Recks peinlichster Irrtum bestand wohl darin, dass er die Ansicht vertrat, er sei nach Fritz Jaeger der zweite Europäer auf dem Lengaigipfel gewesen. Er hat diese Behauptung selbst noch 1933 in seinem Bestseller «Oldoway. Die Schlucht des Urmenschen» aufrechterhalten.

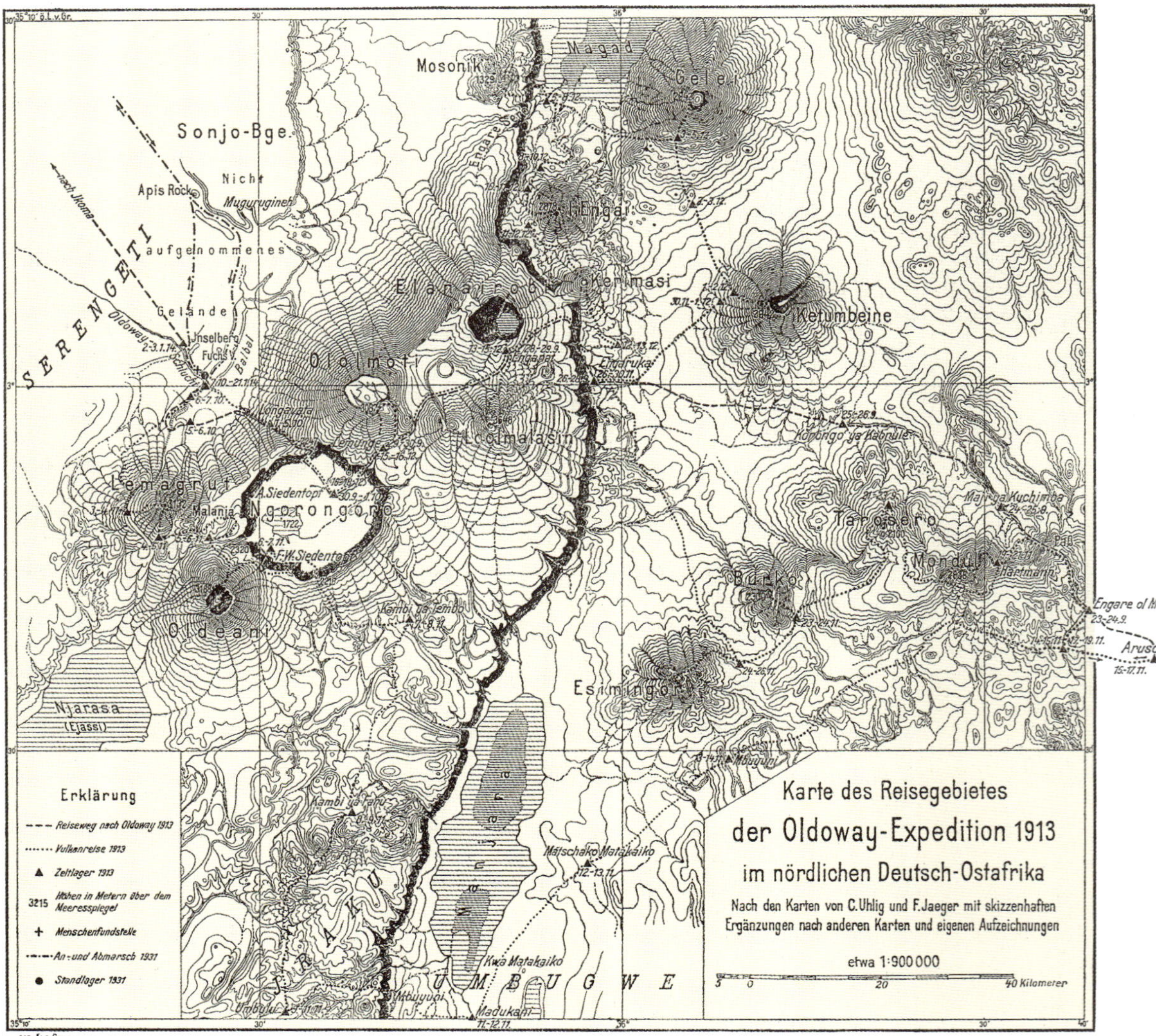

gez. Eug. Geyer

Karte vom Verlauf der Expedition Hans Recks, die unter anderem dem Oldonyo Lengai (ganz oben nahe am Ufer des damals Magad genannten Natronsees) galt.

Nachrichten über den Ausbruch von 1917 gibt es nur sehr wenige. 1914 hatte der Erste Weltkrieg Deutsch-Ostafrika erreicht, in der Kolonie kämpfte die deutsche Schutztruppe gegen Briten, Südafrikaner, Inder und Afrikaner aus Britisch-Ostafrika. Nun zürnte Engai, und das war keine Zeit zum Bergsteigen oder für die Wissenschaften. Fritz Jaeger erfuhr, dass der Vulkan sich der Teufelsnadel und des Plateaus aus Schlamm, Tuff und Lava auf seinem Nordkrater entledigte. Selbst mehr als 15 Kilometer von Engais Berg entfernt, deckte weiße Asche die Erde, sogar der Westhang des Gelais sah aus wie verschneit. Der gesamte Bewuchs, der Bergsteigern zuvor solche Mühen bereitete, war verbrannt, drei Bäche mit lauwarmem, salzigem Wasser, die es zuvor nicht gegeben hatte, strebten dem Natronsee zu. Im unteren Drittel des Nordhanges stiegen Dampffontänen auf, und am Ostfuß entstand ein Salzsee, der eine Fläche von etwa ei-

nem Quadratkilometer bedeckte. Auch die Umgebung schien in Aufruhr geraten zu sein, sodass der Brite Alexander Barns 1921, im Jahr des folgenden Ausbruches, schrieb: «Das graue, mit Schlammboden ausgekleidete Tal, das am Südfuß des Berges entlang zieht und in den dampfenden Lavasee am Fuß des Gelaivulkans mündet, könnte aus einer anderen Welt hierher versetzt sein, so unheimlich und verlassen sieht es aus. Sein unterer Teil ist überreich an dampfenden parasitischen Kratern, Aschekegeln und Fumarolen aller Größen und Formen. Manche sind zu schlanken, abgestumpften Kegeln getürmt, andere bilden große Spalten und runde Höhlen in gleicher Höhe mit der umgebenden Oberfläche vulkanischen Schlammes. Ostwärts, jenseits des Lavasees und durch den quirlenden gelben und grauen Rauch erhebt sich der gewaltige Kegel des Gelaivulkans. Zahllose parasitische Krater, terrassenartig einer über den anderen getürmt bis hinauf zum Gipfel, durchlöchern den ganzen Kegel mit rauchenden Öffnungen.» Der von Barns erwähnte Lavasee war allerdings sicherlich der Salzsee, von dem Soldaten der Schutztruppe vier Jahre zuvor berichtet hatten, und der wirbelnde gelbe und graue Rauch im Tal ließ ihn glauben, er würde über den Gelaikratern aufsteigen.

Gleich riesigen Seepocken erhoben Hornitos sich auf dem Kraterplateau, bis sie 2007 himmelwärts flogen.

Auch 1926 kam es zu explosiven Ausbrüchen, und was sie im Gipfelbereich anrichteten, das konnte zunächst kein Bergsteiger schildern. Erst 1930 sahen es

Leopard

«Leopard (der), ein Säugtier, das unter das Geschlecht der Katzen gehört und sich durch sein prächtiges Fell auszeichnet. Der Grundfarbe nach ist er an Rücken und Seiten gelbbraun, an Kehle, Brust, Bauch und Beinen aber weiß. An Kopf, Hals und Beinen hat er einfache schwarze Flecke, auf dem Rücken an jeder Seite aber zehn Reihen 3–5fach beisammen stehender kleiner schwarzer Ringe, die einen dunkelbraunen Raum umkränzen. Seine Haare sind kurz, sein Fell so dick, dass Hundebisse ihn nur erwürgen, aber nicht durchgehen. Er wird 3–4 Fuß lang, 2 Fuß hoch, und sein Schwanz beträgt 2–3 Fuß. [...] Der Leopard ist nächst dem Löwen, Tiger und Jaguar das blutgierigste Raubtier. So erwürgten einst am Vorgebirge der Guten Hoffnung zwei Alte und drei Junge, die nachts unter eine Schafherde gerieten, 100 Stück Schafe, denen sie das Blut aussaugten, worauf erst die Alten mit einem ganzen Schafe im Rachen den Rückzug nahmen. Auch Antilopen, Ziegen u. s. w. und im Notfalle selbst Menschen fällt der Leopard an und wird zwar von großen Hunden, aber nur mit Mühe, überwältigt. Lebhaft, mutig, gewandt, stark und geschickt zum Klettern und Springen, lauert er im Hinterhalte, in Gebüschen, an dem Ufer der Flüsse, selbst von Bäumen herab auf Beute, erhascht sie durch einen Sprung, zerbeißt ihr im Genick alle Flechsen, saugt das Blut aus und verzehrt dann ihr Fleisch. Großer Gefahr entzieht er sich durch machtvolle Sprünge über Mauern und Hecken oder auf Bäume.»

Brockhaus Bilder-Conversations-Lexikon, Band 2, Leipzig 1838

die Schweizer Piloten Walter Mittelholzer und Alfred Künzle. Mittelholzer hatte schon drei Jahre zuvor weltweit Aufsehen erregt, als er mit dem Wasserflugzeug «Switzerland II» – damals war Hans Hartmann sein Kopilot – vom Zürichsee nach Kapstadt flog. Nun war er mit der «Switzerland III» für eine Jagdgesellschaft in Kenia tätig und überflog nahezu alle bedeutenden Berge Ostafrikas, darunter Kilimandscharo, Mount Kenya, Meru, das Hochland der Riesenkrater und der Oldonyo Lengai. Den Berg und seine Umgebung, auf die er da mit Gottes Augen herabsah, beschrieb Mittelholzer so: «Aus dem Gipfelmeer erhebt sich unmittelbar vor uns, in Form und Farbe auf die frühere heroische Zeit des aktiven Vulkanismus hinweisend, der furchtbar steile, aus kahlen, hellbraunen Tuffen aufgetürmte Kegel des Lengai (2915 Meter), dessen Krater Sodaschlammströme [...] birgt. [...] Um 6 Uhr 55 kreisen wir noch etwa 400 Meter höher über dem Krater des Lengai, der immer noch periodisch tätig ist und

Walter Mittelholzers Luftaufnahme vom Gottesberg: Die etwa in der Bildmitte erscheinende Pyramide trägt den Gipfel, den Nordkrater hat eine Eruption ausgehöhlt.

erst im Jahre 1917 von einer heftigen Gasexplosion erschüttert wurde. Staunend überblicken wir die eigenartige, erst aus der Vogelschau ihre letzten Geheimnisse enthüllende Landschaft. Ihre vielen Riesenkraterlöcher starren wie Augen vorsintflutlicher Sagentiere in unsere Höhe von 4000 Metern hinauf. Ein Vergleich mit den Phlegräischen Feldern bei Neapel drängt sich mir unwillkürlich auf, nur dass sich hier der Maßstab ins Zehn- bis Zwanzigfache steigert!»

Die Phlegräischen Felder (Campi Flegrei) sind ein vulkanisch aktives und immerhin über 150 Quadratkilometer großes Gebiet westlich vom Vesuv. Mittelholzers Vergleich, den auch Fritz Jaeger zuvor schon benutzt hatte, spricht also für sich. Wertvoller noch als seine Beschreibung waren Mittelholzers Fotografien, die einen weit aufgerissenen Kraterschlund zeigen, wo einst Jaeger der Elenantilope begegnet war. Das Hochplateau im Nordkrater war mitsamt seinen Ausbruchskegeln himmelwärts geflogen, auf dem Grat an der Südseite erhob sich jetzt eine dreikantige Pyramide, die den Gipfel bildete. Kein Nashorn mehr, das sich durch Gestrüpp einen Pfad zum Gipfel bahnte, kein Löwe, der Bergsteiger erschreckt hätte, kein Duft von Hochgebirgskräutern, wie ihn Uhlig, Jaeger und Gunzert im nächtlichen Biwak atmeten. Der rote Engai hatte getobt, eine Ascheschicht hüllte den Berg ein, und ringsum lag verwüstete Landschaft. Lange mochte es nun dauern, bis dort wieder Weißnackenraben umherflatterten, schnatternde Paviane hockten, Puffottern krochen und der geschmeidige Prinz der Finsternis, der Leopard, umherschlich.

Denn es gibt eine Legende, die behauptet, der Gottesberg werde von einem Leoparden bewacht. Ihr zufolge lauert das Tier vorüberziehenden Massai und Bergsteigern auf und ruft sie mit ihrem Namen. Wer auf den Ruf antwortet, der wird gefressen. Als der Autor erstmals davon hörte, erschien ihm das als grob-

In der Vulkanasche im rechten Bildteil die Fährte des Leoparden, der uns 2008 immer wieder vorausging oder folgte.

schlächtiges Plagiat: Durch Ernest Hemingways Erzählung «Schnee auf dem Kilimandscharo» ist ein erfrorener Leopard berühmt geworden, den man auf dem höchsten Gipfel Afrikas fand. Im September 1926, so wird häufig geschrieben, soll der bergsteigende Missionar Richard Reusch den Kadaver als Erster an einer Stelle auf dem östlichen Kraterrand bemerkt haben, die seither Leopard Point heißt. Das besagte Tier erschien jedoch bereits auf einer Abbildung im Reisebericht Donald Lathams, der zwei Monate zuvor den Kibogipfel erreichte. Eine Fotografie des Bergsteigers Harold William Tilman aus dem Jahr 1933 belegt, dass der Leopard, dem Reusch inzwischen als Beweis ein Ohr abgeschnitten hatte, derzeit immer noch am Leopard Point lag, aber danach ist er verschwunden.

Nun hatte wohl jemand diese Geschichte ein wenig verändert und auf den Oldonyo Lengai übertragen. Aber der Lengai ist ein karger Ort, von dem man nicht vermutet, ein Leopard könne dort Beute finden. Weit gefehlt: Wo Affen sind, da sind immer auch Leoparden. 1999 gelangen Klaus Lautenbacher erstmals Filmaufnahmen vom Prinzen der Finsternis, der auf dem Lengai umherschlich, und als Frederick Belton 2004 anlässlich des hundertsten Jahrestages der Erstbesteigung eine Expedition auf den Berg führte, hörten die Teilnehmer während zweier Nächte das kennzeichnende Husten eines Leoparden, der seine Fährte zwischen ihren Zelten hinterließ. Selbst vier Jahre später, nachdem ein explosiver Ausbruch den Berg und seine Umgebung in eine trostlose Wüste verwandelt hatte, aus der die verkohlten Stümpfe von Akaziensträuchern und ein paar Schlangenmumien hervorsahen, selbst dann noch ist er dem Autor und seinen Begleitern beharrlich gefolgt. Gewiss nicht aus literarischem Interesse: Unweit von unseren Zelten lag eine Umzäunung, in der sich während der Nacht das Vieh der Massai drängte.

Bestünde nicht die Gefahr, dass es verbrennt, dann hätte man auf dem Oldonyo Lengai sicherlich schon ein Gipfelbuch untergebracht. Frederick Belton zählte 2004 während der bevorzugten Reisezeit im Juni und Juli durchschnittlich zwölf Bergsteiger pro Tag, wobei ihm einige entgangen sein mögen und diese Zahl jene nicht einschließt, die ihren Aufstieg schon unter dem Nordkrater beendeten. Bis zu den neunziger Jahren waren solche Besuche selten, zuvor verging manchmal ein Jahr, manchmal mehrere Monate, bis wieder jemand den Berg bestieg, und oft waren es nur Wissenschaftler, die sich auf die steilen Hänge begaben. So 1960 der Geologe John Barry Dawson, der sich in den noch nicht wieder aufgefüllten Krater abseilte und Proben hervorquellender Lava und Gase entnahm. Er war auch 1966 dort und beobachtete einen Ausbruch, nachdem ein wissenschaftlicher Kollege, der Biochemiker Gordon Davies, noch am 7. August die etwa 100 Meter zum Kratergrund hinabgestiegen war. Zwei Tage später meldete ein Pilot, über dem Lengai stünde eine vier Kilometer hohe Aschewolke. Davies und seine Begleiter waren nur knapp entkommen, aber auch er kehrte zurück. Die von dem Vulkan ausgehende Faszination ist überaus mächtig, manche Wissenschaftler und Forscher scheinen ihr verfallen – Beispiele wären John Barry Dawson, die amerikanische Anthropologin Celia Nyamweru, ihr Landsmann Frederick Belton oder der deutsche Geologe Jörg Keller, die den Gottesberg immer wieder bestiegen und durch ihre Veröffentlichungen viel dazu beitrugen, ihn einem großen Kreis von Menschen bekannt zu machen. 1977 und 1988 erschienen die durch Filme und Veröffentlichungen weltweit bekannten Vulkanforscher Maurice und Katia Krafft, die im Verlauf ihres Lebens mehr als 140 Ausbrüche gefilmt, über 20 Bücher sowie zahlreiche wissenschaftliche Beiträge veröffentlicht haben. Ihre Leidenschaft für Feuer speiende Berge endete 1991 tragisch, als beide in einer Glutwolke des Unzen in Japan verbrannten. Prominenten Besuch erhielt der Oldonyo Lengai auch 1997, als Michael Albus dort den Dokumentarfilm «Reise zum Berg des Schwarzen Gottes» mit Reinhold Messner drehte. 2002 filmte sogar Paramount Pictures während der Dreharbeiten zu «Tomb Raider 2: Die Wiege des Lebens» auf dem Oldonyo Lengai. Dabei schlüpfte Angelina Jolie aus einem erkalteten Hornito und zog mit leidlich als Massai verkleideten Komparsen über die Ebene des Nordkraters. Natürlich hatte man die Schauspielerin und ihren Hofstaat in einem Hubschrauber hinaufgeflogen.

Hier haben Menschen gelebt, gearbeitet, gehofft und sind ratlos gewesen, haben geliebt, gelacht, gestritten. Zu nah am Feuer. Die Hütte dort, Asche hat das Grasdach geschwärzt, sah Geburt und Tod. Daneben mag jemand bestattet sein, wochenlang beweint, mit neuen Sandalen an den Füßen und einem Hirtenstab in der Hand.

«Geh doch hinein», sagt Yoshua.

Eine unerklärliche Scheu hält mich zurück.

Dann stolpern wir fast über einen verendeten Esel. Sonne und Salz haben den Leib gegerbt, nicht einmal die erfahrensten Geier haben ihn öffnen können. Der Kadaver bleckt die Zähne und grinst befreit. Seine Lasttaschen nahmen die Fliehenden mit.

Was können wir schon tun, wenn wir dem Elend begegnen? Als Tourist meist nur eines: wenigstens etwas zurückgeben von dem, was man genommen hat.

Vulkanische Tätigkeit und die Gefahren heutiger Aufstiege

SCHWARZE SONNE, BITTERES GRAS

Massaihütte unter dem Gottesberg – die Bewohner sind nach den ersten Aschefällen geflohen.

Der Oldonyo Lengai wird nicht nur als heiliger Berg bewundert: Die Überschrift eines Beitrages in einer geografischen Zeitschrift nannte ihn einmal den «seltsamsten Vulkan der Erde». Als überaus merkwürdig galt darin weniger die äußere Erscheinung, denn es gibt zahlreiche Schichtvulkane von gleicher Form, sondern das Innenleben. Der Gottesberg ist nämlich nunmehr der einzige Vulkan auf der Erde, der eine sogenannte Natrokarbonatitlava fördert. Karbonatite sind aus dem Magma stammende Gesteine, die zu mehr als der Hälfte aus Karbonatmineralen bestehen. Natrokarbonatite enthalten überdies Verbindungen von Natrium, Kalium und Kalzium. Erstmals beschrieben wurde die Zusammensetzung der Lengai-Lava 1962 von dem britischen Geologen John Barry Dawson, der den Berg zwei Jahre zuvor – nicht zum letzten Mal – bestiegen hatte, und weil dergleichen eigentlich nicht für ihn bestimmt ist, greift der Autor hier nur heraus, was ihm interessant erscheint: Viel ist da von Natron die Rede, das dem Natronsee nördlich vom Lengai den Namen gab und im Englischen ein Mineral bezeichnet, das wir Soda nennen. Es war schon im alten Ägypten bekannt und wurde zur Mumifizierung benutzt, während man sich in Rom damit die Haare bleichte. Hans Reck nannte also das, was er in Lengais Nordkrater sah, ziemlich zutreffend «Sodaschlamm». Daneben erscheint in Dawsons Veröffentlichung das englische Wort «potassium», also Kalium, dessen zischende Reaktionsfreude uns allen einmal im Schulunterricht vorgeführt wurde. Von beiden, von Soda und von Kalium, ist gemeinhin bekannt, dass sie heftig auf das Zusammentreffen mit Luftfeuchtigkeit oder gar mit Wasser reagieren. Wenn sie in der Zusammensetzung der Lengai-Lava eine erhebliche Rolle spielen, dann erscheint erklärlich, was viele Bergsteiger vom Nordkrater berichtet haben: Die dort schwarz wie Rohöl oder schokoladenbraun hervortretende Lava verfärbte sich bisweilen schon nach Stunden, gemeinhin nach Tagen, zu einem mehr oder weniger hellen Grau, ihre ursprünglich glänzende, feste Oberfläche wurde stumpf, rau und porös und zerfiel teilweise zu Staub. Das war die Wirkung der Luftfeuchtigkeit, die dem Berg auch auf seinen von überquellender Lava bedeckten Flanken ein Aussehen gibt, das entfernt an Schneefelder erinnert.

Eine andere Merkwürdigkeit dieser Gesteinsschmelze ist ihre Temperatur. Gewöhnlich misst man in austretender Lava 800 bis 1200 °C, auf dem Lengai jedoch 500 bis 590 °C. Das Glühen seiner Lavaströme ist deshalb nur nachts sichtbar, und selbst dann sind lange Belichtungszeiten notwendig, wenn je-

Vulkane

«Vulkane oder Feuer speiende Berge: Wohl hat der menschliche Verstand Tausende von Jahren geforscht und gegrübelt, um die Wunder zu lösen, welche der Weltenschöpfer, gleichsam als Fragezeichen, um ihn her aufgestellt hat; wohl sah man von Jahrhundert zu Jahrhundert einen Schleier nach dem andern fallen, womit das geheimnisvolle Getriebe der Schöpfung umhüllt ist, aber das Licht des Wissens führte nur zu der Überzeugung, wie unerforschlich die Werke des Unerforschlichen seien. Ein Wunder unter denen, vor welchen wir staunend und fürchtend zugleich stehen, sind die Vulkane. Wie sie entstehen und vergehen, wer weiß es, denn noch niemand stieg in die geheime Werkstätte, welche der Kern unserer Erde birgt. Die Mehrzahl der Vulkane wirft bei ihren Eruptionen Asche, glühende Steine oder schlackige geschmolzene Substanzen aus, ein kleinerer Teil überschüttet seine Umgebung mit Schlamm und Wasser. [...] Die Ausbrüche selbst haben sich bei keinem Vulkan regelmäßig gezeigt; sie folgen bald in kurzen Zwischenräumen oder pausieren auch 100 Jahre und darüber. Den Namen Vulkan gab ihnen die Mythologie nach dem bekannten Gott des Feuers Vulkan. Die trichterförmige Öffnung eines solchen Berges nannte man Krater nach einem griechischen Worte, welches ein großes Trinkgefäß bedeutet.»

Damen Conversations Lexikon, Band 10, o. O. 1838

mand die Glut abbilden will. Zum Kreislauf der Lengai-Lava gehört häufig, dass sie nach explosiven Ausbrüchen den leer gefegten Nordkrater allmählich wieder auffüllt und solcherart ein Hochplateau bildet. Ein Teil der nachdrängenden Schmelze fließt sodann über den Kraterrand ab, ein Teil durchbricht die erstarrte Oberfläche und baut sogenannte Hornitos – spanisch für «Öfchen» – auf: schornstein- oder turmartige Ausbruchskegel, die vom darunter fließenden Lavastrom gespeist werden. Das beeindruckendste Bauwerk dieser Art scheint die «Teufelsnadel» gewesen zu sein, deren Höhe Jaeger und Uhlig auf 40 bis 50 Meter schätzten, während Reck 25 bis 30 Meter annahm. Hornitos sind also hohl, können einstürzen, wenn der Lavastrom darunter versiegt oder seine Fließrichtung ändert, und es ist gefährlich, sie zu begehen.

Bergsteiger im Nordkrater, vor ihnen die Zunge eines gerade hervorgebrochenen und deshalb noch schwarz gefärbten Lavaflusses.

John Barry Dawson hat den Oldonyo Lengai einmal als «perfektes kleines Laboratorium» bezeichnet, und eine erfahrene Vulkanforscherin wie Katia Krafft stimmte ein, indem sie ihn einen «Spielzeug-Vulkan» nannte. Dabei ging es beiden nicht darum, den Berg zu verharmlosen. Vielmehr waren die Möglichkeiten gemeint, die er ihnen darbot: ohne Schutzkleidung sehr nahe an die aus Hornitos, Spalten und Gruben hervorquellende Lava heranzugehen, den Aufbau der «Öfchen» oder Formveränderungen erstarrender Lava zu beobachten. Freilich quillt Lengais an Rohöl erinnernde Lava nicht nur, sie spritzt bei entsprechendem Gasanteil hervor und verhält sich dann wie der Inhalt einer Flasche mit stark kohlensäurehaltigem Getränk, die man hastig öffnet. Solche unerwarteten Spritzer haben schon so manchen Schuh und manche Windjacke durchlöchert, ja schwere Verbrennungen hervorgerufen.

Frederick Belton zeichnete mehrere solcher Unfälle auf und hält den Lengai für einen überaus gefährlichen Vulkan – eben wegen seiner «Spielzeug-Natur». In der Tat sah das Plateau im Nordkrater vor dem explosiven Ausbruch von 2007 nicht nur fesselnd, sondern auch ziemlich harmlos aus: Die Hornitos darin glichen ein wenig Ausstellungsstücken oder hingestellten Fotokulissen, warnende Glut war tagsüber nicht zu sehen, das Tintenschwarz austretender Lava verbarg ihre tödliche Hitze. Dass sie darüber hinaus auch noch ungeahnt schnell fließen und an unvermuteten Orten erscheinen konnte, musste Belton

Kleines Vulkan-Glossar I

Aschen: Keine Verbrennungsrückstände, sondern lockere, staub- bis sandartige (Durchmesser geringer als 2 mm) vulkanische Auswurfprodukte, die aus dem im Schlot aufgenommenen zerriebenen Gestein und aus Bestandteilen der Lava bestehen.

Bomben: Bei Ausbrüchen herausgeschleuderte Lavabrocken mit einem Durchmesser von mehr als 64 mm. Vulkanische Bomben können mehrere Kubikmeter groß sein.

Caldera: Einbruchkessel, der nach dem Einbruch oder der Explosion eines Vulkangipfels entstand.

Eruptionswolke: Über dem Krater aufsteigende Wolke aus Gasen (vornehmlich Wasserdampf), Asche und Gesteinsfragmenten.

Fumarolen: Aus Vulkanen oder aus den Spalten vulkanischer Gebiete austretende Gase oder Wässer (keine Geysire); Fumarolen sind heiß, oft auch sehr heiß (etwa 100–800 °C).

Gase: Vulkanische Gase können recht verschiedenartig zusammengesetzt sein. Manche sind überaus giftig: 1986 tötete aus dem Nios-Kratersee in Kamerun entweichendes Gas 2000 Menschen.

Geysir: Heiße, in Intervallen tätige Springquelle in jungvulkanischen Gebieten.

Glutwolke: Sehr heißes, lawinenartig mit großer Geschwindigkeit den Vulkanhang herabstürzendes Gemisch von Gas und Asche. Glutwolken gehören zu den furchtbarsten vulkanischen Katastrophen: 1902 tötete eine Glutwolke die 30 000 Einwohner der Stadt Saint-Pierre auf Martinique.

Lahar: Vulkanischer Schlammstrom aus Auswurfprodukten und Wasser, das aus dem Wasserdampf der Eruptionswolke, von abgeschmolzenem Eis und Schnee stammen oder von starken Regenfällen herrühren kann. 1985 tötete eine bis zu 5 m hohe Schlammlawine vom Nevado del Ruiz in Kolumbien zwei Drittel der 28 700 Einwohner in der fast 50 km entfernten Stadt Armero.

während einer Expedition im August 2002 erfahren. Damals zelteten sein Bergführer Paulo Mongi und der Expeditionskoch in einer «die Küche» genannten Vertiefung nahe am Kraterrand. Der Platz, an dem auch Wasserbehälter und Proviantvorräte lagerten, war seit vielen Jahren immer wieder für solche Zwecke benutzt worden und galt als ziemlich sicher, obwohl sich ihm kürzlich die Front eines zähflüssigen Lavastromes genähert hatte. Es war sogenannte Aa-Lava, eine sehr langsam kriechende Schmelze mit rauer, brüchiger Oberfläche, die sich meist gefahrlos aus der Nähe betrachten lässt. Zwei Stunden nach Mitternacht hörte Belton, der wach war, weil er einen rauchenden Ausbruchskegel beobachtete, eine Explosion. Aus dem Krater schoss eine 15 Meter hohe Lavafontäne hervor, das Gesträuch am Kraterrand brannte, und aus der «Küche» schlugen Flammen. Hinübereilend, fand Belton Paulo Mongi, der Verbrennungen zweiten Grades erlitten hatte, aber gehen konnte, der Koch war unverletzt geblieben. Als die Lava sie erreichte, waren die Wasserbehälter vom Dampfdruck zerrissen worden, und dieses Geräusch hatte die beiden gerade noch rechtzeitig aus dem Schlaf gerissen. Mongi stieg ab und wurde in Engare Sero behandelt. Die verbliebenen Expeditionsteilnehmer lebten künftig, da der größte Teil der Vorräte verbrannt war, von Erdnussbutter, Keksen und einem Stück Käse. Weil sie ihr Zelt nicht den ganzen Tag über bewachen konnten, mussten sie diese unfreiwillige Diät auch noch mit diebischen Pavianen teilen.

Das klingt ganz lustig, aber natürlich wurde jetzt nachts eine mit einer Trillerpfeife bewehrte Wache ausgestellt, man schlief angekleidet in Schuhen und gab anderen auf Beltons Internetseite den Ratschlag, künftig nur noch im Südkrater zu zelten. Dass auch dieser ein gefahrvoller Ort sein kann, zeigen Aufnahmen aus der Zeit nach dem explosiven Ausbruch von 2007: Der gesamte Bewuchs im Südkrater ist verbrannt, er liegt unter einer dicken Ascheschicht, die dicht mit den Einschlägen vulkanischer Bomben übersät ist.

Paulo Mongi war bei weitem nicht der Einzige, der von der Lava des Gottesberges verletzt wurde. So fiel im August 2007, nur wenige Wochen vor dem letzten explosiven Ausbruch, ein als Träger tätiger junger Massai namens Pambao oder Kambau in einen Lavastrom und trug an beiden Beinen sowie an der rechten Hand schwerste Verbrennungen davon. Er ist noch jetzt unfähig, allein zu gehen.

Um das allmähliche Wachsen solcher Gefahren zu zeigen, mag es hilfreich sein, den Hergang des knappen halben Jahrhunderts vor den letzten explosiven Eruptionen zu schildern. Das sollte allerdings nicht den Trugschluss begünstigen, es gäbe dort einen sich ständig wiederholenden Ablauf mit äußeren Anzeichen, die einen nahenden Ausbruch erkennen lassen. Ein Vulkan ist immer unberechenbar.

Vom Biochemiker Gordon Davies, der im August 1966 in den Nordkrater hinabstieg und dort zwei Tage später den Tod gefunden hätte, war soeben die Rede. Etwa 100 Meter tief unter dem Kraterrand lag damals noch der von auf-

Frische Lavafladen, die sich bald hellgrau färben werden. Darunter die von vulkanischer Asche erstickte Landschaft im benachbarten Hochland der Riesenkrater.

steigender Lava gebildete Pfropfen im Vulkanschlot, und bis auf verhältnismäßig kleine Hornitos und einen trägen Lavastrom – beides gehörte einem gewohnten Bild an – hatte Davies keine warnenden Vorzeichen bemerkt. Dann meldeten Piloten, über dem Berg stünde eine schwarze Aschesäule: Eine erste Gelegenheit für John Barry Dawson, den Krater in einer aktiven Phase zu beobachten und frische Auswurfprodukte zu bergen. Durch schneeweiße Asche, die im Gipfelbereich etwa fünf Zentimeter hoch lag, stieg er gemeinsam mit dem Geologen G. C. Clark auf und sah, wie, von einem brüllenden Geräusch begleitet, aus zwei Öffnungen im Schlot wirbelnd Gas und schwarze Asche hervorbrachen. Lava war nirgendwo zu sehen, stattdessen fiel den Wissenschaftlern ein überaus starker Schwefelgeruch auf. Die Höhe der Aschewolke, die mit dem von Süden her wehenden Wind zum Natronsee zog, schätzten sie auf einen Kilometer.

Dabei blieb es zunächst; von dem Leid, das jene Asche über die Massai brachte, als sie später auch das Hochland der Riesenkrater erreichte, sprach hier bereits ein Zitat aus Tepilit ole Saitotis Autobiografie. Im Oktober verließen damals Tausende ihre Wohngebiete, das Wild im Grabenbruch, das nur noch ersticktes Gras und salziges Wasser fand, war schon längst geflohen. Lengaiasche erreichte das 130 Kilometer westwärts liegende Seronera in der Serengetisteppe und das kenianische Shompole, 80 Kilometer entfernt im Norden des Natronsees. Dann, vom November an, schien der Vulkan ruhig. Bis zum Juli 1967, von dem der damals in Tansania tätige russische Geologe A. W. Gorjatschow berichtete: «Der Ausbruch des Oldonyo Lengai begann am 8. Juli und erreichte seinen Höhepunkt am nächsten Tag gegen 14 Uhr, als wir uns in etwa 1,5 bis 2 km Entfernung befanden. Zu dieser Zeit erhob sich eine gigantische Wolke aus Asche und Rauch, in der purpurrote Blitze aufleuchteten. Sie erhob sich 7 bis 9 km hoch über den Krater. Schnell überzog sich die Umgebung des Vulkans mit einem dichten, graublauen Nebel. Es war ein leichtes Grollen zu hören, das manchmal von starkem Donner übertönt wurde. Ein schwacher Wind trug eine riesige schwarz-blaue Wolke aus Asche und Rauch zum Natronsee hin, die die Sonne verfinsterte und sich dem verschieden großen Ascheanteil entsprechend in hellere und dunklere Streifen aufteilte. Die Asche wurde auf Hunderte Kilometer Entfernung verstreut. In unser Lager zurückgekehrt, das am Nordufer des Manyarasees, also etwa 70 km auf der Luvseite vom Vulkan entfernt, lag, bemerkten wir die Asche auch dort. Eine dünne Schicht bedeckte die Zeltdächer. Nach Berichten der Massai konnte man am 9. Juli früh morgens ein glutrotes Leuchten über dem Krater sehen.» Asche fiel derzeit auch in Arusha – 100 Kilometer südöstlich vom Lengai – und selbst noch im 200 Kilometer nordöstlich gelegenen Nairobi. Wie es Tepilit ole Saitotis Familie tat, konnten die Massai sich die unerwartete Wiederkehr der Katastrophe nur durch einen anhaltenden göttlichen Zorn erklären. Manche der Christen unter ihnen mögen an die Offenbarung des Johannes erinnert worden sein: «... Da ward ein großes

Kleines Vulkan-Glossar II

Lapilli: Lockere vulkanische Auswurfprodukte von Korn- bis Apfelgröße (2–64 mm).

Lava: Flüssig austretender oder erstarrter (zum Beispiel Basalt) Gesteinsschmelzfluss aus dem Erdinneren.

Magma: Glutflüssige, gashaltige Gesteinsschmelze in tieferen Bereichen der Erdkruste.

Neben- oder Adventivkegel: Durch Verlagerung der Eruptionsachse – so durch Verstopfung des Schlotes – an den Flanken entstehende Kraterkegel, die kleiner als der ältere Vulkan sind.

Schichtvulkan: Steil von verhältnismäßig zähflüssiger, gasreicher Lava (etwa 700–900 °C) aufgeschichteter Vulkan. Wegen des hohen Gasanteils verlaufen die Eruptionen explosiv, oft im Wechsel von Tephra- und Lavaausbrüchen.

Schildvulkan: Wird dagegen von gasarmer, dünnflüssiger Lava (etwa 1000–1250 °C) gebildet. Der Böschungswinkel ist wegen der hohen Fließgeschwindigkeit gering und verleiht dem Vulkan eine abgeflachte, schildartig aufgewölbte Form.

Schlot: Aufstiegsröhre zwischen Magmakammer und Vulkankrater.

Solfataren: Aushauchungen schwefelhaltiger Dämpfe an Vulkanen und vulkanischen Spaltensystemen von verhältnismäßig geringer Temperatur (um 100–200 °C).

Somma: Die nach Einsturz oder Explosion verbliebene Kraterumwallung um einen neu in der Caldera entstandenen Vulkankegel.

Tephra: Gesamtheit vulkanischer Auswürflinge wie Aschen, Lapilli, Bomben.

Tuff: Weiches, poröses Gestein aus abgelagerten und verfestigten vulkanischen Lockerprodukten (Aschen, Lapilli).

Erdbeben, und die Sonne ward schwarz wie ein härener Sack, und der Mond ward wie Blut; und die Sterne des Himmels fielen auf die Erde, gleich wie ein Feigenbaum seine Feigen abwirft, wenn er von großem Wind bewegt wird. Und der Himmel entwich wie ein Buch, das zusammengerollt wird, und alle Berge und Inseln wurden bewegt aus ihren Örtern.»

Danach schien der Vulkan erschöpft zu verstummen. Eine Fotografie Barry Dawsons von 1969 zeigt ein tiefes Kraterloch im Norden, das eine sattelartige Erhebung von einer mit Asche gefüllten Grube südwärts davon trennte. Überall wehten Solfataren, der Schwefelgeruch war so stark, dass ihn sogar die Insassen von Flugzeugen wahrnahmen. Der rote Engai schlief nun bis zum Januar 1983, in dem mehrere Ausbrüche den Krater auffüllten und Aschewolken die mehr als 70 Kilometer westlich liegende Oldupaischlucht erreichten. Die von Einheimischen und Touristen immer wieder beschriebene «Rauchwolke» über dem Gipfel war sowohl vom kenianischen Magadi als auch von Arusha her gut sichtbar – beide Städte sind jeweils um 100 Kilometer vom Oldonyo Lengai entfernt. Nachdem die vulkanische Aktivität im März abgeklungen war, beschrieben Bergsteiger das Werden und Vergehen von Hornitos, die fast immer aus dem nördlichen Kraterboden emporwuchsen, die Tätigkeit von Solfataren sowie pechschwarze Lava, von der es 1984 einmal hieß, sie spritze ein halbes Dutzend Meter hoch aus Spalten empor. Am Ende der achtziger Jahre betrug der größte Durchmesser des Plateaus im Nordkrater 244 Meter, darüber erhob sich die Kraterumwallung noch etwa 30 bis 50 Meter. Der höchste Hornito wurde T5/T9 genannt, dem manche 30, andere 20 Meter zubilligten. Der Krater war also noch längst nicht aufgefüllt, als sich im April 1993 Nachrichten über Erdbeben im Landstrich zwischen Natronsee und Manyarasee mehrten. Vermeldet wurde, tiefe Spalten würden die Erde aufreißen, und ein Massaihirte versicherte, eine Kuh seiner Herde sei für immer darin verschwunden. Im Juni folgten Ascheeruptionen, weithin waren heftige Explosionen auf dem Gipfel hörbar, und die Massai trieben wieder einmal ihr Vieh fort. Flugaufnahmen aus jener Zeit bilden einen schwarzen Lavasee im Krater ab, aus dem Fontänen hervorspritzen. Bergsteiger sahen darauf das Wachsen neuer Hornitos sowie kleine Lavaströme der Pahoehoe-Art: eine schnell fließende Schmelze, die kennzeichnende Strickformen bildet. Im Großen und Ganzen hatte der Ausbruch die Kraterlandschaft jedoch nicht wesentlich verändert. Celia Nyamweru schätzte 1996 den Durchmesser des mit den Lavaströmen allmählich aufsteigenden Kraterbodens auf 400 Meter, die Höhe von T5/T9 auf zehn Meter.

Zwei Jahre danach war die Lava vier bis fünf Meter unter den Kraterrand emporgestiegen. An einer Scharte trennte sie nur noch weniger als ein halber Meter von ihm, sodass im November erstmals wieder Lava über den Osthang floss und dort das Buschwerk verbrannte. Dasselbe geschah bald darauf im Nordwesten. Im Jahr 2000 verunglückte der Geologe Jürgis Klaudius, als er im Dunkel auf einen scheinbar erkalteten Lavafluss trat, und erlitt Verbrennungen

Erdbeben im Süden Kenias und im Norden Tansanias:

«Zwischen 12. und 18. Juli erschütterten 15 Beben Teile von Kenia und Tansania. Das Zentrum des Bebens befand sich im Ostafrikanischen Grabenbruch im erdbebenreichen Gebiet in Nähe des Natronsees und des noch tätigen Vulkans Ol Doinyo Lengai (Ngorongoro-Distrikt, Arusha-Region), ca. 145 km NNW von Arusha. Seine Stärke lag zwischen 4,4 und 6,0 auf der Richterskala. In Arusha, Nairobi und anderen Städten schwankten höhere Gebäude, manche bekamen Risse, provisorische stürzten ein. Niemand wurde verletzt. Menschen flüchteten auf die Straße. In Mwanza verbrachten viele die Nacht 17./18.7. im Freien, weil schwere Beben vorhergesagt worden waren. In Nairobi evakuierte man am 17.7. mehrere hohe Gebäude, in Arusha am 18.7. das Gebäude des International Criminal Tribunal for Ruanda (ICTR). Einige Banken und Büros blieben geschlossen. Viele Einwohner von Arusha erflehten göttliches Eingreifen. Im Freien verbrachten sie den größten Teil der Nacht 18./19.7. im Gebet. **Warnungen:** Ein leitender Mitarbeiter der Geologischen Beobachtungsstation Tansanias sagte, die Beben würden voraussichtlich anhalten. Weil das Zentrum der Beben in Nähe des noch tätigen Vulkans Ol Doinyo Lengai liege, rate er der Bevölkerung, nicht näher als 50 km an den Berg heranzugehen, wenn möglich in 100 km Entfernung zu bleiben. [...] **Vulkanausbruch:** Am 19. Juli brach der Ol Doinyo Lengai aus. Die Beben hörten auf, denn die Aktivitäten im Inneren der Erde verringerten sich durch den Vulkanausbruch, erklärten Experten. Schätzungsweise 2000 Menschen, die in Nähe des Ol Doinyo Lengai leben, vor allem Maasai-Hirten, verließen ihre Häuser. Wild und Zugvögel flüchteten. Im Dorf Gelai verwüstete die Lava Grundschule und Lehrerhäuser, zwei Kinder erhielten Brandwunden, die Quellen des Dorfes wurden von Steinen zugeschüttet, Frauen beim Wasserholen verletzt. Die Regierung erklärte das Gebiet für Touristen zum Sperrgebiet. Das Touristenlager wurde abgebaut.»

Informationsdienst Mission EineWelt, Referat Afrika, Redaktion Eva Caspary, Beitrag 8/2007

zweiten Grades. Wegen der Gefahr einer Infektion war er drei Tage später gezwungen, auf den Händen und dem rechten Fuß hinabzukriechen, bis Träger ihm weiterhelfen konnten.

Damals bemerkten Aufsteigende eine Veränderung der Kratermorphologie: bis zu vier Meter tiefe Spalten im Kraterboden, deren Ränder zum Teil leuchtend gelbe Schwefelkristalle trugen. Da hatte schon die Zeit begonnen, in der jährlich mehrere Expeditionen im Nordkrater zelteten und zahlreiche Bergtouristen zum Lengai kamen. Manche Hornitos wuchsen, andere stürzten ein, aus allen entwichen mehr oder weniger Lava, Wasserdampf und Schwefeldämpfe. Aus Spalten pfiff Gas hervor, in Tunneln unter eingebrochenen Lavabrücken schwappte dünnflüssige Lava mit einem Geräusch, das immer

Oldonyo Lengai im Dezember 2007: Der rote Engai tobt, und der Wind trägt ausgeworfene Asche westwärts.

wieder mit dem einer Waschmaschine verglichen wurde. Im Juli 2003 beobachteten Mitglieder einer von Frederick Belton geführten Expedition bis zur Höhe von 100 Metern aufsteigende Eruptionswolken mit hohem Ascheanteil, winzige Lapilli sengten dabei einigen Teilnehmern Löcher in die Wetterjacken. Weil es jedoch auch Ruheperioden gab, befürchtete noch niemand eine explosive Eruption vom Ausmaß früherer Jahre. Im März und April 2006 meldeten dennoch einheimische Zeitungen, der Oldonyo Lengai sei ausgebrochen, 3000 Menschen befänden sich auf der Flucht, aber das Unglück blieb noch auf Redaktionsstuben beschränkt. Es sind fast immer 10000 oder 3000 Fliehende – offenbar liegt dieser Zeitungsartikel fertig in irgendeiner Schublade. Bergsteiger sahen in jenem Jahr freilich, dass ein erheblicher Teil des Kraterbodens eingebrochen war. Während der ersten Hälfte des folgenden Jahres erschien dann alles wie gewöhnlich, und die im Juli einsetzenden, selbst noch in Nairobi spürbaren Erdbeben bis zur Stärke 6 mussten ja keinen Vulkanausbruch ankündigen, sondern konnten davon unabhängige Bewegungen in der Erdkruste sein. Sie waren es aber wohl nicht.

Der Nordkrater im Dezember 2007: Ein letzter Ausbruchskegel harrt noch auf dem Kraterrand aus. Im Jahr darauf glichen die zuvor grünen Tuffbänke der Pearly Gates Hügeln in verschneiter Landschaft.

Am 1. September 2007 wurde vom Natronsee her ein breiter Lavafluss bemerkt, der über den nordwestlichen Kraterrand quoll und auf seinem Weg in die Tiefe den Bewuchs auflodern ließ. Am folgenden Tag gelang es italienischen Bergsteigern, doch noch einen Führer zu finden, nachdem die übrigen sich geweigert hatten, auf den Berg zu gehen. Sie stiegen auf der Normalroute auf, und was sie dann in der Nähe des Kraters erlebten, bewog sie zu rascher Umkehr: Das Beben, das sie am Bergfuß spürten, verstärkte sich in der Höhe, Verständigung war nur schreiend möglich, ein lautes rhythmisches Geräusch, an Brecher erinnernd, kam aus dem Berg, Lava kroch über den Kraterrand, den zeitweilig eine Wolke aus Asche und Lapilli überragte. Acht Tage darauf wagte sich Timothy Leach, Eigner einer Lodge am Natronsee, in der Bergführer vermittelt werden, mit mehreren Massai auf einer neu erschlossenen Route hinauf. Die Normalroute war da schon nicht mehr begehbar, man suchte deshalb an der gegenüberliegenden Seite, in Lengais Osten, einen geeigneten Grat aus, der zum Südkrater führt. Simba-Route heißt dieser Weg, der neben sieben harten Stunden viel Ausdauer und Gewandtheit erfordert und anscheinend ein wenig südlich von der 1988 durch Jörg Keller und Maurice Krafft während der Krafft-Keller-Expedition begangenen Dorobo-Route liegt. Leachs Fotografien zeigen eine Aschewolke über dem Nordkraterrand, an dem noch ein einsamer Hornito steht. Die manchmal von Blitzen durchzuckte Wolke überragte den Berg zuweilen um 100, späterhin auch um 6000 Meter. Asche daraus bereitete noch den Hirten am 60 Kilometer entfernten Nasera Rock Atembeschwerden, als sie dort niederging. Als der September endete, sahen Piloten auch den Südkrater verbrannt und von einer Ascheschicht bedeckt. So ging es mit wechselnder Aktivität weiter. Im November gab der wiederum herbeigeeilte John Barry Dawson bekannt, die geborgenen Auswurfproben bestünden aus einem bisher am Lengai nicht bemerkten Hybridmagmagestein, dem unter anderem Natrokarbonatite beigemengt waren.

Es hatte den Anschein, als ob Engais Zorn nun allmählich im Wortsinne verrauchen würde, und im Dezember waren Bergführer wieder bereit, den Vulkan zu besteigen. Die Freiburger Geologen Jörg Keller und Jürgis Klaudius, mit ihnen auf der Simba-Route heraufgekommen, erwarteten ein verbrannter, trostlos anmutender Südkrater sowie der düstere Kegel des Nordkraters mit dem einsamen Hornito auf seinem Rand und mit tiefschwarzen, nicht selten mehrere tausend Meter aufsteigenden Aschesäulen darüber. Rings um den Krater lagen weithin Lapilli und vulkanische Bomben verstreut – einige davon mit Durchmessern bis zu einem Meter. Weil die ausgeworfene Asche in jener Zeit im Hochland der Riesenkrater pfeffergrau vom Himmel fiel, enthielt sie offenbar wie gewöhnlich Natrokarbonatitlava, die unterwegs Luftfeuchtigkeit aufgenommen hatte. Keller und Klaudius hielten sich fünf Stunden im Umkreis der pulsierenden Aschefontäne auf, sammelten Proben der Asche, der Lapilli sowie der vulkanischen Bomben und erkundeten den letzten Abschnitt der

Familien auf der Flucht, Vulkan Oldonyo Lengai speit Asche

«Es verlassen immer mehr Familien im Distrikt Ngorongoro ihre Heimstätten um den Oldonyo Lengai, weil die ausgeworfene Asche, von der man glaubt, dass sie Chemikalien enthält, zur Plage für Menschen und Tiere geworden ist, die Feldfrüchte schädigt und zum Erliegen sozialer Dienste geführt hat. Es sind bereits 500 Haushalte, deren Angehörige aus drei Dörfern im Umkreis des Vulkans geflohen sind und mindestens 50 Kilometer entfernt einen Unterschlupf suchten. Die Regierung hat versprochen, Nahrungsmittel und Zelte in diese Gebiete zu senden, in denen die Flüchtlinge meist Zuflucht in Schulgebäuden finden. Wie Jowila Kasunga, District Commissioner von Ngorongoro, meldet, flohen die Bewohner von Naiyobi, Kapenjiro und Lepakarsh, alle im Bezirk Naiyobi, nach Nainokanoka, Malambo und Pinyinyi im Distrikt Ngorongoro, Kitumbeine im Distrikt Longido sowie nach Mto wa Mbu, Gelai Bomba und Engaruka im Distrikt Monduli. Während er Phillip Marmo vom Büro des Premierministers informierte, äußerte der District Commissioner, nach den Eruptionen würde die Panik im Gebiet um den Vulkan mehr und mehr um sich greifen. ‹Die vulkanische Asche lässt überall die Ernte verdorren und verschmutzt die Wasserstellen›, sagte er. Die Preise für Vieh sind gefallen: Eine Kuh, für die man vor den Eruptionen 240 000 Schillinge bekam, bringt nun nur noch 40 000 ein, eine Ziege, die zuvor 30 000 Schillinge kostete, wird jetzt für 10 000 verkauft. Insgesamt sind bisher 1505 Tiere umgekommen: 324 Rinder, 921 Schafe und 260 Esel. Darüber hinaus verendete eine unbekannte Anzahl Wildtiere.»

SUNDAY OBSERVER *vom 9. März 2008*

Normalroute an den Pearly Gates: «Um einen vielleicht müheloseren Abstieg ausfindig zu machen, wurde ein Versuch unternommen, die alte westliche Route zu gehen, aber dieses Vorhaben musste aufgegeben werden: Die hart verfestigte Oberfläche der Lapillibetten verleiht während des steilen Einstieges, der von oben in die Abstiegskluft führt, keinerlei Halt. Überaus gefährlich! [. . .] Es gibt Tage, an denen der Vulkan ruhig erscheint, dann nimmt er unvermittelt wieder seine Tätigkeit mit eindrucksvollen Explosionen und Ascheauswürfen auf.»

Dennoch versuchten der Norweger Vegard Laukhammer und drei Begleiter schon Mitte Januar 2008 ihr Glück auf der Normalroute. Sie erreichten den Nordkrater nach sieben schrecklichen Stunden: Regen hatte auf dem größten Teil der Route die Asche verhärtet, sodass sie wegen der bis zu gut 40 Grad betragenden Steigung oft «wie Affen» auf allen vieren emporkriechen mussten. Oben «war die Sicht so schlecht, und es war so viel Rauch in der Luft, dass wir entschieden, nach zehn Minuten wieder abzusteigen. Und das war unser Glück. Nach zehn Minuten, wir waren etwa 50 Meter abgestiegen, brach aus

dem Vulkan ein donnerndes, ohrenbetäubendes Geräusch hervor. Ein Schauer aus Steinen, viele davon so groß wie ein Fußball, ging auf uns vier nieder, und unser einheimischer Bergführer schrie, was wir alle dachten: ‹Heute werden wir sterben!› In einer riesigen Wolke aus Staub, Steinen und Asche, die aus dem Krater kam, rannten, fielen und rollten wir abwärts. Irgendwie ist es uns gelungen, nach rechts aus dieser Wolke herauszukommen.» Laukhammer kam mit Abschürfungen und leichten Fleischwunden davon, der Bergführer musste eine Weile selbst geführt werden, weil er Asche in die Augen bekommen hatte. Dass sie alle während der Flucht auf dem glatten Hang nicht 100 oder mehr Meter hinabgerollt sind, verdankten sie den Rinnen, die Regenfälle in die Lapillibänke gesägt hatten.

Schon bald nach dem Ausbruch bot der Gottesberg das Bild eines düsteren, gewaltigen Aschehaufens.

Wenige Tage später stieg der Berliner Mathematiker Thomas Schulmeister, Mitglied eines Freundeskreises von Lengai-Enthusiasten, mit einem Begleiter und ihrem Bergführer in acht Stunden gleichfalls über die Normalroute auf. Sie gerieten dabei bisweilen in einen Niederschlag aus grauer Asche und winzigen weißen Lapilli. Etwa 200 Meter unter dem Rand des Nordkraters hörten sie das Geräusch austretender Lava, das sie von früheren Aufenthalten her kannten. Zugleich meldete ihr beim Auto zurückgebliebener Fahrer über ein Sprechfunkgerät, nördlich der Pearly Gates quelle schwarze Lava herab. Im Krater sa-

Vorangehende Doppelseite: Verlassene Massaihütten am Nordwestfuß des Vulkans.

Rechte Seite: Der Kraterkegel im Juni 2008. Deutlich sind die Spuren der wenige Tage zuvor aufgestiegenen Massaibergführer zu erkennen. Auf dem Bild darunter steht der Bergführer Joseph ole Tepesi wenige Schritte vor dem Kraterrand; nur Augenblicke nach der Aufnahme regnete es Asche.

hen sie keine frische Lava, lediglich eine hin und wieder aufsteigende kleine Aschewolke. Für den Zustand, in dem sich die Normalroute damals befand, spricht der Umstand, dass der Bergführer sich weigerte, sie wieder hinabzugehen. Die Gruppe ging deshalb zum Südkrater und stieg in nur drei Stunden über eine «steile und sandige, aber kurze und recht sichere» Route am Osthang ab.

Der rasende Engai war noch längst nicht erschöpft: Am 15. Februar 2008 meldeten Piloten, die Aschewolke erhebe sich bis in eine Höhe von zwölf Kilometern. Die Eruptionen waren nun noch heftiger als zuvor, Ausbrüche zeigten sich nicht mehr allein im Krater, sondern auch auf den Flanken. Den Schilderungen mehrerer Reisender zufolge verwüsteten im Norden und Nordosten Lahars die Hänge, aber weil keine Regenfälle erwähnt wurden, blieb unklar, woher das Wasser zu ihrer Entstehung stammen sollte. Vielleicht handelte es sich eher um Schutt- als um Schlammströme. Im Verlauf unbändiger Eruptionen im März – Satellitenaufnahmen zeigten nun eine bis in eine Höhe von fast 14 Kilometern aufsteigende Aschesäule – verschwand auch noch das letzte Überbleibsel jenes Anblicks, den der Nordkrater zuvor viele Jahre lang geboten hatte: der einsame Hornito am nördlichen Rand.

Im Mai kam nach ungewöhnlich starken Regenfällen über die Simba-Route ein sachkundiger Beobachter herauf: Christoph Weber, Bergführer eines Unternehmens, das Reisen zu Vulkanen anbietet, zuvor über Jahre an der Vermessung des Geschehens im Nordkrater beteiligt. Weber berichtete, den Aussagen der Massai zufolge wären die Eruptionen stärker als jene von 1966/67 gewesen. Asche bedeckte auf der Simba-Route erst in einer Höhe von 1500 Metern den Aufwuchs – gewöhnliches Gras sowie hohes, sogenanntes Elefantengras und Akaziensträucher. Etwa 1000 Meter höher bemerkten Weber und sein Begleiter dann bereits Lapilli sowie vereinzelte vulkanische Bomben und fanden schließlich einen von jeglicher Vegetation entblößten, völlig verödeten Südkrater vor. Nach Westen hin hatte Asche die Landschaft bis in eine Entfernung von zehn Kilometern zugedeckt; auf den nördlichen und nordöstlichen Hängen waren die Spuren von Lahars sichtbar. Der Nordkrater maß nun im Durchmesser 300 Meter und war etwa 130 Meter tief, darin drang aus zwei Schloten Gas unter hohem Druck und mit brüllendem Turbinengeräusch hervor – zuweilen auch Asche. Die Normalroute, gelegen in der vorherrschenden Windrichtung, war verschüttet, der Südkrater, in dem Weber und sein Begleiter zelteten, glich wegen der Einschlagsstellen von Lapilli und vulkanischen Bomben einer Mondlandschaft.

Wenn man den Bergtourismus wieder aufnehmen wollte – das war den in der Umgebung tätigen Bergführern bewusst –, würde das künftig nicht immer über die ausgesetzte Simba-Route geschehen können. Mitte Juni 2008 ging deshalb ein Dutzend Bergführer aus Engare Sero wieder die Normalroute hinauf, auf der vor langer Zeit schon Fritz Jaeger, Carl Uhlig und Hans Reck den Gipfel erreicht hatten. Der Aufstieg gelang trotz der Mühen, den der Weg über die stei-

Der Aufstieg über zerklüftete Hänge beginnt schon weit vor dem Ziel.

len Aschefelder und Lapillibänke bereitete, und am Tag darauf folgte ihnen einer der Enthusiasten, die es immer wieder zum Gottesberg treibt: Frederick Belton. Während seines einstündigen Aufenthaltes am tätigen Krater – Zeitnot nach missglückter Anfahrt sowie Asche in der Luft drängten zum Abstieg –, schätzte er, der Kraterrand würde sich nun 30 Meter über das Niveau des früheren Hochplateaus erheben. Laut rumpelnde Geräusche mischten sich mit dem Pfeifton, mit dem Gase aus mehreren Schlotöffnungen in der Tiefe entwichen.

Durch die Nachricht vom Aufstieg der Bergführer ermutigt, ist der Autor in den letzten Junitagen gefolgt und damit gründlich zur falschen Zeit an den falschen Ort geraten. Mit ihm gingen der Massai Joseph ole Tepesi, zwei Bergführer von Chagga Tours Tanzania, Michael Ntiyu und James Lukinga, Christina Helbig, die Inhaberin der deutschen Chagga Tours, sowie seine Frau – die ihm inzwischen verziehen hat. Ein schlimmer Aufstieg: fast zehn Stunden, zum größten Teil über Asche, die entweder vom Regen derart glatt zementiert war, dass an den steilsten Stellen Stufen geschlagen werden mussten, oder die frisch gefallen wie Dünensand dalag, sodass man bei jedem Schritt mindestens bis zu den Knöcheln darin versank. Michaels Eisgerät – seit seinem Aufstieg auf den Mount Everest kann er hervorragend damit umgehen – kam selten zur Ruhe, und insgeheim haben wohl alle Beteiligten den Berg nicht weniger als den Autor verflucht. Der Preis der Mühen bestand dann darin, von einer Aschewolke vom Kraterrand verjagt zu werden, auf dem Solfataren wie Irrlichter fröhlich dazu tanzten. Alles Warten im Windschatten der Pearly Gates, der Himmelspforte, blieb vergeblich. Wir wurden daran erinnert, dass zur Hölle hinabfahren muss, wer nicht eingelassen wird, und der Abstieg war dann wahrhaftig höllisch. Ein ursprünglich geplanter Aufstieg zum Gipfel verbot sich von selbst, weil dort verhärtete Ascheschichten wie Schneebretter abgingen. Vulkane, die simple Feststellung sei wiederholt, sind eben unberechenbar. Dabei hatten wir uns Zeit gelassen und den Berg zuvor beobachtet: Bis auf eine große Wasserdampfwolke schien nichts mehr aus dem Krater aufzusteigen.

Wir haben Engais Geste verstanden und stiegen demütig ab, sahen den Schatten, den der Oldonyo Lengai auf die Landschaft im Westen warf, sahen das hellgraue Leichentuch, mit dem er sie bis zum Horizont zudeckte. Während der nächsten Jahre wird dort bestenfalls bitteres Gras wachsen, das Vieh der Massai wird hungern. Was werden die Bewohner von Naiyobi und anderen Dörfern tun, um der Not zu entgehen? Sie haben inzwischen begonnen, den Pfad zum Acacia Camp und hinunter zum Natronsee, auf dem die Teilnehmer von

Walking Safaris «in Gottes Schatten» wandern können, breiter zu bahnen, und hoffen, dass viele Touristen kommen werden.

Meldungen auf den Internetseiten Frederick Beltons und des Vulkanprogrammes der Smithsonian Institution berichteten im Juli sowie im Oktober von Ascheeruptionen geringer Stärke. Im Dezember beschrieb eine auf der Normalroute aufgestiegene Gruppe zahlreiche Solfataren, deren Schwefelgeruch schon weit unter dem Krater wahrnehmbar war, sowie ein «Grauen erregendes Rumpeln» darin, und im Januar 2009 gingen andere nicht über die Pearly Gates hinaus, weil sie von Geräuschen vertrieben wurden, die sie als «big bangs» bezeichneten. In den neun Monaten vom Juni 2008 bis zum März 2009 versuchten derweil insgesamt zwölf Gruppen ihr Glück auf der Simba-Route und gaben allesamt unterwegs auf. Darüber hinaus wurde es still um den Berg des schwarzen und roten Gottes, der nun gelassen zu ruhen scheint, bevor er in einigen Jahren abermals ein Wunder der Schöpfung vollbringen wird. Er ist ja, gemessen an der Erdgeschichte, noch sehr jung, der jüngste Vulkan weithin: 370000 Jahre. Kraft wird er sammeln, um wiederum zu tun, was er schon tat, als es die Massai noch nicht gab – niemanden, der auch nur ahnen konnte, dass sie am Ende einer langen Wanderschaft im Rift Valley Gott begegnen würden.

Dialog mit einem Massaihirten in der Nähe von Naiyobi:

«Kommt man hier mit dem Auto weiter?»
«Man kommt immer weiter. Ist das dein Auto?»
«Nein, es gehört mir nicht.»
«Aber du bist reich?»
«Reich genug, um hier reisen zu können.»
«Wer kümmert sich um deine Rinder, wenn du reist?»
«Ich habe keine Rinder.»
«Dann bist du nicht reich.»

Massai und Oldonyo Lengai in der Literatur, im Kunstgewerbe, im Film und als Gegenstände der Tourismusindustrie

Der Krieger auf dem Markt

«Es trifft mich wie ein Blitzschlag. Da sitzt ein langer, tiefbrauner, sehr schöner, exotischer Mann lässig auf dem Fährengeländer und schaut uns, die einzigen Weißen in diesem Gewühl, mit dunklen Augen an. Mein Gott, denke ich, ist der schön, so etwas habe ich noch nie gesehen.

Die früheren Hochlandweiden der Massai sind jetzt dem Wild und den Touristen vorbehalten.

Er ist nur mit einem kurzen, roten Hüfttuch bekleidet, dafür aber reich geschmückt. Seine Stirn ziert ein großer, an bunten Perlen befestigter Perlmuttknopf, der hell leuchtet. Die langen roten Haare sind zu feinen Zöpfchen geflochten, und sein Gesicht ist mit Zeichen bemalt, die bis auf die Brust hinabreichen. Über dieser hängen gekreuzt zwei lange Ketten aus farbigen Perlen, und an den Handgelenken trägt er mehrere Armbänder. Sein Gesicht ist so ebenmäßig schön, dass man fast meinen könnte, es sei das einer Frau. Aber die Haltung, der stolze Blick und der sehnige Muskelbau verraten, dass er ein Mann ist. Ich kann den Blick nicht mehr abwenden. So, wie er dasitzt in der untergehenden Sonne, sieht er wie ein junger Gott aus.»

Damit begann die Geschichte von Corinne Hofmann und Lketinga, der «weißen Massai» und eines Samburus, den man als Massai ausgab, weil es verkaufsträchtiger erschien. Schließlich sagt uns das etwas: Wir tragen Schuhe, angefertigt in Massai Barefoot Technology, trinken Chai Massai oder Kaffee Kenya Massai. Die Massai – das sind die sehnigen Speerträger, die mit Angelina Jolie auf Vulkangipfeln umherziehen oder mit der halbnackten Gisele Bündchen für American Express werben.

Was da in dreißig Sprachen übersetzt, allein im deutschsprachigen Raum in mehr als drei Millionen Exemplaren verkauft und schließlich mit einem aus Westafrika eingeflogenen Schauspieler verfilmt wurde, ist keine Liebesgeschichte und kein Vorbild für ein hochgestochen sogenanntes interkulturelles Zusammenleben. Die beiden blieben einander fremd, nur kurz flackerte Leidenschaft, auch das gemeinsame Kind konnte sie nicht verbinden. Was ist Corinne Hofmanns Bericht dann? Der werbende Text auf dem Einband nennt ihn ein ununterbrochenes Abenteuer, einen Kampf, den die Autorin und ihre Tochter doch noch gewonnen hätten. Ist es das, wonach wir uns sehnen: Abenteuer, Kampf, Sieg? Wie sollen zwei Menschen Abenteuer bestehen, wenn sie sich kaum verständigen können und wenig mehr in ihre Beziehung einbringen als den Reiz des Exotischen? Wie sollen sie siegen in einem Kampf, dessen Ausgang von vornherein feststeht? Vermutlich war statt Kampf Leid gemeint, und wirklich litten alle Beteiligten unter diesem Versuch, fremde Vorstellungen von Zusammenleben, Sexualität und Erwerbstüchtigkeit in einem Samburudorf durchzusetzen.

Massaikrieger. Die individuellen Züge dieser Schnitzarbeit verraten noch ein Talent für das Handwerk.

Ach, es gibt da diese hübschen kleinen Figuren, nicht gerade künstlerisch gestaltet und völlig unnütz: ein Mohr oder ein Massaikrieger aus Porzellan vielleicht. Die Gäste sagen, das sei Kitsch, Ethnokitsch, wir aber finden ihn schön, rechtfertigen sein Dasein, und es tut weh, wenn er vom Kamin stürzt, weil wir unachtsam waren. Haben wir Glück, dann fällt uns beim Zusammenkehren der Scherben eine Geschichte ein, die man den Kindern erzählen kann, und irgendwann sehen wir ja im Supermarkt eine ähnliche Figur. Aber woher nur bekommt Lketinga einen neuen Porzellanmohren? Mag jemand darüber nachdenken, weshalb wir so oft zerstören, was wir bewundern?

Über die Massai werden Leser dieser durchaus erregenden Rechtfertigung so viel erfahren wie Corinne Hofmann – nämlich fast gar nichts. Aber das wird wohl auch kaum erwartet. Genug, wer in einem gläsernen Haus sitzt, der sollte nicht mit Steinen werfen: Mehr als drei Millionen verkaufte Exemplare sind für einen Autor immer ein Ärgernis, sofern sie nicht seinen Namen tragen. Es verhält sich ja auch nicht so, dass Erscheinung und Mythos der Massai allein Frauen bezaubern würden. So schrieb bereits 1912 der verdienstvolle Ethnograf Karl Weule Sätze, in denen sich gehörige Faszination mit Selbstgerechtigkeit mischt: «Für die Massai liegt die Blütezeit um zwanzig Jahre zurück; vor der großen Rinderpest von 1891 zählten ihre Herden nach vielen Tausenden; deren Herren aber führten ein köstliches Dasein. In besonderen Kralen lebten die jungen Mannschaften, die El moran, fast ausschließlich von Milch, Fleisch und Blut sich nährend, im Spiel mit den Ndito, den jungen Mädchen, die den Kriegern im Kral Gesellschaft leisteten. Bei Gesang und Tanz ging es hoch her. Dann aber kam das große Viehsterben, und aus war es mit der Herrlichkeit. Ein halbes Menschenalter über hat das Volk sich durchgehungert; selbst zum verachteten Feldbau hat es in seiner Verzweiflung hier und da greifen müssen. Neuerdings fängt es an, sich zu erholen; damit aber beginnt es auch nach altgewohnter Sitte, den Viehraub von neuem zu üben.»

Unvergleichbar begabter als die eingangs erwähnte Autorin schilderte in den dreißiger Jahren des vergangenen Jahrhunderts Karen (Tania) Blixen ihren Massaikrieger, dessen Annäherung ihr freilich unwillkommen gewesen wäre: «Ein Massaikrieger ist ein schönes Bild. Diese jungen Leute haben im höchsten Maße die seelische Haltung, die wir schneidig nennen; so verstiegen und wildphantastisch, wie sie scheinen, sind sie doch ihrer eigensten Natur und ihrem eingeborenen Ideal unbeirrbar treu geblieben. [...] Die jungen Massaikrieger leben von Milch und Blut; mag sein, dass sie dieser Kost ihre wundervoll zarte

«Airport art», gehobene Massenware, in einer Großhandlung in Arusha.

und seidige Haut verdanken. Ihre Gesichter mit den hohen Backenknochen und der kühn geschwungenen Kinnlade sind glatt und prall ohne Furche oder Falte: die düsteren blicklosen Augen sind eingebettet wie zwei dunkle Steine in ein Mosaik. [...] Ihre Halsmuskeln schwellen in einer auffallend drohenden Weise wie der Nacken einer wütenden Kobra, eines Leoparden oder eines kämpfenden Stieres; diese Gedrungenheit ist so sehr ein Kennzeichen des Männlichen, dass sie wirkt wie eine Kriegserklärung an die ganze Welt, außer an das Weib. Der große Gegensatz oder die Übereinstimmung der glatten prallen Gesichter, der mächtigen Hälse und breiten gedrungenen Schultern mit den erstaunlich schmalen Taillen und Hüften, die schlanken mageren Schenkel und Knie und die langen geraden sehnigen Beine geben ihnen das Aussehen von

Schäfergedicht, Schäferspiel

«Eine Art der Idylle, wo im Gegensatz zur städtischen Künstelei und Verderbtheit die Unschuld und Unbefangenheit, Naivität und Wahrheit des Landlebens geschildert wird und das harmlose Hirtenleben der liebliche Wiesengrund ist, auf den das Ideal eines goldenen Zeitalters oder einer Unschuldwelt, wo der Mensch im reinsten Frieden mit sich und der Natur nur Weniges bedürfend lebt, seinen glänzenden Schimmer wirft. Hier ist Liebe die einzige Leidenschaft, aber eine zwanglose, unverstellte Liebe. Die Künste des Hirten sind Gesang und Tanz, sein Reichtum die schöne Herde, seine Gerätschaften ein Hirtenstab, eine Flöte, ein Becher. Wird das Schäfergedicht dramatisch ausgeführt, so ist es ein Schäferspiel, und beides zusammen genommen nennt man auch die bukolische Poesie, in welcher sich unter den Alten vorzüglich Theokrit und Virgil, unter den neuern Dichtern Tasso und Geßner auszeichneten. Auch Gellert schrieb bekanntlich dergleichen Schäferstücke, allein ein besserer Geschmack hat jetzt all' diese süßen, idyllischen Tändeleien aus der Literatur gewiesen.»

Damen Conversations Lexikon, Band 9, o. O. 1837

Geschöpfen, die durch harte Zucht ein Höchstmaß von Raublust, Gewaltsamkeit und Habgier erlangt haben.»

Die nicht minder talentreiche, in Ostafrika aufgewachsene Flugpionierin Beryl Markham stimmte bewundernd ein: «Für jeden Murani ist sein Speer ein Symbol seiner Männlichkeit und im selben Maße Teil seines Körpers wie seine Sehnen. Sein Speer ist ein Ausdruck seines Glaubens: Ohne ihn kann er nichts erlangen – kein Land, kein Vieh, keine Frauen. Nicht einmal Ehre kann er erwerben, bevor der Tag gekommen ist, an dem er, nach seiner Beschneidung, vor den versammelten Mitgliedern seines Stammes steht – Männer und Frauen jeden Alters aus manyattas, so weit verstreut wie die Samen des wilden Grases – und ihnen und dem gemeinsamen Erbe Treue und Ergebenheit schwört.

Er empfängt den Speer aus den Händen des ol-oiboni und hält ihn, wie er ihn immer halten wird, solange Kraft ist in seinen Armen und keine Wolke des Alters in seinen Augen. Es ist das Sinnbild seiner Jugend und seiner Herkunft, und indem er den Speer in Besitz nimmt, ist er plötzlich ein Mann.»

Exotik reimt sich offenkundig recht gut auf Erotik, und da scheint sich Catherine Oddies «Enkop Ai. Mein Leben mit den Massai» zunächst nahtlos einzufügen: «Mir stockte der Atem, als ich sah, wie schön er war. Das Einzige, womit ich dieses Gefühl vergleichen könnte, wäre die tiefe Freude, die man empfindet, wenn man ein Pferd über eine Wiese galoppieren sieht. Das ist es, was ich für Robert fühlte, nur stärker.» Aber dergleichen täuscht. Catherine Oddie nahm ihre Beziehung zu dem Massai Robert Oloimooja bedacht auf und besuchte unter anderem eine Sprachschule in Nairobi, bevor sie ihn heiratete. So etwas sprach für eine Erfüllung verheißende Verbindung, zumal sie mehr fand als die Liebe ihres Mannes: «Das Zusammenleben mit Robert und seiner Familie und das, was ich von ihnen lernte, war eine Bereicherung. Sie waren einfach menschlich, und ich begann, Geduld, Verzeihen, Mitgefühl und Achtung zu lernen und die wahre Bedeutung von Gemeinschaft zu erkennen. Den Materialismus hinter mir zu lassen und bei den Massai das Leben in seiner einfachsten, reinsten Form kennen zu lernen, war ein Geschenk, das ich dankbar angenommen hatte.» In der Tat vermittelt das Buch Kenntnisse über das Leben der Massai in staunenswerter Fülle, es erzählt voller Zuneigung und ohne den peinlichen Anspruch, von einer «weißen Massai» geschrieben zu sein: «Ich war keine Massai, und ich wollte keine Massai sein. Man kann nur das sein, was man ist, und wir beide akzeptierten gegenseitig unsere Andersartigkeit.»

Das erscheint anziehend und ehrlich, weist jedoch auch auf die Grenzen derartiger Begegnungen. Beide der mit Massai verheirateten Autorinnen, Corinne Hofmann wie Catherine Oddie, verdrängen nämlich ein ganz wesentliches Element ihrer «Andersartigkeit»: die ökonomische Macht, die sie über ihre Männer und deren Angehörige ausübten. Wir alle stecken tief in den Käfigen unseres Reichtums und unserer Kulturen. Die romantische Zivilisationskritik, mit der wir dieser Binsenweisheit zu entgehen versuchen, erweist sich immer wieder als Wortblase, wenn sie der Wirklichkeit begegnet. So musste denn Catherine Oddie ihrem Mann gestatten, eine zweite Frau zu heiraten – schon deshalb, weil sie nicht bereit war, seine 60 Kühe zu melken oder täglich 50 Liter Wasser herbeizuschleppen. Es gelang ihr auch nicht, den von ihr getadelten Materialismus hinter sich zu lassen, und die Erfahrungen, die sie während der Vermarktung ihrer Beziehung gewann, gehörten sowohl für sie als auch für Robert Oloimooja zu den schlimmsten jener Zeit. Am Schluss war sie Wanderin zwischen zwei Welten, immer wieder entfernt von ihrem Mann. Das mag vielleicht das Beste sein, wenn man nicht bereit ist, sich selbst aufzugeben. Inzwischen sollen die beiden sich getrennt haben.

Es erscheint aus mancherlei Gründen ratsam, eine Aura zu verlassen, die in die Nähe von Tarzan und Jane, The Beast and the Beauty oder von King Kong und der weißen Frau führen könnte. Ohnehin trifft das, was jene Autorinnen über das Erscheinungsbild von Massai mitteilen, nur eingeschränkt auf die Kisongo-Massai zu. Diese haben sich nach den Epidemien und Hungersnöten am Ende des 19. Jahrhunderts mit benachbarten Völkerschaften vermischt, und es

sind deshalb meist Bantugesichter, die uns aus dem vorliegenden Buch entgegenblicken. Vielleicht war das ein Beweggrund dafür, dass die Fotografien für den wohl schönsten und lebensvollsten unter den vielen Bänden über das traditionelle Massaileben überwiegend in Kenia entstanden: «Maasai» mit dem Text von Tepilit ole Saitoti und Fotografien von Carol Beckwith, erschienen auch in deutschsprachiger Ausgabe. Tepilit ole Saitoti, ebenfalls ein «Mensch zwischen zwei Welten», ist im Norden Tansanias aufgewachsen und zum Krieger geworden, hat noch einen Löwen gespeert – was übrigens nicht, wie man uns oft weismachen will, unbedingt zu den Voraussetzungen gehört, die ein Krieger erfüllen muss. Er war Wildhüter in der Serengeti und Student in Boston und Ann Arbor, lebte in den USA und in Europa, lehrte unter anderem an der Harvard University und ist immer wieder heimgekehrt in das Land am Oldonyo Lengai, von dem er in seiner Autobiografie schreibt: «Mount Lengai, das flammende Wegzeichen, wacht seit undenklichen Zeiten über unser Land. [...] Der Stand der Sonne und die Jahreszeiten bestimmen seine Farben. Ich habe einen beschaulichen Mount Lengai im Licht des Vollmondes gesehen; ich sah ihn golden in der Morgendämmerung und purpurfarben während der Regenzeit, kurz bevor die Sonne versinkt. Manchmal trägt er weiße und schwarze Streifen: ein Muster, das von vulkanischer Asche [...] hervorgerufen wird und das die Menschen bewogen hat, ihn Ol Doinyo Osira Lengai zu nennen, den gestreiften Berg Gottes. Ich sah ihn schweigend und in heiterer Klarheit, als ob er meditiere, und bisweilen gesellte sich dabei eine einsame Wolke zu ihm.»

«Kurz bevor die Sonne versinkt ...» – das könnte auch das Motto des besagten Bild- und Textbandes sein, in dem sie noch einmal, vielleicht zum letzten Mal, am Betrachter vorbeiziehen: die liebevoll mit Perlen geschmückten Kinder in den Armen ihrer Mütter, im Spiel mit Jungtieren oder verständig zusehend, wenn sie im Melken oder Bogenschießen unterrichtet werden, die Mädchen, die schwärmerische Liebeslieder für eitle junge Krieger singen, die einander die Haare flechten und die Körper bemalen, Kampfspiele und Festmahle in einer manyatta, Frauen beim gemeinsamen Hausbau, Krieger, geschmückt mit dem Kopfputz aus Straußenfedern, mit hohen Sprüngen tanzend oder mit geschorenen Köpfen haltlos weinend, weil das Ende der Kriegerzeit gekommen ist, die bunten Trachten selbstbewusst blickender Frauen während einer Prozession, ihre gebeugten Rücken unter Brennholzlasten, ein Ältester, der einem schwachen Kalb Leben in die Nüstern bläst, und ein anderer, der sich verzückt mit dem Tabakbehälter beschäftigt, den ihm seine Tochter angefertigt hat, schließlich Älteste, nachdenklich um die Kiesel hockend, die ein Laibon warf.

Von einem afrikanischen Rezensenten ist der Vorwurf erhoben worden, das Buch sei «chauvinistisch und schönfärberisch», selbst Carol Beckwith' Kamera könne nicht immer die für Touristen bestimmten Andenken im Hintergrund meiden. Auch aus den eigenen Reihen wurde Tepilit ole Saitoti angegriffen: Um strahlender Bilder willen habe er gestattet, dass sich Samburu unter die Statisten mischten, die Bedrängnis, in der die Massai leben, sei nur im Nachwort erwähnt. Dennoch, der Band ist ein hingebungsvoll gestaltetes, vortrefflich kommentiertes Dokument. Saitoti, inzwischen auch auf politischer Ebene für die Massai tätig, entgegnet seinen Kritikern: «Mein Volk ist in Not, es schreit um Hilfe, aber es ist zum Leben entschlossen.» Diese Entschlossenheit habe er zeigen wollen.

Darin findet sich leider kein Bild vom Oldonyo Lengai, auch nicht in vielen Auflagen von Peter Matthiessens «The Tree where Man was Born», dessen deutschsprachige Ausgabe «Der Baum der Schöpfung» jedoch illustriert ist. Das Buch schildert Reiseerlebnisse in dem Gebiet, von dem hier erzählt wird, und das geschieht meisterhaft: Selten liest man eine derart gelungene Verbindung von Sachkenntnis und literarisch anspruchsvollem Reisebericht. Einzigartig erscheint zum Beispiel die Szene, in der Matthiessen seinen Aufstieg auf den Oldonyo Lengai erschöpft abbricht, am Berghang in der Sonne liegt und sich fühlt, «als ob eine rote Feder vom Himmel herab in meine Hand geschwebt wäre». Auch sein Andenken an den Gottesberg, der in der Vulkanasche erstarrte Fußabdruck eines Nashorns, erweist sich als vergänglich, aber was er da mit roter Feder schreibt, ist tiefer empfunden und bewegender als viele Gipfelerlebnisse.

Stephen S. ole Sankans bescheiden ausgestattetem Taschenbuch «The Maasai» hätte hier eigentlich der erste Rang gebührt: Ursprünglich 1971 erschienen und seither immer wieder aufgelegt, ist es das erste Buch, das ein Massai über die Massai schrieb. Sankan widmete es den Kindern, die nicht mehr traditionell aufwachsen, ihren Lehrern sowie jenen in Kenia und Tansania lebenden Massai, die zu vergessen beginnen, dass sie «einmal ein geeintes Volk waren». Er hat dafür zahllose Gespräche mit Ältesten geführt, unverfälschte Abläufe von Ritualen erkundet, Geschichte und Bräuche festgeschrieben und Legenden, Sprichwörter, Rätsel erfragt. Geburt und Tod, Altersgruppen und Kalender, Rechtsprechung, Clanbeziehungen und das Zusammenleben in der Familie – alles dies und vieles mehr bietet Sankan ohne Umschweife dar. Seine Veröffentlichung genügt sicherlich den strengen Regeln der Feldforschung und bleibt für die Nachgeborenen überaus wertvoll: Jede ernsthafte Arbeit über das Brauchtum der Massai schöpft daraus.

Inzwischen gibt es mehrere Bücher schreibende Massai. So ist zum Beispiel Joseph Lemasolai Lekutons «Facing the Lion. Kindheit und Jugend eines Massai in der afrikanischen Savanne» auf dem deutschsprachigen Kinderbuchmarkt recht bekannt geworden. Doch bei der Betrachtung von Kinderbüchern führt uns erst «The Warrior and the Moon» von Nick Would zum Oldonyo Lengai zurück. Zauberhaft, bunt wie der Perlenschmuck der Massai kommt es daher, und man glaubt dem Autor gern, dass seine Wanderungen mit Massaikriegern sowie die Begegnung mit dem heiligen Berg sein Leben verändert haben.

Ein Jahrhundert zurück liegt Moritz Merkers Massai-Monografie aus dem Jahr 1904, die in Antiquariaten kaum noch erschwinglich, aber zum Glück auch als Faksimile-Reprintausgabe der zweiten Auflage von 1910 erhältlich ist. Schwere Kost allerdings für den, der nur einen Überblick gewinnen möchte. Geeigneter erscheint da Alfred Claud Hollis' Werk von 1905, das ein amerikanischer Verlag vor wenigen Jahren – gekürzt, ohne die maasprachigen Abschnitte und ohne die Abbildungen – unter dem Titel «Masai Myths, Tales and Riddles» als Taschenbuch herausgab. Hollis' Buch gibt es auch als deutsche Übersetzung, als Plagiat, von dem sein Verfasser vorsichtshalber behauptete, es sei «nach der Masaisprache und dem Englischen» entstanden: «Sagen, Mythen und Sitten der Masai» von Hanns Fuchs, Jena 1910, gleichfalls als Reprintausgabe zu bekommen. Knapp und sachlich reiht Hollis Märchen, Mythen und Auskünfte über das Brauchtum aneinander, und wer sein Buch gemeinsam mit Stephen S. ole Sankans ebenso preiswerter Broschüre besitzt, der weiß wesentlich mehr als die meisten Reiseleiter.

Zudem gibt es ganze Berge wissenschaftlicher Literatur über die Massai; es hat den Anschein, dass über keine andere afrikanische Völkerschaft so viel geschrieben wurde. Darunter sind achtbare Publikationen von Feldforschern – die zahlreichen Forscherinnen sind immer mit eingeschlossen –, die

nicht selten längere Zeit unter Massai gelebt haben. Freilich fällt es nicht leicht, sich Fachliteratur zu nähern, und ob die älteren, von Carl Uhlig, Fritz Jaeger und Hans Reck verfassten wissenschaftlichen Veröffentlichungen über den Oldonyo Lengai lesenswert sind, könnten vielleicht die daraus entnommenen Zitate in diesem Band zeigen. Insbesondere die von Jaeger 1942 herausgegebene, mit 117 Fotografien und vielen Zeichnungen versehene Beschreibung der Gegend zwischen Natronsee und Manyarasee gewährt eine umfassende Sicht auf den Berg, seine Umgebung und die damalige Bevölkerung. Es ist einfach bewundernswert, was derzeit unter überaus schwierigen Bedingungen zusammengetragen wurde. Hans Recks erzählendes und leichter zugängliches Buch «Oldoway. Die Schlucht des Urmenschen» enthält Fotografien vom Lengai sowie Beschreibungen der Landschaft und eines Aufstieges, wenngleich der Text natürlich überwiegend einem anderen Geschehen gilt.

Völlig unumgänglich erscheint in unserer Zeit George Monbiots «Nomadenland», obwohl die deutsche Übersetzung schlampig lektoriert wurde. Sobald er sich daran gewöhnt hat, das zu übersehen, erfährt der Leser Ungeheuerliches: von Militärbehörden, die Banditen bewaffnen und unterstützen, damit sie die letzten Nomaden überfallen und berauben, von Morden, Misshandlungen, Vertreibung, Vergewaltigungen, Korruption, Diebstahl von Spendengütern, Betrug, Übergriffen aller Art. Nicht verwunderlich, wenn Monbiot in sieben Staaten persona non grata ist und in einem der von ihm bereisten Länder sogar abwesend zu lebenslanger Haft verurteilt wurde. Wahrscheinlich war es seinen Enthüllungen zu verdanken, dass die britische Regierung inzwischen Entschädigungen an jene Massai und Angehörige anderer Völkerschaften zahlte, die in einem von britischen Soldaten als Übungsplatz

genutzten Weidegebiet Kenias von Blindgängern verletzt und deren Kinder dort getötet wurden. Merker und Hollis verschweigen noch, was ihre Zeitgenossen anrichteten, Monbiot zeigt unverhohlen, wie gnadenlos man sich heute der letzten Hirten entledigt, ihr Land verschachert, die Savanne zerpflügt, für immer zerstört, damit aus dem spärlich wachsenden Getreide Bier gebraut werden kann. Er verklärt weder die Opfer noch ihr traditionelles Leben, verliert aber auch nicht den Blick dafür, wessen Geschäfte einheimische Lumpen oft letztlich betreiben, wird manchem die Begeisterung für einen hemmungslosen Naturschutz verderben und einige bewegen, sich Organisationen zuzuwenden, die sich dem Menschenschutz widmen. Dabei bleibt sein Empfinden für eine großartige Natur ungebrochen, und er kann es wunderbar beschreiben. Ein aufhellendes, ein aufklärendes Buch: Wer etwas bewirken möchte, der muss zuvor entscheiden, mit wessen Augen er die Welt sehen will.

Das alles lässt sich von Tom Lithgow nicht sagen, obwohl er die Verhältnisse kennt und viele Jahre als Kaffeefarmer, Reiseleiter und Leiter von Jagdsafaris im Norden Tansanias lebte. Er fühlt gerecht genug, ein Kapitel über die Massai in seine «Ngorongoro Story» aufzunehmen, bevor er der Zuneigung für weiße Siedler und eine menschenleere Natur freien Lauf lässt, aber was er mitteilt, ist häufig klischeehaft und bisweilen unwahr: etwa dann, wenn er die Anzahl der in Tansania und Kenia lebenden Massai um fast drei Viertel verkleinert oder behauptet, es gebe dort Land im Überfluss, und die tansanische Regierung sei «extremely sympathetic to the Maasai problem». Das vergällt die Freude an Hugo van Lawicks Fotografien sowie an dem begrüßenswerten Vorhaben, die Geschichte des «achten Weltwunders» Ngorongoro aufzuzeichnen. Bedauerlich zudem, dass darin nur Oscar Baumann erscheint; der Leser erfährt nicht einmal die Namen jener Forscher, die das Hochland der Riesenkrater nach ihm erkundeten und vermaßen. Sollte jemand sein Erlebnis des Ngorongoro-Kraters vertiefen oder im Lehnstuhl dorthin reisen wollen, dann sei ihm ohnedies Henry Fosbrookes – er war viele Jahre lang der erste sogenannte Konservator des Nationalparks – «Ngorongoro: The Eighth Wonder» oder Reinhard Künkels herrlicher Bild- und Textband «Ngorongoro» empfohlen. Künkel belehrt übrigens nebenher jeden eines Besseren, der irgendwann zweifelte, ob die Fotografie eine Kunstform sein kann.

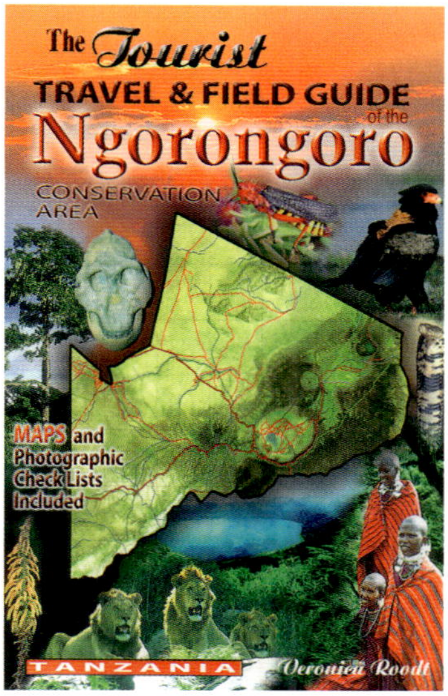

Darüber hinaus gibt es Veröffentlichungen über den Ostafrikanischen Graben, über seine Landschaft und Tierwelt, die häufig Abbildungen vom Oldonyo Lengai herzeigen, sowie eine erkleckliche Anzahl von Reiseführern, die nur ganz selten ohne Bilder von Massai auf dem Umschlag auskommen. Das wird hier ganz ohne Hintersinn gesagt, denn es ist doch schön, dass eine Reise zu den ostafrikanischen Nationalparks offenbar weniger gilt, wenn man dabei den Menschen nicht begegnet. Sichtbar hat sich etwas verändert: Wo früher der Löwe vorherrschte, steht nun ein Massai mit Speer oder seine Frau im Perlenschmuck – sogar auf den Umschlägen von Reiseführern, die das gesamte Land beschreiben. Damit einher gehen die Angebote sogenannter Walking Safaris, in deren Verlauf Touristen von Massai begleitete Wanderungen durch das Rift Valley und somit zum Oldonyo Lengai oder durch das Hochland der Riesenkrater unternehmen können – in der Höhe vorbei am Lengai und hinunter zum Natronsee. Sie laufen dabei «im Schatten Gottes».

Wenn die Teilnehmer danach in ihr Hotel in Arusha zurückgekehrt sind, fährt man sie am folgenden Tag wahrscheinlich zu einer Geschäftsanlage, deren Hauptgebäude von einem Schild mit der Aufschrift CULTURAL HERITAGE überragt wird. Die Wanderer suchen dort nun vergeblich nach einem Andenken, das sie an ihre vormaligen Reisegefährten erinnert. Ein ganzer Gebäudeflügel ist mit künstlich gealterten Imitationen von Masken, Trommeln und anderen Gegenständen gefüllt, deren Vorbilder nach Westafrika gehören, und es bleibt unklar, wessen kulturelles Erbe da eigentlich feilgeboten werden soll. Die Massaispeere nebenan sind zusammensteckbar, die Klingen verkürzt, sodass sie in einen Koffer passen, die Flaschenkürbisse werden von fremden Brandmustern bedeckt, auch die Schmuckstücke verraten durch Bestandteile wie Spiegelglas, dass sie nicht aus einem Massaikral stammen. Zunehmend scheuß-

Wie links zu sehen ist, haben durchaus nicht alle Massaifrauen Spaß am Handel mit Touristen, wenn sie die Not dazu zwingt. Das Gesicht der rechts abgebildeten Händlerin trägt Spuren der Behandlung mit einer erhitzten Flaschenöffnung – die kreisrunden Narben sollen den Bösen Blick irreführen.

licher wird es in den Verbindungsgängen, in denen tonnenweise hölzerne Skulpturen stehen: Massaifrauen mit irrwitzigen Ohrgehängen und entblößten Brüsten, Krieger in den absonderlichsten Stellungen, bedeckt von einfallslosem, hinderlichem Zierrat. Offenkundig, dass die nicht sonderlich begabten Schnitzer gut mit schwarzer Schuhpolitur umgehen können, aber ein Massaibild vermitteln, das fern von der Savanne entstand. Den Umsatz scheint das kaum zu beeinträchtigen, gut verkauft sich, was fremdartig, schwer und schwarz ist. Wer es farbig mag, der kann eine der Leinwände erwerben, auf denen Massai als Strichmännchen – seit einigen Jahren sind an Spinnen erinnernde Krieger Mode – mit ihren Speerlein fuchteln. Oder Massai als Buchstützen, Kerzenhalter, Schachfiguren, alles hübsch bemalt, Massai mit und ohne Flöten – kein Massaihirte hat jemals Flöte gespielt –, mit Bogen, Schwertern, Schilden auf Papierservietten, Tischdecken, Teetassen. Was da stattfindet, ist die Aneignung des Fremden zur Hebung des eigenen Ansehens. Zwischendrin die ostafrikanische Tierwelt vom bunt angemalten Perlhuhn bis zum Elefanten in Kühlschrankgröße.

Mancher mag an solchen Orten so unschlüssig umherirren wie der Autor, als er auf mehreren sogenannten Maasai Markets vergeblich nach einer Darstellung des heiligen Berges oder nach Massai suchte, die nicht aus Holz waren. Denn andere Tansanier nutzen häufig den Massaimythos, um Kundschaft anzulocken, aber solche Angebote enttäuschen. Handel gehört nicht zu den Tätigkeiten, die von Massaimännern geschätzt werden. Ihre Frauen hingegen sieht man oft Glasperlenschmuck anbieten, und sie betreiben sogar mehrere

Auf sogenannten Massaimärkten wird man fast immer nur hölzernen Massai begegnen. Der Wirklichkeit näher sind dagegen solche überaus seltenen Darstellungen von Hungernden, die freilich zum Glück nicht derart abmagern wie die in Mode gekommenen spinnenbeinigen Massaikrieger auf den Gemälden der Tinga-Tinga-Maler.

Im Januar 2008 – hier geht jemand vom Nordkraterrand südwärts – war noch nicht viel Asche aufgehäuft. Kaum ein halbes Jahr später hatte der Vulkan die Normalroute so steil zugeschüttet, dass man nur mit Mühe einen Standplatz fand.

Genossenschaften, von denen der Schmuck hergestellt und vertrieben wird. Die Männer jedoch erscheinen zumeist nur als Viehhändler, und ganz wenige sind als Diamantenhändler in den Minen von Mererani tätig, wo man munkelt, sie seien besonders unnachgiebige Geschäftspartner. Auch in solchen Rollen kommt ihnen der Mythos vom unbeugsamen Krieger zugute und erklärt vielleicht, weshalb traditionelle Heilmittel auf den einheimischen Märkten hervorragende Umsätze erzielen, sobald sie von Massai angeboten werden. Mit der Arznei, deren Zusammensetzung von der Tanzanian Food and Drug Administration sicherlich nicht gebilligt wird, glaubt mancher etwas von der Stärke und vom Mut jener aufzunehmen, die angeblich noch immer Löwen die Stirn bieten. Massaimänner, die sich um Beschäftigungen als Nacht- oder Parkplatzwächter oder als Ordner in einer Diskothek bewerben, kommen deshalb mit sehr knappen Bewerbungen aus: «Ich habe einen Löwen getötet!»

Bis zum Beginn der neunziger Jahre spielte der Gottesberg im Tourismusgeschäft kaum eine Rolle. Lediglich Wissenschaftler, Vulkanenthusiasten und vereinzelte Touristen suchten ihn auf, bevor er in die Angebote größerer Reiseunternehmen aufgenommen wurde. Unsere Faszination angesichts wüstenhafter Landschaften wie die um den Natronsee und den Oldonyo Lengai – es gibt dort nur mörderische Hitze, geschwärzte Vulkanberge, Mondkrater, an weißen Salzufern Ballett tanzende Flamingos und hin und wieder Zebras, Giraffen oder die Vogelwelt an den Zuflüssen – scheint seither ebenso gewachsen zu sein wie jene für Pilgerreisen: Während eines vierwöchigen Aufenthaltes in der Gipfelzone zählte Frederick Belton 2004 nicht weniger als 243 Touristen sowie 110 einheimische Bergführer und Träger, wobei ihm eine beträchtliche Anzahl entgangen sein mag und jene ungezählt blieben, die den Aufstieg wegen Erschöpfung oder Höhenangst aufgaben. Besonders entsetzt zeigte Belton sich von dieser Begegnung: «Ich sah etwas, das ich im Krater niemals erwartet hätte. Eine Europäerin posierte mit ihren beiden kleinen Kindern neben einem erloschenen Ausbruchskegel, während der Vater sie fotografierte. Das erschien unglaublich fehl am Platze, etwa so, als ob man Disneyland auf den Mond versetzt hätte. Dieser ‹Schnappschuss-Augenblick› zeigt, wie sprunghaft der Tourismus während der letzten drei oder vier Jahre zugenommen hat. Als die Familie gegangen war, sagte Martin [...], schon morgen würde wahrscheinlich jemand in hochhackigen Schuhen hier auftauchen.»

353 Aufgestiegene in 30 Tagen – das sind durchschnittlich nur zwölf pro Tag, aber Belton sah einmal auch 40 Leute zugleich im Nordkrater umhergehen. Sofort wurden in jenem Jahr die Zeltgebühren von der Massaikommune Engare Sero auf 20 Dollar pro Person und Nacht angehoben. Das war nicht viel und den Menschen durchaus zu gönnen. Sie haben dafür auf dem am nächsten gelegenen Campingplatz eine Wasserleitung verlegt sowie Toiletten und Duschen gebaut. Allerdings, der Oldonyo Lengai kann jetzt kaum noch vermarktet werden, denn nach den Ausbrüchen von 2007 und 2008 liegt Asche so hoch

und steil auf der Normalroute, dass der Aufstieg zumindest für Mütter mit Kindern nicht mehr möglich ist, und die Simba-Route ist alles andere als ein Ausflugsobjekt. Es wird einige Jahre und Regenzeiten dauern, bis das nächste Familienfoto auf dem heiligen Berg der Massai aufgenommen werden kann. Schon im November 2007, kurz nachdem der letzte Ausbruch begonnen hatte die Normalroute mit Asche zu überschütten, ist selbst ein gewandter Bergführer namens Amari unterhalb der Pearly Gates abgestürzt und mehr als hundert Meter den Hang hinabgerollt, bis ihn ein Felsen aufhielt. Zum Glück ging dabei nicht mehr als die von Amari getragene Kameratasche verloren, und das von ihm geführte halbe Dutzend junger Männer verzichtete nun weise auf den weiteren Aufstieg.

Auf einen Film, der sich dem Gottesberg und den Massai zuwendet, auf die «Reise zum Berg des Schwarzen Gottes» von Michael Albus, ist zuvor schon ausführlicher eingegangen worden. Eine Wallfahrt zum Oldonyo Lengai zeigt neben den Naturschönheiten der Umgebung auch «Massai-Stolz. In den Schluchten Ostafrikas» (The World of GEO, USA 1995), während «Wunder der Erde – Zum Lengai, dem heiligen Berg der Massai» (Ernst Waldemar Bauer, D 2004) oder die Folge 10 aus der Reihe «Auf den Vulkanen der Welt» des Franzosen Guy de Saint Cyr allein dem Berg gewidmet sind. Hier kann ohnehin nur von sachlichen Dokumentarfilmen die Rede sein, nicht von Massaioperetten, in denen Massai die Rolle von würdelosen «Fröschen», von Tänzern am Wegrand spielen. Die Ausnahme bildet «Masai. The Rain Warriors» (Pascal Plisson, F 2004), ein Spielfilm, der von der Jagd nach einem mythischen Löwen erzählt, die den Regen herbeibringen soll. Plissons Darsteller sind wirkliche Massaikrieger, die auch Maa sprechen – der Wortlaut erscheint in Untertiteln. Er gewinnt dadurch trotz mancher Zugeständnisse an einen befangenen Publikumsgeschmack – Plisson hat in Kenia gelebt, weiß also, dass sie keine Jäger sind, und lässt die Massai dennoch eine Gazelle jagen – Wahrhaftigkeit und erreicht, dass der Zuschauer sich den Darstellern zugehörig fühlt und die Landschaft empfindet.

Hervorragende Dokumentarfilme über die Massai gibt es in erheblicher Anzahl, manche sind Früchte Jahre währender Arbeit. Obgleich ihre Sichtweisen ganz verschieden sind, seien als Beispiele «The Woman's Olamal» (Melissa Llewelyn-Davies, GB/USA 1985) in Spielfilmlänge und nicht nur deshalb überragend, «Mama Massai – Brücken über die Steppen» (Johannes Rosenstein, D 2007) über das Achtung gebietende Wirken der Missionskrankenschwester Angelika Wohlenberg, die seit einem Vierteljahrhundert unter Massai tätig ist, sowie «Der letzte Krieger» (Bernd Mosblech, D 1996) genannt. Fraglos ist es schwer, Produzenten für solche Darstellungen zu finden, die auf Spektakel verzichten und sich einem Alltag widmen, der den Zuschauer mit den Massai verbinden kann. Denn, so sagen es ja auch die Massai, «einer Kuh, die nicht schreit, bringt niemand Wasser».

«Mehr als auf jedem anderen Boden ist man auf der afrikanischen Erde nur Gast, schlägt vorübergehend sein Lager auf, und selbst die Dörfer sehen aus, als seien sie nur eben hingestellt und wollten weiterwandern. Jeder von uns wird hier einmal belehrt, wie unbedeutend er ist ...»

Romain Gary, «Die Wurzeln des Himmels»

«Ich reise um des Reisens willen. Worauf es ankommt, ist in Bewegung zu sein, die Nöte und Haken unserer Existenz unmittelbarer zu spüren, aus dem Federbett der Zivilisation zu steigen und zu entdecken, dass die Erde unter den Füßen aus Granit besteht und mit schneidenden Kieseln übersät ist.»

Robert Louis Stevenson, «Reise mit dem Esel durch die Cévennen»

DAS HOCHLAND
DER RIESENKRATER

Genug. Ich will den Knochenmann nicht mehr sehen, schon gar nicht mehr diese albernen Flamingos, die vor uns herumhüpfen und dann doch immer wieder auffliegen, sobald man sich nähert. Unbeholfen wie ein Tanzbär stehe ich hier, mit Brocken aus teergleichem Schlamm an den Schuhen. Unter einer Sonne, die Fleisch frisst. Überall Salz, nadelfein hervorgekrochen aus dem rissigen Schlamm.

Weit hinter uns klettern die Kinder auf dem Auto herum und lärmen wie eine Schulklasse. Ihr seid das Salz der Erde, kommt es mir in den Sinn.

Joseph dreht sich um – wie hat er bemerkt, dass ich stehen geblieben bin?

«He, der Knochenmann liegt dort vorn!», ruft er.

Ich winke ab. Er lacht, das Schmuckgehänge aus Perlen tanzt. Es sieht aus wie ein Paar weißer Brüste, dazwischen eine Speerklinge. Der Schmuck eines verheirateten Mannes.

Er wendet sich zum Vulkan, aus dem eine Dampfwolke in den blank geputzten Himmel aufsteigt. Wie es scheint, sinnt Gott darüber nach, was er nun mit diesem Teil der Welt beginnen wird.

Joseph wirft jubelnd die Arme hoch und schreit: «Engai, Engai!»

Im Tal der schwarzen Winde und ätzenden Seen

«Hierher kommt der Teufel, wenn er traurig ist ...»

Engais Heimstatt in der Ansicht vom Südufer des Natronsees.

Wer das Glück hat, an einer Safari im Norden Tansanias teilzunehmen, der beginnt die Reise gewöhnlich in Moshi oder Arusha. Von dort führt eine Straße nach Westen, in die Richtung, in der die Serengetisteppe und der Ngorongoro-Krater liegen. Dabei werden die Fahrgäste bald des Anblicks überdrüssig, der sich ihnen beiderseits darbietet: nackte Vulkanberge, staubige Schirmakazien, verdorrte Grasflächen. Erst in Makuyuni, wo bisweilen getankt wird, kommt wieder Leben in die Reisegruppe, denn hinter der Tanksäule, an die sie ihre Fahrräder gelehnt haben, kauern die ersten Massai: junge Männer, aus Colaflaschen trinkend, gekleidet in rot karierte Umhänge, unter denen man perlenbestickte Gürtel und Kurzschwerter in roten Lederscheiden erkennt. Das Fahrzeug mit den Touristen, nur drei Schritte entfernt, scheinen sie nicht zu sehen, neben ihnen liegen griffbereit Keulen aus schwarzbraunem, glänzendem Holz. Nun überkommt manchen die Versuchung, nach der Kamera zu greifen, obwohl der Reiseleiter vor wütender Abwehr und vor Steinwürfen gewarnt hat. Noch lassen die Männer es bei verärgerten Zurufen: «Hapana, hapana!» Nein, nein! Ratsam ist es, das Fotografieren bis zur Raststätte aufzuschieben, wo gleich Scharen von Massaifrauen herbeilaufen und Glasperlenschmuck feilbieten werden.

Die Eintönigkeit endet, es folgt das bunte Mto wa Mbu, der Ort am Moskitofluss, und vor allem, wie eine Felsklippe über die Ebene aufragend, das Hochland der Riesenkrater. Unterhalb der Straße liegt salzig starr der Manyarasee in Schwindel erregender Weite. Darüber krallen sich Affenbrotbäume und Kandelabereuphorbien in die Hänge und versuchen vergeblich, die Höhe zu erobern, weichen schließlich dem Buschwerk. Kaum jemand hat bemerkt, dass es zuvor abwärts ging – schon gar nicht vor wenigen Jahren, als die Straße noch aussah, als ob sie wochenlang bombardiert worden wäre.

Jetzt führt die Fahrt steil hinauf. Was der Reisende dort vor sich sieht, ist die westliche Schulter einer Grabenzone, einer Abzweigung des Ostafrikanischen Grabens: eines langen Risses in der Erdkruste, dessen Spur vom Malawisee im Süden Afrikas bis zum Roten Meer und noch viel weiter nordwärts reicht. In Tansania und Kenia wird diese parallel zum Großen Afrikanischen Graben verlaufende und südlich vom Eyasisee endende Abzweigung Rift Valley genannt. Wörtlich heißt das Riss- oder Spalttal, zu Deutsch Grabenbruch. Gebräuchlich ist auch die an den britischen Geologen und Forschungsreisenden John Walter Gregory erinnernde Benennung Gregory Rift. Aufgetan hat sich der Bruch vor

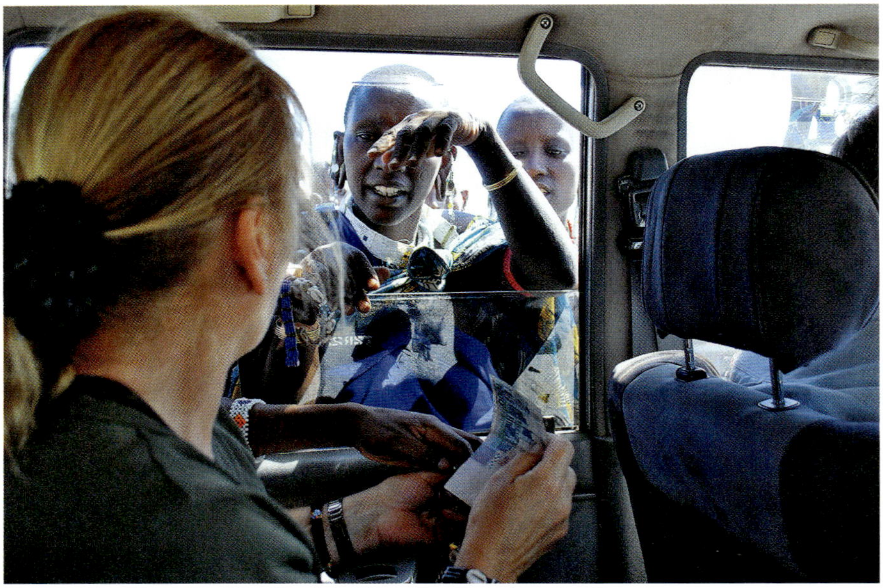

Jede Reisegruppe begegnet im Norden Tansanias bald den Schmuckhändlerinnen der Massai.

vielen Millionen Jahren in einer Zeit, in der noch nicht einmal unsere fernsten Urahnen davon hätten erschreckt werden können. Damals suchte Lava aus dem Erdinneren am Rand der Bruchzone einen Weg an die Oberfläche, dann türmten sich über den Rissen Vulkankegel auf. Einer der höchsten davon war der Ngorongoro, von dem Geologen vermuten, er sei fast so hoch wie das Kilimandscharomassiv gewesen, bevor ein explosiver Ausbruch ihn halbierte. Das mag vor vielleicht zwei Millionen Jahren geschehen sein. Die Explosion verwandelte damals den Vulkanberg in eine Caldera. Man stelle sich das vor: eine Explosion, so gewaltig, dass Millionen Tonnen Gestein himmelwärts flogen, dazu mörderische Stein- und Schlammlawinen, die Hänge hinabdonnernd, rasend beweglich im Wasser der geschmolzenen Gletscher. Zudem formte etwa in jener Zeit eine neuerliche Verwerfung die Gestalt des heutigen Rift Valley, an dessen westlicher Schulter im hier besehenen Abschnitt später die Vulkane Ker Massi (Kerimasi) und Oldonyo Lengai emporwuchsen.

Weil aber jenes Hochland Schauplatz der nächsten Kapitel ist, folgen wir einer Reisegruppe, die in Mto wa Mbu nach Norden abbiegt und damit auf eine Schotterstraße gerät, die in den Grabenbruch hineinführt. Der somit einsetzende Verlust der Bequemlichkeit mag Gedanken an das Dasein unserer urtümlichsten Ahnen zuträglich sein. In der Tat soll der Verlauf unserer Entwicklung eng mit der des Rift Valley verknüpft sein: Eine verbreitete Theorie besagt, damalige tektonische Vorgänge und der Vulkanismus sowie damit einhergehende Klimaveränderungen hätten Menschenaffen buchstäblich von den Bäumen geschüttelt und sie zum aufrechten Gang gezwungen. Einmal in die Savanne verjagt, mussten sie Vorräte sowie vor allem ihren Nachwuchs tragen. Da lief es sich schlecht auf allen vieren, und die Hände waren nun kostbar, dien-

Der steil abfallende Grabenbruch in der Nähe des Manyarasees – rechts oben eine Hotelanlage.

ten zum Graben nach Wurzeln, zum Schneiden von Fleisch, das sich vorerst fand, wenn man Geiern folgte, zum Aufschlagen von Knochen. Der Blick in die offene Landschaft bildete den Gesichtssinn vollkommener aus, der Weg zwischen den weit auseinanderliegenden Nahrungsquellen erforderte Nachdenken, Kommunikation und Voraussicht: also unsere hervorragendsten Fähigkeiten.

Deutlicher wird jetzt die Gestalt des Grabens. Weniger im Osten, wo die Schulter mit geringem Böschungswinkel ansteigt und häufig von Affenbrotbäumen und von an Kakteen erinnernden Euphorbien bewachsen wird, klar erkennbar im Westen, wo eine um einen halben Kilometer hohe Wand mit dunklen Lava- und helleren Tuffschichten auf die vulkanische Natur der Landschaft weist. Davor benagt eine Giraffenherde Schirmakazien, knabbert ein wenig an den Trieben und zieht weiter. Wie sinnreich – sie könnten sonst das spärliche Blattwerk ausmerzen und die Bäume zerstören. Aber Giraffen sind zur Voraussicht nicht fähig, stattdessen wirkt dort ein kompliziertes Zusammenspiel. Die Evolution hat nicht nur der Giraffe den langen Hals beschert, sondern gleichzeitig das Überleben der Schirmakazie begünstigt: Wissenschaftler fanden heraus, dass der Baum in erhöhtem Maße den Bitterstoff Tannin in seinen Kreislauf pumpt, sobald er beknabbert wird. Seine Triebe und

Das Blattwerk von Akazien ist eine bevorzugte Kost der Giraffen.

Rechte Seite: Die schönen Gelbrindenakazien waren lange Zeit als «Fieberbäume» verschrien, weil sie an feuchten Orten wachsen.

Blätter werden damit ungenießbar. Überdies sondert er ein Äthylengas ab und warnt damit seine in der Windrichtung stehenden Nachbarn, die nun ebenfalls ihre Tanninproduktion erhöhen.

Neben dem Akazienhain weiden Zebras, und ein verängstigter Strauß läuft mit dem Auto um die Wette. Er ist schwarz gefiedert, also ein Männchen, seine Federn werden vielleicht einmal den Kopfputz eines Massaikriegers schmücken. Der Wettlauf bringt die Reisenden von der Frage ab, ob der Grabenbruch entstand, weil sein Grund einsank, oder ob seine Schultern gehoben wurden. Nun, in diesem Grabenabschnitt geschah beides, wenngleich alles mit dem Riss in der Erdkruste begann. Irgendwann mag sich hier einmal zutragen, was sich weit im Norden, dort, wo heute das Rote Meer liegt, bereits ereignet hat: Durch die Danakilsenke wird der Ozean eindringen, den Grabenbruch füllen und ganz Ostafrika vom Kontinent abtrennen, ein zweites, ein riesiges Madagaskar schaffen. Der Oldonyo Lengai könnte dann zu einem von bunten Fischen umschwärmten Korallenriff werden, aber bis dahin bleibt noch etwas Zeit.

Er ist inzwischen schon zu sehen, der Gottesberg, in dieser Ansicht fahlbraun mit ein wenig Zuckerguss obendrauf. Links von ihm liegt der gleichsam mit dem Hochland der Riesenkrater verschweißte Ker Massi, zur Rechten ragen die faltigen Kitumbeinehänge und der mit Kratern wie von Pocken übersäte Gelai vom Grund des künftigen Meeres auf. Aber als Ausblick auf einen heiligen Berg erscheint das etwas dürftig. Carl Uhlig fand dafür selbst in einer nüchternen wissenschaftlichen Veröffentlichung folgende Worte:

«Abgesehen von den vier Stunden um Mittag, erzeugt die Sonne in den scharf eingeschnittenen Schluchten des Berges tiefe Schlagschatten. Sie beleben das Bild kaum weniger als die eigenartigen, je nach der Beleuchtung wechselnden Farben. Deren zarte Unterlage ist das sehr zurücktretende Graugrün der Vegetation, das in den tieferen Teilen der Hänge, zumal in der langen Trockenzeit, graugelben Tönen Platz macht. Hieraus zaubert die Sonne bald gelbrote,

Die westliche Grabenwand, gesehen vom Fahrweg zum Oldonyo Lengai. Unten der Rand eines gewaltigen eingesenkten Kraters: Es ist Carl Uhligs Schwalbenkrater mit dem dahinterliegenden Ker Massi.

bald warm braune, bald schwarzgraue, bald violette Farben, die oft so grell sind wie bei einem billigen Farbendruck.

Auch je nach dem Abstand vom Beschauer wechseln die Farben, denn die Ebenen rings sind den größten Teil des Jahres von einem feinen Staubschleier überlagert. Entfernt man sich über 15 km, so verblassen alle Farben, und graugelbe Töne herrschen vor. Aber überall in dem weiten Seebecken und seiner Umrandung zwingt der Oldoinjo Lengai die Blicke und Gedanken in seinen Bann. Auch an vielen Punkten außerhalb des Magadgebietes [Uhlig nannte den Natronsee Magad] ist die Gestalt des Berges auffallend sichtbar, vom östlichen Teil des Engarukabeckens, vom Gebirgsland Matiom im Osten, auf etwa 100 km Abstand vom Sonjo-Hochland und von der Serengetisteppe aus.»

Der Landstrich ist wüstenhaft geworden, nur vereinzelt stehen Schirmakazien auf dürren Beinen im verdorrten Gras, bisweilen kauern auf den Felsen bleiche Gewächse, die man für kleine Affenbrotbäume halten könnte. Es sind aber Wüstenrosen: Neben den vielen Schlangen das Giftigste, das diese Landschaft zu bieten hat. Man vermag sich nicht vorzustellen, dass es hier einen Frühling gibt, und dennoch ist es so. Auch diese Erde birgt Blüten und kann lächeln. Kilometer trennen nun die letzten Akazien, hin und wieder erscheint ein gebeugter Dornbusch, dann folgt nur noch Grasbüschelsteppe. Beiderseits gähnen die Mäuler erloschener Krater, manchmal ohne Übergang eingesenkt in den Steppenboden und vereinzelt mit Durchmessern von einem halben bis zu einem Kilometer – eher den Einschlägen von Kometen oder Meteoriten gleichend. Am eindrucksvollsten davon ist vielleicht der steilwandige, 150 Meter tiefe Loolmurwak, im Swahili Shimo ya mungu genannt, was sowohl Grube, Krater, Abgrund, ja sogar Spur Gottes bedeuten kann. Auf Carl Uhligs Karte, auf der man sich immer noch leicht zurechtfindet, weil seine Reiseroute mit der heutigen Fahrspur übereinstimmt, trägt er den Namen Schwalbenkrater.

Schwermütig, spröde wirkt das Bild, die Farben Schwarz und Grau herrschen vor. Schwarz sind die Winde und selbst – wenn der Oldonyo Lengai ausbricht – der Regen, schwarz ist der Sand, den der Fachmann Asche nennt, weil er von Vulkanen ausgeworfen wurde, schwarz und grau sind die Bänke aus Lava und Tuff sowie die kleinen und großen Steine, die weithin herumliegen und entweder wie Lawinen von den Vulkanhängen herabdonnerten oder geflogen kamen, wenn es hier Steine regnete: im verbrannten Land der Wüstenrosen, in der Ebene der schwarzen Stürme, in der verkohlte Stümpfe meist die einzigen Blumen sind. «Wir erschrecken, auch hier den Menschen angesiedelt zu sehen», hat ein Dichter angesichts einer ähnlich abweisenden Landschaft gesagt.

Denn da sind sie schon: schwarzbraune Gestalten, die Speere geschultert, kaum wahrnehmbar in der Staubwolke, die von einer Herde Buckelrinder aufgewirbelt wird, deren Glockengeläut herüberschallt. Die nächsten Massai stehen dann – diesmal ohne Speere – an einem Schlagbaum, neben dem ein Schild

Ausblühender Salzteppich am Natronsee.

Rechte Seite: Flamingoschwärme folgen Wanderbewegungen, sind aber zu wechselnden Zeiten an allen salzigen Seen Ostafrikas anzutreffen. Unten die rissige Uferzone am Natronsee, im Hintergrund der Gelai.

verkündet, jeder Reisende habe fünf Dollar Durchfahrtgebühr zu entrichten. Wer bedenkt, dass der Fahrweg nach der Regenzeit geebnet oder wie im Sommer 2008 mit einem Bulldozer von vulkanischer Asche befreit werden muss, dem wird das nicht zu viel sein. Er wird jetzt ohnehin abgelenkt vom Ausblick auf den Natronsee, ein um 600 Quadratkilometer bedeckendes, abflussloses Gewässer, das sich hier meerblau und weiter nördlich im Weinrot der Algenkolonien darbietet. Es ist Brutplatz für zweieinhalb Millionen Zwergflamingos und einer der schrecklichsten, aber auch an Wunderdingen reichsten Orte der Erde. Oft werden im Schlamm 65 und mehr Grad gemessen, das gemeinhin 40 Grad heiße, alkalische Wasser ist ätzend. Salzbänke, rosa Schollen und Schneeflächen aus Salz sowie die großen Pfannkuchen gleichenden Ausblühungen säumen das Ufer oder treiben auf dem seichten See. Piloten überfliegen ihn ungern und tun gut daran, dabei den Höhenmesser nicht aus dem Blick zu lassen. Denn ein mörderisches Zusammenspiel der flachen Uferlandschaft, der Färbung, der Spiegelung und des Hitzeschleiers vereint sich zu einer optischen Täuschung, die sonst nach unten zwingt. In jedem Jahr sind die nördlichen und südlichen Ufer mit toten Zugvögeln übersät, die Opfer solcher Gaukelei wurden. Im Dezember 2007 ist dem Piloten eines tansanischen Militärhubschraubers, der ein Filmteam über den See flog, dasselbe geschehen. Plötzlich – soeben hatte man noch den Oldonyo Lengai und eine sichelförmig dahingleitende Flamingoschar gefilmt – berührte eine Landekufe den Wasserspiegel und sogleich den Grund. Die acht Männer an Bord hatten Glück: Herbeigeeilte Massai trugen zwei Schwerverletzte zum Ufer, während im Hintergrund der noch voll aufgetankte Hubschrauber explodierte, und zufällig war überdies eine Reisegruppe deutscher Ärzte in der

Nähe. Weiter draußen hätten wenige Stunden genügt, um den Verunglückten das Fleisch von den Knochen zu ätzen, aber wahrscheinlich wären sie zuvor von einem Hitzschlag erlöst worden.

Ein Marsch zu Fuß, selbstverständlich in Gummistiefeln, kann ebenfalls tödlich enden. Leslie Brown, ein außerordentlich starker Mann, Ornithologe und erprobter Wattläufer, gewann diese Erfahrung, als er Flamingobrutstätten am Ostufer erforschen wollte. Er hat den Tag, an dem er sich in glühender Hitze durch das schaumige rosa Flachwasser voller toter Heuschrecken kämpfte, nie vergessen. Vom klebrigen Schlamm entkräftet, gab er gerade noch rechtzeitig auf und wandte sich wieder seinen Wegzeichen, dem Gelai und dem Oldonyo Lengai zu. «Wäre ich nicht ein so kräftiger Mann und erfahrener Schlammwanderer gewesen, dann läge ich wohl heute noch dort. Mein Fleisch wäre von den Knochen gefallen, und mein Skelett steckte im Schlamm. Zwei Dinge trieben mich voran: erstens der Gedanke an die Scheußlichkeit eines solchen Todes und zweitens die Wut über meine eigene Dummheit.» Brown überlebte, aber seine Beine waren wund und voller Blasen, weil Wasser in seine Stiefel eingedrungen war. Drei Tage lag er im Krankenhaus im Koma, später mussten Hauttransplantationen vorgenommen werden.

Die Massai an den Ufern teilen solchen Forscherdrang nicht. Sie glauben, die Flamingos würden vom See ausgebrütet, und das trifft in gewisser Weise sogar zu: Brütende Tiere, die in überaus unbequemer Haltung auf ihren aus Schlamm geformten Nistkegeln hocken, können ihr Gelege lange Zeit verlassen – es ist schließlich heiß genug. Am Natronsee brüten nur Zwergflamingos, also die kleinen, rosafarbenen, denen man in unseren Zoos eine Substanz unter das Futter mischt, damit sie ihre natürliche Färbung behalten, nicht die großen weißen, mit etwas Rot und Schwarz am Gefieder. Sie seihen Algen aus der ätzenden Brühe, drücken das salzige Wasser mit der Zunge aus der Nahrung – um zu trinken, fliegen sie zu den Zuflüssen. Ihre größeren Verwandten dagegen ernähren sich in weniger salzigen Seen von Schalentierchen. Das Märchen von den jungen Flamingos - kleine graue Flaumknäule, die der See ans Ufer schwemme - erzählen die Massai jetzt auch den Reisenden, denen wir bis hierhin gefolgt sind. Vor ihnen liegt nun nach einer Wanderung ein erfrischendes Bad im weichen, kaum salzigen Nass des Engare-Sero-Wasserfalles, der aus dem Hochland der Riesenkrater herabstürzt.

Zurück bleibt der Natronsee mit seinen absonderlichen Mustern im Schlamm, mit bizarren Salzformen und vielen Geheimnissen. So ist bisher ungeklärt, woher die Masse ätzender Bestandteile in seinem Wasser stammt. Der Sodaanteil in den Zuflüssen erscheint nicht groß genug, um die hohe Konzentration von Natriumkarbonat in der giftigen Suppe zu erklären. Einige Geologen vermuten unterirdische Salzbänke, die von Wasseradern durchströmt werden. Das könnte gleichermaßen erklären, weshalb auf dem Oldonyo Lengai «Sodaschlamm» austritt.

Der Blick des Forschers auf den Natronsee

Blick vom Sambu zum Shompole, Fotografie von Carl Uhlig (1904).

Im September 1904 sah Carl Uhlig vom Oldonyo Sambu (2042 m), den er gemeinsam mit Fritz Jaeger als erster Europäer bestiegen hatte, auf den Natronsee herab. Seine Worte verraten etwas von der Poesie des Forschens:

«Die Aussicht vom Sambu ist von geradezu überwältigender Großartigkeit und Schönheit. Die weite Seefläche strahlt in blendendem Sonnenschein, rings umrahmt von den gewaltigen Kegelbergen, dem Rand der Bruchstufe, der sich längs des ganzen Westufers überblicken lässt, und dem weit in den See vorgeschobenen Deltaland des Pinyinyi. Dahinter erheben sich im Süden immer weitere Einzelbergformen, ebenso im Osten, wo der Longido und der dunkle Oldonyo Orok auftauchen. Ist der Horizont etwas klarer, so kann man auch den Mount Kenya sowie den Kilimandscharo und Meru erkennen. Das ganze Bild ist von märchenhaft strahlender Helligkeit, und seine Farben sind die der Subtropen. Den malerischen Mittelpunkt des Landes im Vordergrund bildet der Shompole. Zwischen seinem Fuß und unserm Standpunkt wirkt die Farbenpracht der Seefläche am stärksten. Sie ist vielleicht das Packendste an dem ganzen Bild. Das scharf salzige Wasser des Sees hat ein tiefes und doch leuchtendes Blau. Weiß von ausgeschiedenen Natronsalzen ist der Rand am Nordufer. Weiter südwärts erstreckt sich eine gewaltige weiße Fläche quer über den ganzen See, nach Südosten gegen den Gelai hin. Südlich des frischgrünen Sumpflandes der Ebene des unteren Ewaso Ngiro zeigen sich die blitzenden Serpentinen des Flusses und seine

Der Natronsee und ein Teil seiner Umgebung im mittleren Norden Tansanias.

Mündungsarme. [...] Landeinwärts des weißen Streifens schließt sich grauer, völlig vegetationsloser Seeboden in wechselnder Breite an. Bis hier herauf kann man deutlich die Menge der Tierfährten erkennen, die ihn in allen Richtungen durchkreuzen. Weiterhin grenzt das flachhügelige Steppenland an mit seinen gelblichen Tönen. Die spärlichen Dornbüsche und noch selteneren kleinen Schirmakazien erscheinen in der senkrechten Mittagsbeleuchtung durch ihre eigenen Schatten wie dunkle Punkte. Auf der Nordlagune des Sees treiben weiße Salzschollen umher, kaum zu unterscheiden von den Spiegelbildern der Kumuluswolken. Dazwischen tummelt sich eine reiche Vogelwelt. Fast am ganzen Rand des freien Wassers, ausgenommen im Norden, wo die genannten Flüsse münden, schiebt sich zwischen das blaue Wasser und den weißen Rand ein dunkel rosafarbener Streifen, der sich ebenfalls gegen den Gelai hin zu einer weiten Fläche verbreitert. Es ist das rote Salz des Natronsees, überzogen von einem feinmaschigen Netz weißer Fäden, das vorläufig rätselhaft bleibt.»

Aus: «Die Ostafrikanische Bruchstufe ...»; Uhligs topografische Benennungen wurden durch heutige ersetzt.

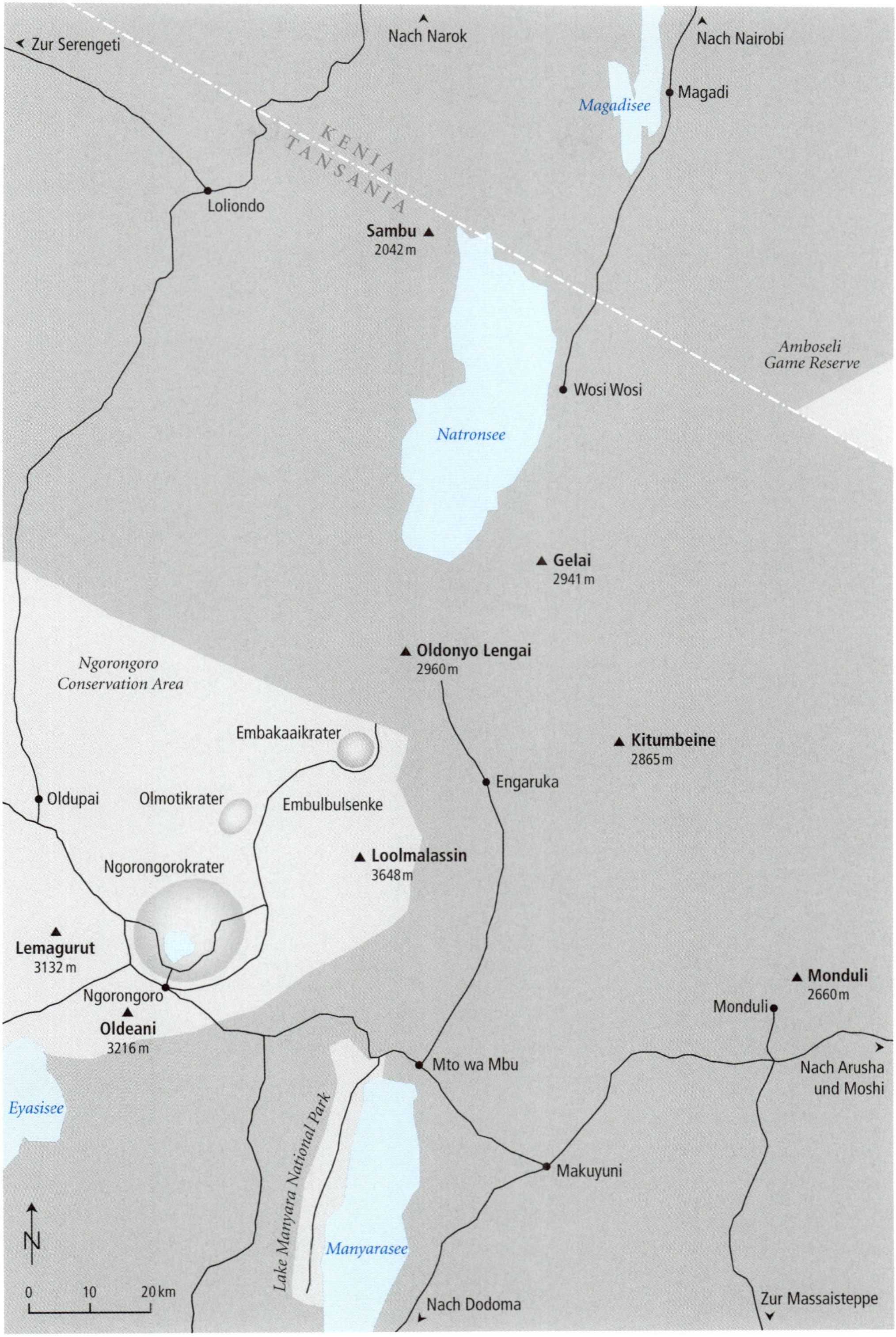
Zur Serengeti
Nach Narok
Nach Nairobi
Magadi
Magadisee
KENIA
TANSANIA
Loliondo
Sambu
2042 m
Amboseli
Game Reserve
Wosi Wosi
Natronsee
Gelai
2941 m
Oldonyo Lengai
2960 m
Ngorongoro
Conservation Area
Embakaaikrater
Kitumbeine
2865 m
Engaruka
Oldupai
Olmotikrater
Embulbulsenke
Loolmalassin
3648 m
Ngorongorokrater
Lemagurut
3132 m
Monduli
2660 m
Ngorongoro
Monduli
Oldeani
3216 m
Mto wa Mbu
Nach Arusha
und Moshi
Eyasisee
Lake Manyara National Park
Makuyuni
N
Manyarasee
0
10
20 km
Nach Dodoma
Zur Massaisteppe

Unten im Krater wirbeln noch Schwaden des Morgennebels. Goldgelbes Gras wird sichtbar, blaue Hügel und Hänge mit Wolkenmähnen, der glitzernde Salzsee Makat, die fleckigen Stämme der Fieberbäume im Leraiwald, die trübe Sumpflandschaft Gorigor Swamp. Hunderte, vielleicht tausend Weißstörche habe ich dort einmal gesehen: nach langem Flug ermüdet und dicht gedrängt im Wasser stehend, weil es nicht genug Bäume gab, um sie alle aufzunehmen. Am Makat lauerten Goldschakale den Flamingos auf, und rosa Federbüschel im Salz verrieten, wie erfolgreich sie waren. In der Steppe hinter Siedentopfs Farm jagten Hyänen ein Nashornkalb und bissen ihm den Schwanz ab, bevor die Kuh sie verjagte. Schlanke Löwinnen, Narben von Büffelhörnern auf den Schenkeln, sahen von einem Hügel zu. Tonnenförmige Flusspferde grasten neben Büffeln, die sich in grauem Schlamm gesuhlt hatten und wie wandernde Marmorskulpturen aussahen. Ein Gepard lag zwischen seiner fressenden Nachkommenschaft, den zitternden Lauf auf einer soeben gerissenen Gazelle. Elefanten zogen umher, alte Bullen, Hagestolze. Auch sie rastlos, zwei Drittel des Tages auf der Suche nach der halben Tonne Blätter, Zweige und Rinde, die sie nährt. Und wenn endlich die Dämmerung kam, die Zeit der Nebel und der Ruhe, musste man hinaus aus Noahs Arche.

Noahs Arche, Adams Schädel

Ein furchtloser Madenhacker begleitet im Ngorongoro-Krater eine Zebraherde.

Ein Reisebericht des österreichischen Forschers Oscar Baumann vermeldet für den 18. März 1892: «Gegen Mittag sahen wir uns plötzlich am Rande eines Steilabfalles und blickten in den oblongen Kessel von Ngorongoro hinab, eine alte Kraterruine, deren Westseite ein kleiner See einnimmt und deren grasige Sohle von zahlreichem Wild belebt ist. Wir stiegen steil zum Kessel ab und lagerten am Rand des Abfalles. Die Zelte waren noch nicht aufgeschlagen, als der Kameltreiber Mohammed ganz verstört erschien und meldete, das Kamel sei sterbend zusammengebrochen. Dieses treffliche Tier hatte in der letzten Zeit am Manyara und in der heißen Steppe nördlich davon sichtlich zugenommen. Das kalte Plateau jedoch und gar der feuchte Urwald waren zu viel für das arme Wüstenschiff, es bekam Bluthusten und schleppte sich nur mit Mühe vorwärts. [...] Abends umschlichen einzelne Massai-Krieger das Lager, wohl mit der Absicht, Vieh zu stehlen, doch verging die Nacht bei verstärkten Posten ruhig.»

Es mag manchen Leser seltsam berührt haben, dass sich ein Kamel in Afrika auf den Tod erkältete. Aber Baumanns Expedition befand sich in dem Augenblick, in dem er den Ngorongoro als erster Europäer sah, auf einem Punkt im Nordosten der Kraterumwallung, der nunmehr Baumann's Point heißt und um 2300 Meter hoch ist. Düsterer Bergregenwald erhebt sich dort, meist von Nebeln eingehüllt. Unter der Last von Flechten, Farnen, Luftwurzeln und Schlingpflanzen aller Art streben die Bäume ächzend zur Helle am Kraterrand, und es ist kalt: Solange Sonnenlicht nicht durch die Nebelwolken dringt, wird man kaum mehr als 10 Plusgrade messen. Darunter, im Mittel 610 Meter tiefer, liegt der Boden einer gewaltigen Caldera, deren größter Durchmesser 21 Kilometer beträgt. Sie ist damit nicht die allergrößte, aber die größte unversehrte und nicht überflutete Caldera der Erde. Berühmt, als «achtes Weltwunder» gepriesen und zum Ziel für Hunderttausende Touristen in jedem Jahr geworden ist sie allerdings aus einem anderen Grund: Auf 304 Quadratkilometern drängen sich dort nahezu alle Arten von Wildtieren zusammen, die in Ostafrika heimisch sind – Wüstenbewohner und Giraffen ausgenommen.

Im März 1892, als er den Ngorongoro-Krater für Europa entdeckte, war Oscar Baumann siebenundzwanzig Jahre alt und ein recht selbständiges Wunderkind der Afrikaforschung – wenngleich seine deutschen Geldgeber ihn ausgesandt hatten, den Verlauf einer Bahnlinie zum Victoriasee zu erkunden. Der Sohn eines Bankbeamten hatte früh die Sehnsucht verspürt, ein Forschungs-

Oscar Baumann (1864–1899)

Rechte Seite: Zuweilen stürzen Wolken wie Wasserfälle über die östliche Kraterwand herab.

reisender zu werden. Körperlich bereitete er sich darauf durch Bergwanderungen in Montenegro vor, geistig durch die Anhörung von Vorlesungen an der Wiener Technischen Hochschule und an der Universität. Topografische Kenntnisse erwarb er am Militärgeografischen Institut und zeichnete sich derart aus, dass er von 1885 bis 1887 als Topograf an einer von Oskar Lenz geführten Expedition zum Kongo teilnehmen durfte. Danach forschte er auf der Insel Fernando Póo und begab sich im Wintersemester 1887/88 nach Leipzig, um bei dem bedeutenden Geografen und Ethnografen Friedrich Ratzel zu promovieren. Dabei lernte er Hans Meyer kennen, mit dem er im folgenden Jahr durch Usambara zog. Die beiden wollten danach den höchsten Gipfel Afrikas besteigen, doch die Expedition endete im sogenannten Araberaufstand in Ketten. Seine größte, von 1892 bis 1893 währende Reise führte Baumann dann mit einer zweihundertköpfigen Karawane von Tanga in Landschaften westwärts von Arusha, die zuvor noch kein Forscher gesehen hatte. Er entdeckte Gebiete, die heute in jedem Jahr Touristen aus aller Welt nach Tansania locken: den Manyarasee mit salzverkrusteten, von Flamingos und Pelikanen umschwärmten Ufern und auf Bäumen lagernden Löwen, den wildreichen Ngorongoro-Krater, den Eyasisee, an dem die letzten Sammler und Jäger Ostafrikas umherschweifen, ehrwürdige, von Bergregenwäldern begrünte Vulkane, die Serengeti, von den Massai siringet genannt, «endlose Ebene», ein gräsernes Meer. Als er schließlich dem Ufer des Victoriasees folgte, taten sich vor Baumann Fabelländer auf, die nunmehr Ruanda und Burundi heißen, und dort wurde er von den Menschen als ihr endlich vom Mond zurückgekehrter König Makisavo gefeiert. Getrieben vom uralten Rätsel der Nilquellen, stand er im September 1892 jubelnd am Ursprung des Ruvuvuflusses. Seine hervorragenden Kartenaufnahmen, geografischen und völkerkundlichen Studien sowie ein halbes Dutzend Bücher bescherten ihm daheim große Anerkennung. Ein Hinweis darauf war unter anderem die Berufung zum österreichisch-ungarischen Konsul auf Sansibar. Afrikaforscher hatten damals jedoch selten Gelegenheit, ihren Ruhm beschaulich zu genießen: Oscar Baumann war erst fünfunddreißig Jahre alt, als er, geschwächt von den Entbehrungen während seiner Reisen und Tropenaufenthalte, in Wien an einer Infektionskrankheit starb.

Leser von Baumanns «Durch Massailand zur Nilquelle», die den Ngorongoro besucht haben und weitläufige Schilderungen seiner Schönheit erwarten, könnten enttäuscht sein. Der Forscher verbrachte dort nur vier Tage, durchquerte den Krater in südwestlicher Richtung und lagerte dabei unterhalb von Baumann's Point, bei Ngoitokitok Springs sowie am Leraiwald. «Für einen Jä-

Die Abgeschiedenheit im Krater ermöglicht nahe Begegnungen mit Herden und einzelnen Tieren: Oben galoppiert eine Gnuherde davon, sodass ihre Gesichter, die wie ihr Verhalten an Clowns erinnern, nicht sichtbar sind. Schon wegen ihrer großen Anzahl werden sie häufig von Löwen gerissen. Unten ein weiblicher Wasserbock – scheue Tiere und gute Schwimmer, die sich sehr selten weit vom Wasser entfernen.

ger wäre dieser Lagerplatz ein paradiesischer gewesen. In der Nähe des Wäldchens hausten zahlreiche Perlhühner, deren ich mir einige zum Frühstück erlegte, in einem Tümpel grunzten Flusspferde, und in der weiten Ebene tummelten sich ungeheure Wildmassen, die sehr wenig scheu waren, obwohl sie von Wandorobo und neuestens auch von Massai viel gejagt wurden.» Es heißt hier «neuestens», weil Massai dem Wild gewöhnlich nicht nachstellen. Baumanns Aufenthalt fiel aber in die Zeit der Hungerkatastrophe nach dem Viehsterben, das 1890 begonnen hatte. Vom Morgen des zweiten Tages im Krater berichtete er: «Zahlreiche Massai-Elmoran [Krieger] gaben uns im Morgennebel das Geleit, prächtige, malerische Gestalten mit ihren bunten Schilden und glänzenden breiten Speeren. Auch der Laibon (Zauberer) erschien in einem Mantel aus Affenfell. [...] Sie waren ziemlich wohlgenährt und besaßen noch einiges Kleinvieh, auch lieferten die Wildmassen der Ebene ihnen Nahrung. Diese waren wirklich großartig: In Herden tummelten sich Antilopen, langmähnige Gnus und leichtfüßige Zebras, einzeln oder zu zweien tauchten die breiten Rücken der Nashörner auf. Obwohl ich nichts weniger als ein großer Nimrod bin, erlegte ich doch an diesem Tage ein Gnu und drei Nashörner, welch letztere wir den Massai überließen. Von den benachbarten Krals, die sich als dunkle Kreise aus der Grasfläche hoben, kamen Scharen meist magerer, kahlköpfiger Massai-Weiber, im Eisenschmuck rasselnd, um sich Fleisch zu holen.»

Danach sah der Forscher das ganze Ausmaß des Elends, das seine Begleiter noch vergrößerten, als sie während einer Nacht zwei Massaikrieger erschossen, die der Hunger zu Dieben werden ließ. «Um den Dornzaun unseres Lagers sammelten sich inzwischen Scharen jener Jammergestalten, die jetzt für das Massai-Land bezeichnend sind. Da waren zu Skeletten abgemagerte Weiber, aus deren hohlen Augen der Wahnsinn des Hungers blickte, Kinder, die mehr Nacktfröschen als Menschen glichen, Krieger, die kaum auf allen vieren kriechen konnten, und stumpfsinnige, verschmachtende Greise. Diese Leute verzehrten alles: Gefallene Esel waren für sie ein Schmaus, aber auch Knochen, Häute, ja selbst Hörner des Schlachtviehs verschmähten sie nicht. Ich ließ den Unglücklichen nach Kräften Nahrung geben, und die gutmütigen Träger teilten ihre Rationen mit ihnen; aber ihr Appetit war unersättlich, und immer neue Hungrige kamen herbeigewankt. [...] Eltern boten uns ihre Kinder zum Verkauf gegen ein Stückchen Fleisch an und wussten dieselben, als wir solchen Handel ablehnten, geschickt beim Lager zu verstecken und sich aus dem Staube zu machen. Bald wimmelte die Karawane von solchen kleinen Massai, und es war rührend zu beobachten, wie die Träger sich dieser armen Würmer annahmen. Kräftigere Weiber und Männer verwendete ich als Viehhirten und errettete dadurch eine ganze Anzahl vom Hungertode.» Es waren Flüchtlinge aus der Serengeti, die bei den im Ngorongoro lebenden Massai Zuflucht suchten, obgleich auch die ihren Hunger kaum mehr stillen konnten.

Selbst in Ngorongoros stattlicher Ausdehnung kommt es bisweilen zu Gedränge.

Die Menschen, die Oscar Baumann damals antraf, waren nicht die ersten Bewohner des mit mineralreicher Erde, üppigem Graswuchs, trinkbarem Wasser und Wildherden gesegneten Kraters. Irgendwann, vor Jahrtausenden, lebten dort die rätselhaften «Steinschalenleute», eine steinzeitliche Kultur, die man so benannt hat, weil sorgfältig angefertigte Schalen aus Lavagestein zu ihren häufigsten Hinterlassenschaften gehören. Die Schalen könnten als Mörser gedient haben; Grabbeigaben wie Mahlplatten und Reibsteine lassen ohnehin vermuten, dass es eine wohl nebenher Ackerbau betreibende Bevölkerung war, die da Spuren hinterließ. Woher sie kam und wohin sie ging, wird wahrscheinlich ungewiss bleiben. Vielleicht verschwand sie einfach in der Erde – so wie es die Zwerge in ostafrikanischen Märchen tun. Entdeckt wurden ihre Grabstätten, als der Farmer Adolf Siedentopf am Beginn des vergangenen Jahrhunderts nach Steinen für den Hausbau suchte und dabei auf Steinaufschüttungen stieß, unter denen Knochen und Gerätschaften zum Vorschein kamen. Ein Grab enthielt das Skelett eines mit einem Bergkristall geschmückten Mannes, neben dem die Überreste einer Frau und eines Kindes lagen, während mehr als dreißig darüberliegende Schädel ohne Unterkiefer auf einen unbekannten Totenkult hindeuteten. Offenbar waren dort Edle beigesetzt worden, und einige Bestattungen ließen die Vermutung aufkommen, dass ihre Nachfolger sie nicht ohne Frauen und Diener in das Totenreich gehen ließen. Vollends verblüffend war das Material verschiedener Grabbeigaben – darunter Ocker, reiner Obsidian, Quarzit, Serpentin, Chalzedon –, das für einen weit greifenden Handel sprach nebst dem fein gearbeiteten Schmuck.

In der Umgebung lebende Massai dürfen ihr Vieh noch stundenweise zu den Tränken im Krater führen.

Hans Reck sowie Mary und Louis Leakey haben später im Ngorongoro gegraben, Radiokarbondatierungen von Tierknochen, die auf Viehhaltung verweisen, reichen 10000 Jahre zurück, und vielleicht ist sogar der Felsen bei Ngoitokitok Springs, den seither viele Generationen mit Vertiefungen für ein Baospiel versahen, zuerst von Steinschalenleuten eingekerbt worden. Angenommen wird, sie seien vor einem Jahrtausend verschwunden, aber man weiß wenig über sie – die Fundstücke aus der Zeit Siedentopfs und Recks gingen in den Wirren des Ersten Weltkrieges verloren. Es ist schon möglich, dass die Steinschalenleute das Schicksal der Zwerge teilten.

Gefolgt ist ihnen anscheinend das Hirtenvolk der Datoga, das den Massai im Hinblick auf Herkunft, Kultur und Wirtschaft sehr ähnlich ist. Auch die Datoga sind einst dem Nil südwärts gefolgt, auch sie waren unbeugsame, gefürchtete Krieger. Noch um die Mitte des vergangenen Jahrhunderts, als dort längst Massai lebten, kamen ihre Abgesandten hin und wieder in den Ngorongoro-Krater, um unter heiligen Feigenbäumen nordwestlich vom Leraiwald uralte Rituale zu vollziehen. Den Massai hatten sie hundert Jahre zuvor nach heftiger Gegenwehr weichen müssen, und mit den Siegern erschienen die Ndorobo: kleinwüchsige, Maa sprechende, mit Giftpfeilen bewehrte Sammler und Jäger. Oscar Baumann hat sie noch im Krater gesehen und sich über den

Stimmen vom Ngorongoro I

Als die Verwaltungsbehörde des Ngorongoro Conservation Area (NCA), in dem jetzt fast 60 000 Massai leben, 1996 ihren General Management Plan erstellte, legte sie das Vorhaben – erstmals nach drei Jahrzehnten – Vertretern der Massai vor. Dazu einige Äußerungen der Betroffenen:

«Diskutiert wurde über Viehhaltung und wilde Tiere. Ich habe ihnen gesagt, dass wir schon seit den Tagen unserer allerfernsten Vorfahren mit dem Wild zusammenleben.»
Ole Kiludie Nasotumboyo, Esere

«Es gab Zeiten, in denen uns die Wildhüter wie Kühe abschossen, und das blieb ungesühnt, weil ja nichts Wertvolles umgebracht worden war. Sie setzen uns mit den Kühen gleich, weil die hier auch nichts Besonderes sind. Wird einer von uns von einem Löwen angegriffen, dann gehen die Wildhüter nach Hause und sagen: Oh, der und der ist von einem Löwen umgebracht worden. Als ob man irgendwo eine Ziege geschlachtet hätte. Wäre jemand von den Vorgesetzten des NCA hier, dann würde ich ihnen sagen, wie viele sie erschossen haben und wie viele von wilden Tieren getötet wurden. Sie mögen es nicht, wenn die Tiere gestört werden, denn die sind kostbarer als unser heiliges Blut.»
Ole Moinga Olonyokie, Endulen

«In einem der Planungsgespräche habe ich ihnen gesagt, dass diese Landschaft ramat heißt und dass ramat bedeutet, es sei ein gesunder Ort, an dem Menschen und Tiere gemeinsam leben können. Sie erwiderten, ich solle den Ort ‹Krater› nennen. Da habe ich ihnen geantwortet: Als ihr gekommen seid, gab es dort 125 Nashörner und jetzt nicht ein einziges mehr, und ihr seid es, die sie ausgerottet haben.»
Sikai ole Sereb, Endulen

Aus: Taylor, Johansson und ole Ikayo, «Our Voices, our Words and our Pictures»

Aasgestank beklagt, der ein Ndorobolager umgab. Von späteren Bewohnern wird hier die Rede sein, wenn Fritz Jaeger und Eduard Oehler ihre Gäste sind. Als der Ngorongoro-Krater 1979 von der UNESCO zum Welt-Naturerbe erklärt wurde, vertrieb man die darin lebenden Massai. Heute dürfen Bewohner naher Ansiedlungen noch stundenweise ihr Vieh zur Tränke führen und es dabei ein wenig grasen lassen. Vielleicht deshalb, weil die Parkbehörde einsah, dass dergleichen – ganz wie die früher von den Massai gelegten Steppenfeuer, die Zecken und eingeschleppte Grasarten verminderten – dem Bewuchs im Krater mehr nützt als schadet.

Die Geschichte menschlicher Einwirkung auf das «achte Weltwunder» endete damit noch längst nicht. Wer Ngorongoro in größeren zeitlichen Abständen besucht hat, der wird etwas bemerkt haben: Der Krater beherbergt immer weniger Tiere, besonders merklich ist der Verlust bei Elenantilopen und

Der Ngorongoro, gesehen vom Südrand seiner Umwallung.

Löwen, ja selbst bei Gnus und Hyänen, der See am Picknickplatz Ngoitokitok Springs wird immer kleiner, Hippo Pool verschilft, der Sumpf Gorigor Swamp trocknet aus, die Akazien im Lerai Forest sterben ab, und die Erde verhärtet – ganz offenkundig sinkt der Grundwasserspiegel. Die Natur beginnt damit einen Preis zu fordern. Das konnte nicht ausbleiben. Von den Hunderttausenden, die jährlich zum Ngorongoro kommen, übernachtet ein großer Teil in dem halben Dutzend Hotels und Campingplätzen auf dem Kraterrand. Sie sind staubig und verschwitzt, wer will es ihnen verdenken, wenn sie ausgiebig duschen? Das Wasser ist damit nicht verloren, aber es geht nun andere Wege, der natürliche Kreislauf ist unterbrochen. Selbstverständlich hat die Parkverwaltung die genannten und andere Umweltschäden längst bemerkt. Ihr erscheint es offenbar als Lösung, ständig die Gebühren zu erhöhen und derart den Ansturm von Touristen zu zügeln. Dies allein heißt allerdings nur, dass die Katastrophe wie überall auf der Erde etwas hinausgezögert wird. Welt-Naturerbe? Sollte es das tatsächlich sein: ein Freilandzoo mit einer Schlinge aus Hotels darum?

Relief des Ngorongoro-Kraters und seiner Umgebung.

Genug, noch ein Blick in den Krater. Wer, wie es Touristen gewöhnlich tun, zuerst vom Denkmal für Bernhard und Michael Grzimek her – die Gräber der beiden liegen etwas entfernt – auf den Krater sieht, dem verschlägt es wahrscheinlich den Atem: schon deshalb, weil er fast zweieinhalbtausend Meter hoch steht. Mehr als einen halben Kilometer unter ihm liegt eine Ebene mit dem türkisfarbenen, von weißen Salzufern umrandeten Makatsee, mit dem scheckigen Gelb der Fieberakazien im Leraiwald, dem düsteren Braun von Sümpfen, schimmerndem Gras und den darauf wandernden dunklen Punkten, unter denen man vielleicht noch das massige Grau eines Elefanten erkennt. Eines fällt dem Betrachter, der ja auch selbst von hohen, mit Bartflechten behangenen Bäumen umringt wird, sogleich auf: Zur Rechten bedeckt Wald die Kraterwände, zur Linken sind sie kahl und verbrannt. Das ist die Wirkung der Monsune, die Regenwolken vom Indischen Ozean herbeitragen – der Nordostmonsun von November bis Dezember, der Südostmonsun von März bis Mai. Auf ihrer Reise nach Westen lassen sie es in Usambara, in den Parebergen, am Kilimandscharo und am Meru regnen, und viel von ihrer Last empfängt später das Hochland der Riesenkrater. Oft sieht man Wolken wie Wasserfälle in den Krater hinabströmen. Bewunderer von Bergen werden noch mehr erkennen: den Olmoti, der von dort wie ein Tafelberg aussieht und den Mungefluss in den Krater entsendet, den Loolmalassin, den kein Berg bis hin zum Kivusee mehr überragen wird, und im Rücken erahnbar den zerrissenen Lemagurut und Oldeanis Bambushaine. Wem Form mehr bedeutet als der Inhalt, der wird späterhin noch gebannter am Embakaaikrater stehen, aber hier erblickt er die Welt mit den Augen seiner fernsten Vorfahren: Dieser Landstrich hat, wenn man die Wanderer von Laetoli einbezieht, dreieinhalb Millionen Jahre vormenschlicher und menschlicher Geschichte gesehen.

In einem der etwa 150 Geländewagen, die dort täglich umherfahren, auf den Kraterboden gelangt, begegnet der Reisende Elefanten mit gewaltigen Stoßzähnen – man schreibt das der mineralreichen Nahrung zu –, schwarz gemähnten Löwen, leichtfüßig umhergaloppierenden Gnus, den Clowns der Steppe, heiser bellenden Zebras, der gefleckten Silhouette eines Leoparden auf einem Baum, vielleicht sogar einem der mit weißem Schlamm gepanzerten Nashörner und jenem Wild, von dem man ihm noch nicht erzählt hat, dass es viel gefährlicher als die Löwen ist: kraftvolle, arglistige Büffel sowie – außerhalb des Wassers – angriffslustige, mit mächtigen Hauern bewehrte Flusspferde. Deren Weg aus der Ebene in den Ngorongoro-Krater mag der mühseligste aller dort lebenden Tiere gewesen sein, vergleichbar mit einem Marsch vom Allgäu auf die Alpengipfel. Eventuell vermisst jemand Giraffen und Topi-Antilopen, aber ansonsten wird er, zumindest mit ein wenig Glück und vor allem während der Regenzeit, alles sehen, was Noahs Arche in diesem Teil Ostafrikas hätte aufnehmen können. Dass man Giraffen im Krater nicht antrifft, wird oft mit der Behauptung erklärt, sie könnten die steilen Kraterwände nicht überwinden.

Gol Mountains
Oldonyo Lengai
Ker Massi
Embakaaikrater
Olmotikrater
Loolmalassin
Ngorongorokrater
Lemagurut
Oldeani
Ostafrikanischer Graben
Manyarasee
asisee

Szenen aus Noahs Arche in einem Vulkankrater: Zusammentreffen mit Büffeln, hier ein kampferprobter, einäugiger Bulle, können überaus gefährlich sein. Die Löwinnen auf dem Bild darunter sind Begegnungen mit fotografierenden Touristen gewöhnt und regen sich nicht, obgleich sie ihre verletzliche Nachkommenschaft dabeihaben. Der Gepard unten hat soeben eine Thomsongazelle für seine Jungen gerissen. Rechts bekundet ein Elefant mit den abgeklappten Ohren Gereiztheit, während die Zebras Geselligkeit zeigen – es geschieht nicht selten, dass ein Tier in dieser Haltung ausruht.

Stimmen vom Ngorongoro II

«Wir können doch kein Gras essen wie die Kühe. Seit sie den Ackerbau verboten, hat sich niemand dafür interessiert, was wir essen. Wichtig war nur, dass das Wild satt wurde. [...] Sie sagen, das NCA müsse für die gesamte Menschheit bewahrt werden – sind wir denn kein Teil dieser Menschheit?»
Ein Krieger aus Endulen

«Warum kommen alle diese Sachverständigen und Naturschützer hierher, nachdem sie es versäumt haben, die Wälder und das Wild in ihren Ländern zu schützen? [...] Seit die Massai die Serengeti verlassen haben, ist dort alles voller Schlingen und Fallen, mit denen dem Wild nachgestellt wird. Seht euch das Ngorongoro-Hochland an – zahllos waren die Nashörner. Seit die Massai aus dem Krater vertrieben wurden, sieht man keine mehr.»
Shinana ole Moinga, Endulen

«Wir werden dieses Land nicht mehr verlassen, denn jetzt sind wir vom Ackerbau abhängig. Wohin sollen wir denn gehen? Hier sind unsere Eltern gestorben. Wir haben nicht mehr genug Rinder und gehören zur Erde dieses Hochlandes. [...] Ich habe so viele Kinder geboren und kann sie doch nicht wie Perlhühner davonscheuchen. Ich muss in der Erde scharren wie ein Perlhuhn, damit ich sie satt bekomme.»
Naarmakati ene Lekinyot, Albalbal

«Wir gewinnen mit diesem Plan nichts. Das ist unser Land. Auf den Landkarten stand ‹Massailand›, nicht etwa ‹Land der Vereinten Nationen›. Man kann niemandem das Erbe nehmen, das er durch seine Geburt erhielt.»
Ein Ältester, Esere

Aus: Taylor, Johansson und ole Ikayo, «Our Voices, our Words and our Pictures»

Es ist aber wohl eher so, dass der Kraterboden einfach nicht ihrem Lebensraum angehört: Sie finden dort keine Schirmakazien, jene Bäume, die sie bevorzugt abweiden.

Der Anblick dieses «achten Weltwunders» ist derzeit in jedem Jahr mehr als 300 000 Besuchern aus anderen Erdteilen vergönnt. Die weitaus meisten davon wären sicherlich bereit, in ihr Hotel in Arusha oder Moshi zurückzukehren, wenn Noahs Arche dann erhalten bliebe, wenn sie nur eilende Gäste wie die ziehenden Störche wären, die am Gorigor Swampland nachts auf abgestorbenen Ästen hocken.

Geschrieben wird zuweilen, im Krater würden etwa 25 000 Tiere leben, aber das ist eine verallgemeinernde Angabe, weil ein ständiges Kommen und Gehen, eine Wanderung stattfindet. Insbesondere nährt und verzehrt die benachbarte Serengeti zeitweilig den Tierbestand, unter dem es allerdings auch behäbige, ständig im Krater bleibende Mitglieder wie die Löwen gibt, die deshalb häufig von Inzuchterscheinungen heimgesucht werden. Besonders au-

genfällig wurde das im Jahr 2000, als innerhalb weniger Monate fast 30 der rund 70 Ngorongoro-Löwen an Infektionskrankheiten starben. Ihr durch Inzucht geschwächtes Immunsystem hatte sie anfällig werden lassen. In jenem Dürrejahr starben dort überdies rund 1000 Büffel, 250 Gnus und 100 Zebras. Ursächlich dafür, vermuten Wissenschaftler, war neben dem Mangel an Wasser und Nahrung eine Zeckenplage, die mit den Büffeln kam und ein Gefolge von Krankheitserregern nach sich zog. Seuchen, Dürren, Inzucht, Wilderei und dazu die gewöhnlichen Sündenfälle der Menschen – das Paradies bleibt bedroht.

Von allen in den Ngorongoro eingewanderten Tieren haben Flusspferde sicherlich den beschwerlichsten Weg zurücklegen müssen.

Steht jemand nach der Rundfahrt auf dem westlichen Rand des Ngorongoro-Kraters und blickt in die Richtung der untergehenden Sonne, dann sieht er in der Ferne die grüne Ebene der Serengeti und davor einen staubigen Landstrich, zerrissen und verbrannt, dem man sein hohes Alter ansieht. Es ist ein Teil des Ostafrikanischen Grabens, den man «Wiege der Menschheit» genannt hat. Wie es sich seither zeigte, war unsere Kinderstube erheblich größer, und es standen wohl mehrere Wiegen darin, aber das ändert nichts daran – Genforscher haben es herausgefunden –, dass wir alle Afrikaner sind. Darin liegt, einer Narbe gleich, eine 50 Kilometer lange und bis zu 90 Meter tiefe Schlucht. Sie entstand, als die Erde wieder einmal unruhig wurde und einen See ver-

Im Vordergrund stehen rechts die Sisalpflanzen, die der Schlucht den Namen gaben, darunter ein Schnappschuss von einer krachenden Fahrt von der Oldupaischlucht nach Shifting Sand.

schlang, später haben Regenfälle die Schultern ausgewaschen. 1911 ist dort der deutsche Entomologe Wilhelm Kattwinkel mit einem Schmetterlingsnetz umhergelaufen und bemerkte dabei Tierknochen in solcher Fülle, dass er andere Wissenschaftler darauf aufmerksam machte. Für Europa entdeckt, wie häufig geschrieben wird, hat er die Schlucht nicht – sie findet sich bereits auf einer Karte Fritz Jaegers. Als Kattwinkel dort lebende Massai fragte, wie die Schlucht heiße, missverstanden sie ihn und sagten: «Oldupai.» Das ist ihr Name für die an der Oldupaischlucht häufige wilde Sisalpflanze Sansevieria ehrenbergii, verbreitet von Libyen bis in den Süden Ostafrikas. Auf unseren Landkarten wurde daraus «Olduvai» und «Oldoway», aber inzwischen haben die Massaiführer, die Besucher durch die Schlucht begleiten und ihre Aussprache stets beharrlich korrigieren, offensichtlich auch bei Kartografen Gehör gefunden.

Als erster Wissenschaftler untersuchte Hans Reck, den wir in einem anderen Kapitel auf dem Oldonyo Lengai sahen, 1913 den angeschwemmten Abraum und war sogleich begeistert: «Die freigelegten Flächen boten dem Auge ein erstaunliches Bild. Hunderte von Knochen lagen wirr durcheinander, aufeinander, nebeneinander in enger Packung. Es sah aus wie ein Friedhof der Sintflut. [...] Arm-, Bein-, Wirbel-, Schulter- und Beckenknochen schienen wahllos durcheinander geschüttelt, Rippen lagen dazwischen und – was das Wertvollste war – meist recht gut erhaltene Schädel. [...] Welches Geschick, welche Vorgänge hatten die Reste von so vielen Tieren hier zusammentragen können? Es war keine Herde, denn fast jeder Schädel wies auf eine andere Tierart, aber doch müssen es viele Tiere gewesen sein, die im Tode vereint wurden. An 700 Einzelknochen und über ein Dutzend verschiedene Schädel erstanden hier im Laufe der Monate aus ihren Gräbern.» Darunter fand man absonderliche Stücke wie die Stoßzähne von Urelefanten, Schädel von riesigen Giraffen und Nashörnern sowie von Flusspferden mit Augenzapfen, die wie Periskope aus dem Wasser geragt haben müssen, von Kreaturen aus einem Albtraum, Schafen ähnlich und mit einem fast zwei Meter langen Horn auf der Stirn. Das alles waren ausgestorbene Gattungen, die vor vielen Hunderttausenden von Jahren dort gelebt hatten, aber es kamen auch Knochen von Antilopen zum Vorschein, die von ihren heute durch die Steppe trabenden Nachfahren kaum zu unterscheiden waren. Überreste von Panzerfischen und Welsen sprachen dafür, dass die Gegend einmal von einem Gewässer bedeckt worden war, mächtige vulkanische Ablagerungen bezeugten die Gefahren, denen die Tiere einst ausgesetzt waren.

Fruchtbar und regenreich musste der Landstrich früher gewesen sein, und deshalb war es verwunderlich, wenn die Ausgräber nicht auf Zeugnisse menschlichen Daseins stießen. Bis zu jenem Tag, an dem Bakari Omari und Manjonga zu Hans Reck kamen und ihm mitteilten, sie hätten einen «baba» – einen alten Mann – gefunden: «In der Tat, da lag ein Mensch. Es ist unmöglich,

die Gefühle darzustellen, die dieser Anblick auslöste. Freude, Hoffnung, Skepsis, Vorsicht, Eifer – all das wogte wild durcheinander. Denn das war sofort klar: Wenn dieses Skelett ein Zeitgenosse seiner Schicht und der fossilen Tierwelt Oldoways war, dann hatte dieser Fund eine ungeheure Bedeutung für die Geschichte frühester Menschheit, dann reichte sein Alter unbedingt tief ins Diluvium zurück, dann war dies nicht nur der älteste Fund auf afrikanischem Boden, sondern einer der ältesten Menschenfunde der Welt. Nebelhaft eröffneten sich ungeahnte Möglichkeiten über die Wiege der Menschheit.» Das Diluvium, heute Pleistozän genannt, begann vor fast zwei Millionen Jahren, das Skelett jedoch gehörte keinem Menschenaffen, keinem Frühmenschen, sondern einem Homo sapiens, einem Menschen, der einmal ebenso aussah wie jene, die erregt davorstanden. War das Adam oder einer seiner nächsten Nachfahren? Hatte die Bibel recht, haben wir zu allen Zeiten so ausgesehen, wie Gott uns schuf? Der «Alte von Oldoway», erst in Berlin völlig aus der ihn umgebenden Hüllmasse herausgelöst, wurde zur wissenschaftlichen Sensation, zweifelnd umstritten, ungläubig bestaunt. Ein Rätsel ist er bis heute geblieben: Der Bett II genannten Schicht, in der er gefunden wurde, billigt man ein Alter von mindestens 1,2 Millionen Jahren zu, das Skelett jedoch soll höchstens 20000 Jahre alt sein.

1931 lud der britische Paläoanthropologe Louis Leakey Hans Reck zu Grabungen in der Oldupaischlucht ein. Das war in mehrfacher Hinsicht eine noble Geste, denn Reck war als Angehöriger der deutschen Schutztruppe im Ersten Weltkrieg Gegner des in Kenia geborenen Leakey gewesen. Vor allem erhielt Reck dadurch Gelegenheit, die Fundumstände des «Alten von Oldoway» nochmals zu überprüfen, denn ein Verdacht ließ ihn und andere nie ruhen: War es möglich, dass man einen Stollen in die alte Schicht getrieben hatte, als der Tote bestattet wurde? Später, das sei vorweggenommen, haben die beiden Forscher einer solchen Deutung halbherzig zugestimmt, zumal das Skelett in geringerem Maße verkieselt war als die nahebei gefundenen Tierknochen. Weil dem Toten keine Grabbeigaben für die Reise ins Jenseits mitgegeben wurden und die Hockerstellung, in der er bestattet war, weit verbreitet ist, ließ sich auch keine Völkerschaft benennen, der er angehört haben mag. Für Gegner der Evolutionstheorie blieb der «Alte von Oldoway» also auch künftig ein Paradebeispiel. Den Mitgliedern der Expedition dagegen offenbarten sich andere Zeugnisse menschlicher Entwicklung: Faustkeile, Schaber, Steinwerkzeuge aller Art und in solcher Menge, dass sie heute unter dem Begriff Olduvan-Industrie zusammengefasst werden. Am Inselberg an der Fischschlucht, der einmal den früher dort liegenden See überragte, kamen sogar die Überreste eines seither versteinerten Flusspferdes zutage, das den Herstellern der Steinwerkzeuge als Nahrung gedient hatte. Ihre «Bestecke» aus Gestein lagen noch um das Fossil verstreut.

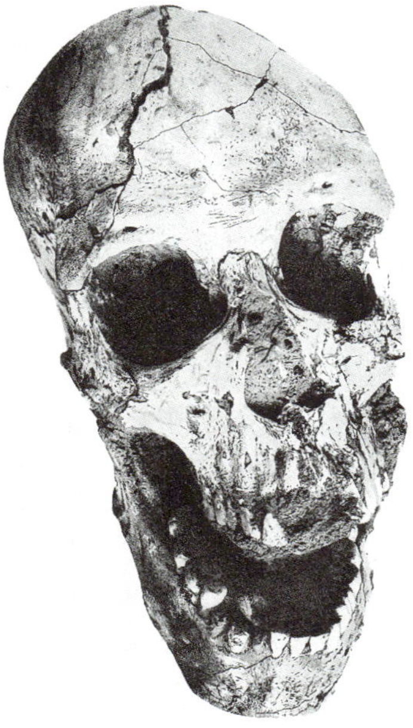

Links eine von Hans Reck veröffentlichte Abbildung vom verformten Schädel des «Alten von Oldoway», daneben der im Museum Oldupai ausgestellte Schädel eines «Nussknackermenschen».

Für Louis Leakey und seine Familie wurde die Oldupaischlucht hernach zu einem Ort, der ihr Schicksal bestimmte. Nach vielen Jahren beharrlicher, einsamer Suche fand Mary Leakey dort 1959 einen gut erhaltenen Schädel ohne Unterkiefer, in dessen Oberkiefer sogar noch Zähne steckten, und wurde dadurch weltweit berühmt. «Zinjanthropus», den Menschen aus Zinj oder Zanj – ein alter arabischer Name für das «Land der Schwarzen» an der südlichen Küste Ostafrikas –, nannte ihr Mann den Fund in der ersten Veröffentlichung und hielt ihn für einen unserer Ahnen. Bekannter und treffend geschildert wurde er als «Nussknackermensch», ist sodann von Anthropologen in die Gattung Australopithecus verwiesen worden und wurde nunmehr als Paranthropus boisei – mit dem Artnamen ehrten die Leakeys ihren Förderer Charles Boise – aus der Linie der unmittelbaren menschlichen Vorfahren verstoßen. Aber schon im folgenden Jahr grub Jonathan Leakey in der Oldupaischlucht Überreste des «geschickten Menschen» Homo habilis aus. Mit der Hälfte unseres Hirnvolumens versehen, gilt er als handfertiger Hersteller von Steinwerkzeugen. Es gibt Bestrebungen, auch ihn in die Gattung Australopithecus, der Südaffen, zu verbannen, sodass der menschliche Stammbaum erst über Homo erectus, dem aufrecht gehenden Menschen, ergrünen würde.

Im Museum von Oldupai ist vom Kiefer des nach Hans Reck benannten Urelefanten Elephas recki bis zur Hirnschale von Homo erectus allerlei betrübtes Beingerüst versammelt. Besonders anrührend erscheinen dem einen oder anderen Besucher vielleicht die Gipsabgüsse von Fußspuren aus dem nahen Laetoli. Zwei wissenschaftliche Mitarbeiter Mary Leakeys haben solche

Spuren 1976 unter unwissenschaftlichen Umständen entdeckt, als sie einander in einem Zustand, der gewöhnlich als angeheitert umschrieben wird, mit Elefantenkot bewarfen. Da hatte Verwitterung die Fährten verschiedener Tiere freigelegt, die vor dreieinhalb Millionen Jahren über Asche gingen, die der heute erloschene Vulkan Satiman ausstieß. Dass sich darunter auch Spuren von Vor- oder Frühmenschen befanden, ist erst zwei Jahre später zweifelsfrei erkannt worden: Zwei oder drei menschenähnliche Geschöpfe haben den verschiedenen Deutungen zufolge dort mehr als 20 Meter lange Spuren hinterlassen. Eines davon war kleiner, vielleicht weiblich, und mancher will sogar erkennen, dieses Wesen habe ein Kind auf seiner Hüfte getragen. Mary Leakey meinte, sie alle hätten der Gattung Homo angehört, seien also Menschen gewesen, andere Forscher vermuten sie in der Gattung Australopithecus. Wie es auch sein mag, ihre Spuren gleichen schon jenen, die wir an irgendeinem Strand hinterlassen, wirken ebenso verloren, und dem Mitfühlenden können sie eine Brücke in eine unglaublich ferne Zeit sein.

Detail vom Gipsabguss der Fußspuren von Laetoli sowie eine Vorstellung davon, wie sie entstanden sein mögen, im Museum Oldupai.

Was hat das alles mit dem Oldonyo Lengai, mit dem heiligen Berg der Massai, zu tun? Nun, man kann ihn gleich von mehreren Standpunkten an der Oldupaischlucht sehen, sein hellgrauer Gipfel schwebt deutlich gezeichnet über dem dunklen Norden des Hochlandes der Riesenkrater. Bevor die Massai aus dem Grabungsgelände vertrieben wurden, werden sie oft zum Gottesberg aufgeschaut haben, denn sein Dasein und sein Mythos wirken auch hier. Wer eine knappe halbe Stunde wilder Fahrt durch eine kochende Landschaft auf sich nimmt, in der flimmernde Luft die Konturen von Felsen und Strauchwerk zerfließend himmelwärts reißt, der erreicht Shifting Sand, eine von mehreren Wanderdünen in jener Landschaft. Diese erhebt sich neun Meter hoch und soll in ebenem Gelände durchschnittlich 17 Meter im Jahr wandern. Sie ist schwarz

Shifting Sand.

– so schwarz wie die Opfertiere, die man Engai darbringt – und für die Massai ein heiliger Ort: vermutlich auch deshalb, weil die Düne zur Serengeti, zur früheren Heimat der Hirten wandert. Hierher kommen zuweilen Massaifrauen, um zu beten, insbesondere solche, denen ein Kind gestorben ist. Es heißt, dass sehr bald wieder ein Kind zur Welt bringt, wer eine Halskette, einen Armreif oder irgendetwas anderes, das dem verstorbenen Kind gehörte, in der Düne vergräbt und dabei Engai anruft.

Wissenschaftler haben längst festgestellt, woher der schwarze Dünensand stammt: Es ist vulkanische Asche vom Oldonyo Lengai.

Walking Safari: Früher hieß das Foot Safari. Dazu gehörten ein schwerer Rucksack, zerrissene Schuhe, vom scharfen Gras zerschnittene Beine voller Zecken, viel Schweiß, Dreck, Wassermangel, schlaflose Nächte, in denen irgendetwas keuchend und schmatzend um das Zelt schlich, Moskitos, Wespen, Skorpione und gefährlichere Bescherungen. Jetzt ist es leicht, der Abstieg zum Kratersee dauert auf dem gebahnten Weg nur eine Stunde, führt durch schattigen Wald voller langfingriger, hohler Würgefeigen.

Eine Gruppe junger Leute kommt uns entgegen. Die meisten beantworten unseren Gruß nicht, sind vielleicht erschöpft, gehen verlegen vorbei, als ob wir sie bei einem Diebstahl ertappt hätten. Immer seltsam, auch während der Fahrten, solche Begegnungen: Die Fahrer halten, schwatzen, wir Europäer mustern uns schweigend, vielleicht noch mit dem betretenen Lächeln, das Eindringlinge füreinander haben. Das mag es sein: Unbehagen darüber, dass wir immer wieder auf Menschen unseres Schlages treffen. Dabei hatten wir doch fest damit gerechnet, eine vom Tourismus unberührte Landschaft vorzufinden – und dafür gehörig bezahlt.

Im Salz des Ufers Fährten von Büffeln, Hyänen und Pavianen. Morris nimmt die Maschinenpistole von der Schulter und zeigt stolz auf den frischen Büffelkot. Natürlich, das ist seine Daseinsberechtigung.

«Klug ist das Auge, das viel wandert ...»

Abstieg zum See im Embakaai.

Nach ihrer Besteigung des Gottesberges im Jahre 1904 hatten Carl Uhlig und Fritz Jaeger sich dem an der Salzpfanne des Natronsees liegenden Oldonyo Sambu (2042 m) zugewandt, erstiegen sodann die Bruchstufe bei Engaruka und sahen eine von erloschenen Vulkanen geprägte Landschaft vor sich, die sie zu Ehren ihres Heidelberger Förderers «Winter-Hochland» tauften. Der Name blieb späterhin auf den nordöstlichen Teil beschränkt, als Jaeger dem gesamten Landstrich den schönen Namen «Hochland der Riesenkrater» gab, der in der heute gebräuchlichen Bezeichnung Crater Highlands weiterlebt. Von dort zogen die Forscher bis in Gegenden südlich vom Manyarasee und trennten sich vorübergehend. Fritz Jaeger trug damals den Monduli (2660 m) in sein Tourenbuch ein und bestieg hernach im Oktober 1904 den Meru (4566 m) von der Westseite. Weil im November auch Uhlig gemeinsam mit Leutnant Schieritz, Feldwebel Justus Bast und afrikanischen Begleitern auf dem Meru war, gilt deren Besteigung gemeinhin als die erste. Uhlig schrieb jedoch in seinem Reisebericht in der Zeitschrift der Gesellschaft für Erdkunde zu Berlin, Fritz Jaeger sei der Erste auf dem «höchsten Punkt der Somma und damit des ganzen Berges» gewesen. Die gemeinsamen Forschungen beider in Merus Caldera sowie am zentralen Ausbruchskegel ließen Jaeger schließlich 1906 das erste umfassende Bild dieses Vulkans beschreiben. Mit dem Meru verließ die Expedition dann den hier dargestellten Raum.

Was erwartet Fritz Jaeger, nachdem er nach Deutschland zurückgekehrt ist? Jedenfalls keine aufregende wissenschaftliche Karriere: Das Jahr 1905 sieht ihn als Lehramtspraktikanten an der Oberrealschule in Heidelberg, als Autor von vier bescheidenen Veröffentlichungen und weit entfernt vom Eis auf dem Kibo oder von der Lavaglut auf dem Oldonyo Lengai. Da führt ihn eine glückliche Gelegenheit während eines Kongresses mit Hans Meyer zusammen. Meyer, Erstbesteiger des höchsten afrikanischen Gipfels und einflussreicher Kolonialgeograf, ist von Jaegers Bericht so beeindruckt, dass er ihm den Auftrag des Reichskolonialamtes für eine neuerliche Forschungsreise verschafft. Dabei soll jener Teil Deutsch-Ostafrikas untersucht werden, der sich westwärts an den zuvor mit Carl Uhlig bereisten Abschnitt des Ostafrikanischen Grabens anschließt – damals der größte weiße Fleck auf der Landkarte der Kolonie. Ein kaum geringerer Glücksfall ist dann die Wahl des Reisepartners, mit dem Jaeger im Mai 1906 aufbricht: Sie fällt auf seinen Jugendfreund und Vetter Eduard Oehler. Der finanziert nämlich nicht nur seine Reise selbst, sondern über-

Eduard Oehler (links) und Fritz Jaeger 1906 im «Westkibolager»

nimmt in ihrem Verlauf Aufgaben wie die meteorologischen Beobachtungen, das Sammeln von Pflanzen, das Fotografieren und vor allem auch die technische Leitung der Expedition – eine ebenso notwendige wie undankbare Mission, die weder wissenschaftliche noch erzählerische Lorbeeren einbringt. Jaeger kann sich also unbeschwerter den topografischen Aufnahmen oder dem Sammeln von Gesteinen und der Erkundung ihrer Lagerungsverhältnisse zuwenden. Den völkerkundlichen Teil der Expeditionsarbeit hätte eigentlich der Ethnograf Karl Weule übernehmen sollen, der es jedoch wegen eines Aufstandes vorziehen muss, in den Südosten der Kolonie zu reisen.

Deutsche Völkerkundler, damals besessen von einer Sammelleidenschaft für Schädel und Skelette, bevorzugten aus nahe liegenden Gründen friedliche Gebiete. Erich Obst zum Beispiel grub 1911 bei den Isanzu am Eyasisee «zur Klärung der anthropologischen Verhältnisse 22 vollständige Skelette aus». Nahmen die Angehörigen der Verstorbenen so etwas gleichgültig hin, wäre dergleichen einem Afrikaner auf einem deutschen Friedhof gestattet worden?

Schon im August 1906 erreichen Jaeger und Oehler den Gipfelberg des Kibos im Kilimandscharo-Gebirge. Aufgestiegen sind sie auf einer zuvor noch nicht begangenen Route, die heutige Bergwanderer unter dem Namen Machame-Route kennen und wegen ihrer Naturschönheiten schätzen. Unterwegs haben die beiden riesige Baumfarne und bis zu 40 Meter hohe Steineiben oder Kossobäume gesehen, Affen, Waldschweine und Leoparden aufgescheucht, bevor sie ihr «Westkibolager» (4342 m) in der Einöde unter dem Penckgletscher aufschlugen. Dorthin getrieben hat sie vermutlich ein Verlangen Hans Meyers, der 1898 letztmals auf dem Kibo gewesen war und noch viele Fragen beantwortet

Geologisch aufschlussreich: Die Anhäufung und Schichtung von Lava und Tuffen zwischen Oldonyo Lengai und dem Hochland der Riesenkrater.

sehen möchte. Jaeger und Oehler kartieren deshalb die von Meyer noch nicht erkundete Umgebung, sammeln Pflanzen und Gesteinsproben. Dabei müssen sie auf alpinistische Vorhaben verzichten, die sie zweifellos reizen würden: Fritz Jaeger hatte ja 1904 mit Carl Uhlig und Theodor Gunzert auf Kibos Kraterrand gestanden, war aber nicht bis zum Gipfel gelangt, weil dicht gedrängter Zackenfirn und von tiefen Spalten zerrissene Eisfelder ihnen den Weg verwehrten. Auch diesmal scheitert ein Aufstieg über den Penckgletscher.

Sechs Jahre später wird Eduard Oehler, der Hans Meyers «Ostafrikanische Gletscherfahrten» zur Konfirmation bekommen hat und seither von den Gipfeln des Kilimandscharo träumt, dorthin zurückkehren. Zur Erfolgsgeschichte jener Reise gehört dann, dass Oehler gemeinsam mit Fritz Klute als Erster den Mawenzigipfel (5149 m) erreicht und ihn Hans-Meyer-Spitze tauft. An ihn selbst erinnert heute die sogenannte Oehler-Rinne auf dem Mawenzi.

Dennoch mögen die beiden sich befreit fühlen, als sie nach den zwei Wochen im Kibolager und nach Forschungen in südlicheren Gebieten – dort bleibt der Hanang (3417 m) natürlich nicht unbestiegen zurück – im Oktober endlich dem Ostafrikanischen Grabenbruch nordwärts folgen können. Das führt sie zum Eyasisee, den Oehler nur mit Mühe und schmerzenden, wunden Füßen erreicht, weil er zuvor in einem der Salzseen umhergewatet ist. Die Haut seiner Füße und Beine war danach mit roten Blasen bedeckt, die sich an der Luft sofort

Ein Märchen der Ndorobo

Ndorobokind vor einem Windschutz; Fotografie von Eduard Oehler.

Ein Vater ging täglich mit seinem Knaben auf die Jagd. Eine lange Weile waren sie glücklich und brachten täglich Beute nach Hause. Dann aber kam eine Zeit, wo es ihnen nicht gelingen wollte, auch nur ein einziges Stück zu erlegen. Eines Tages, als sie wieder vergeblich gepirscht hatten, lagerten sie weitab von ihrer Hütte in der freien Steppe. Um sich zu wärmen, machten sie ein Feuer an. Beide quälte der Hunger furchtbar. Da kam der Alte auf den Gedanken, den Sohn zu töten und mit der Leiche seinen Hunger zu stillen. Er sagte zum Knaben: «Gehe hin und hole Brennholz, damit das Feuer größer wird.» Der Junge tat, wie ihm geheißen war. Als er mit einer Last Holz zurückkam, rief er: «Vater, komm rasch her, hier ist Wild herangekommen.» Der Alte lief herzu, sah zwei große Antilopen und erlegte sie. Nun fing er an zu weinen und sagte: «Mein liebes Kind, setz dich her und iss.» Er selber aß aber nichts. Als der Knabe satt war, war auch der Morgen angebrochen, und der Vater schickte ihn ins Lager, damit er die Leute rufe und diese auch kämen zu essen. Als sie kamen, fragte der Alte: «Ist dieser da, ist jener da?», und so fort, bis er die Namen aller Lagergenossen genannt hatte. Nachdem er überzeugt war, dass alle zugegen wären und aßen, sagte er: «Hört mich, ich bin schlecht, ich bin kein Mensch, sondern ein Ungeheuer. Ehe ich diese Antilopen schoss, wollte ich meinen Sohn töten und verzehren. Ich bin zu schlecht, um noch länger mit euch zu leben und verdiene den Tod.» Mit diesen Worten schlitzte er sich den Bauch auf, riss die Eingeweide heraus und zerschnitt sie.

Moritz Merker (1904)

schwarz färbten. Künftig unternimmt er solche Ausflüge nur noch in dem mitgeführten Faltboot. Zu den Missgeschicken dieser Zeit gehört auch ein Zwischenfall, bei dem ein Nashorn nachts in das Zelt eindringt und es zertrampelt. Die Forscher können jedoch rechtzeitig fliehen. Noch gefährlicher wird es im November, als sie bis in den nächsten Monat hinein vom Malariafieber festgehalten werden. Überdies läuft ihnen ihr Führer davon, die Verpflegung ist aufgebraucht, sie finden nur selten trinkbares Wasser und leben mit Mühe – wie Oehler es nennt – «von Patronen», von geschossenem Wild. Die einzigen Menschen, die ihre Wege kreuzen, sind umherziehende Ndorobo, die selbst von der Hand in den Mund leben.

Jäger der Ndorobo; Fotografie von Eduard Oehler.

Seltsame, kleinwüchsige Menschen sind das. Ndorobo gehen in lederne Umhänge gekleidet einher, benutzen Giftpfeile und Bogen und schließen sich oft den Massai an. Sie haben deren Brauchtum nahezu völlig übernommen und bedienen sich sogar ihrer Sprache. Den Massai dagegen bringt die Gemeinschaft mit den geschickten Jägern Elfenbein, Flusspferdzähne, Straußenfedern und vor allem Honig für die Bierzubereitung. Man kann heute noch «Bienenkörbe» von jener Art sehen, die von den Ndorobo benutzt wird: ausgehöhlte Baumstammsegmente, die Deckel an den Enden mit Einfluglöchern versehen, an Seilen in Baumkronen hängend. Das Innere wird mit Honig bestrichen, und wenn ein Bienenstaat die Wohnstatt angenommen und mit Waben und Honig gefüllt hat, wird darunter ein qualmendes Feuer entfacht und der «Korb» am Seil herabgelassen. Sobald die Bienen geflohen sind, kann er gefahrlos ausgeräumt werden.

Auch die Ndorobo leben nomadisch, folgen den Wildzügen, hausen oft nur in einem eilig hingestellten Windschutz. Dass man nie gehört hat, Raubtiere seien in eine dieser ungeschützten Lagerstätten eingedrungen, begründen sie mit einer mächtigen Medizin in ihrem Besitz – sie soll wie eine Tarnkappe wirken. Freundliche, friedfertige Menschen sind sie zudem: Auf den Fotografien von Eduard Oehler sieht man sie verlegen kichernd stehen, während Oehlers Helfer hinter ihnen, wegen des besseren Kontrastes, eine helle Decke hochhalten und sie doch nicht wissen können, wozu all dieser Hokuspokus dient. Wahrscheinlich haben sie dafür etwas zu essen bekommen. Ihr Leben ist entbehrungsreich, die Jagd oft vergeblich, dann müssen Früchte und Wurzeln als Nahrung dienen. In ihren Märchen – sie sind ebenso garstig wie jene der Massai – ist deshalb stets der Hunger gegenwärtig.

Das karge «Leben von Patronen» dämpft nicht die Begeisterung der Forscher für das Hochland der Riesenkrater, von dem Jaeger schreibt: «Hier [...] ragen die Berge zwischen 3000 und 4000 Meter über den Meeresspiegel empor, die Krater haben Durchmesser von einigen Kilometern, ja, einer erreicht sogar 22 Kilometer. Man möchte sich auf den Mond versetzt glauben inmitten dieser riesigen Kraterlöcher. Ein Bild vom Luftballon aus würde einer Mondlandschaft sehr ähnlich sehen.» Da spricht Ehrfurcht vor dem Werk der Natur, aber auch die Sicht aus dem Ballon der Einsamkeit. Bis auf die Ndorobo und ganz wenige Hadza – damals Wakindiga oder Tindiga genannte Jäger und Sammler –, denen die Forscher niemals begegnen, erscheint der Landstrich menschenleer. Jaeger erfährt allein vom sogenannten stummen Handel der Hadza, von Äxten und Messern, die irgendwo für sie ausgelegt werden und deren Gegenwert in Honig man dann an derselben Stelle vorfindet.

«Von diesen Wakindiga abgesehen, sind die Brüder Siedentopf in Ngorongoro und die zu ihrem Farmbetrieb gehörigen Leute [...] die einzigen Bewohner des Hochlandes.» Das nun ist die Rettung für die hungernden, fieberkranken Forscher und bleibt ein Vierteljahr lang der Mittelpunkt ihrer Streifzüge: Adolf Siedentopfs Farm «Soltau», 6000 Hektar groß und im Norden des Ngorongoro-Kraters gelegen. Es lohnt sich, einen Blick auf die seither von Legenden verklärte Lebensgeschichte dieses merkwürdigen Mannes zu werfen. 1874 auf dem Hof seiner Eltern bei Jerxheim in Niedersachsen geboren, nahm Siedentopf eine Apothekerlehre auf und hatte schon damals vor, nach Deutsch-Ostafrika zu gehen, weil dem Einzelgänger das bäuerliche Dasein zu eng war und er sich nach einem ungebundenen Leben in Freiheit und Weite sehnte. Er studierte deshalb nach der Lehre am Berliner Orientalischen Seminar Swahili, wanderte 1898 aus und war zunächst am Biologischen Institut Amani bei Tanga tätig. Danach gründete er seine Farm am Mungefluss im Ngorongoro-Krater: dort, wo Touristikkarten nunmehr den Vermerk «Old German Farm Ruins» tragen und verstreute Steine sowie die in dieser Umgebung ungewöhnlichen Sisalagaven verraten, dass der Ort eine seltsame Geschichte erzählen kann. 1902 kam Siedentopfs jüngerer Bruder Friedrich Wilhelm hinzu, der im Südwesten des Kraters den «Teichhof» anlegte, und seit 1911 lebte zudem Adolfs Frau Paula im Ngorongoro. Sie waren nicht allein, und beide Brüder hätten die erste Zeit der Ansiedlung kaum überstanden, wenn ihnen nicht die von Fritz Jaeger erwähnten «zu ihrem Farmbetrieb gehörigen Leute» hilfreich gewesen wären. Das waren Massai, die seit jener Zeit im Krater lebten, in der sie die Datoga daraus vertrieben hatten und von denen Jaeger an anderer Stelle mitteilte, sie seien «beinahe ausgestorben». Nur mit ihrer Hilfe gedieh das Vieh – auf Soltau waren es zum Schluss 1200 Rinder, 3000 Schafe, 40 Esel und 15 Pferde –, das fortwährend von Seuchen und Raubtieren bedroht wurde. Adolf Siedentopf lebte nun so zwanglos, wie er es ersehnt hatte. Er war dafür bekannt, dass er Mitteilungen der deutschen Behörden stets ungeöffnet auf einen Nagel am Dachbalken spießte. Da ebenso lautbar wurde, er habe ein Maultier, das ihn getreten hatte, mit der bloßen Faust erschlagen, blieben ihm mahnende Besuche erspart. Bis zum März 1916 jedenfalls, als Angehörige der Schutztruppe ihm und seiner Frau die Nachricht brachten, sie müssten die Farm räumen und das Vieh dem Militär übergeben: Der Erste Weltkrieg erreichte den Ngorongoro.

Gnus – wer sie aus der Nähe betrachtet, der versteht, weshalb sie auch «Clowns der Steppe» genannt werden.

Siedentopf wurde ein halbes Jahr später von den Briten interniert, seine Paula wies man 1920 aus. Ihr gemeinsamer Versuch, in Deutschland ein neues Leben zu beginnen, scheiterte gänzlich. Während sie zeitweilig in Hamburg lebten, musste der hünenhafte, bärenstarke Mann, der in Afrika keinen Führer brauchte, als er ein Ochsengespann durch die Weite der Massaisteppe lenkte – das war seine und Paulas Hochzeitsreise gewesen –, mehrfach von Polizisten nach Hause gebracht werden. Nach zwei Jahrzehnten in Afrika verwirrte ihn die Großstadt mit ihrem Verkehr und den vielen Menschen heillos. Sie gingen deshalb nach Amerika, zunächst nach Montana, doch da war es zu kalt, dann nach Alabama, aber ihre Farm kam nicht aus wirtschaftlichen Schwierigkeiten heraus. Adolf Siedentopf starb 1932 an einer Gehirnblutung. Seine Schadenersatzforderung in der Höhe von 1042706 Reichsmark, die er zuvor an die deutsche Regierung gerichtet hatte, ist wohl unbeantwortet geblieben – lediglich die britische überwies ihm 494 Pfund Sterling nach Amerika.

Jemand, der sich dazu berufen fühlte, hat Siedentopf als unbedarften Schlächter dargestellt, der fortwährend Massai, Elefanten, Löwen sowie vor allem die Gnus im Krater niedermetzelte, um ihre Zungen, von seiner Frau in Konservendosen eingekocht, nach Deutschland zu verkaufen. Für den zuletzt erhobenen Vorwurf gab es Zeugen. Über Adolf Siedentopfs Art der Aneignung des Fremden zu schreiben, bleibt allerdings ein Wagnis, solange man seine wunderbaren Tiergeschichten nicht gelesen hat. Heute bemerken zuweilen Touristen eine Hinterlassenschaft der Siedentopfs: den Klee, der sich über einen Teil des östlichen Kraterrandes ausgebreitet hat. Aber der Fahrer weiß nichts darüber zu sagen, und ein Glücksklee ist ohnehin nicht darunter.

Als Jaeger, Oehler und Siedentopf da im Dezember 1906 um einen Napfkuchen auf der Farm beisammensitzen, ist nichts zu ahnen von Krieg und frühem Tod. Sie verstehen einander gut. Der Farmer, der damit begonnen hat, auch Strauße zu züchten und junge Gnus für zoologische Gärten einzufangen, lässt einen Pfad für Ochsenkarren anlegen, der Engaruka mit dem Hochland verbindet, reist viel umher zwischen Grabenbruch und Victoriasee und kann den Forschern manchen Ratschlag geben. Sein Anwesen wird immer wieder zum Ort von Zuflucht und Erholung. Ein solcher Ort ist auch notwendig, denn Sie-

Lob des Bergsteigens

Blick vom Oldonyo Lengai nach Süden. Die von Asche bedeckten, bizarr geformten Tuff-Felsen der Pearly Gates wirken wie verschneite Skulpturen.

«Aus dem Chaos von Linien und Formen, welches da vor unseren Augen liegt und welches beim ersten Anblick unentwirrbar scheinen kann, werden wir bald gewisse Hauptzüge herausfinden. Eine Uferlinie oder eine Bergkette begrenzen das Beobachtungsfeld. Wasseradern und große Faltungen des Bodens zerlegen es in Unterabteilungen. Man geht von den großen Massen zu den Einzelheiten über und erhält so ein Netz, dessen Maschen immer dichter werden und in welches auch isolierte und geringfügige Objekte sich einbeziehen lassen. So gelangt man dazu, das Ganze zu umfassen und sich zurechtzufinden in dem, was anfänglich ein Labyrinth schien.

Man muss durchaus auf Berggipfel steigen, wenn man die großen Züge der Bodengestalt eines Landes, gewissermaßen das Gerippe oder Gebälk desselben, richtig erkennen will. Von Punkten der Ebene aus überblickt man immer nur zu beschränkte Gebiete; man sieht wohl die Konturen einer Bergkette, aber man gewinnt keine Vorstellung von ihrem Streichen und ihrer Verzweigung. Befinden wir uns aber auf dem Gipfel eines Berges, so liegt die weite Gegend ausgebreitet vor unsern Augen; die Details verschwinden, und die großen Züge treten hervor. Je mehr man sich erhebt, um so mehr gleicht das Land zu unsern Füßen einer topografischen Karte; auf diese Weise also, durch Bergbesteigungen, erhält man eine Vorstellung von einem Lande, welche als getreues Bild desselben gelten kann.»

David Kaltbrunner, «Der Beobachter. Allgemeine Anleitung zu Beobachtungen über Land und Leute für Touristen, Exkursionisten und Forschungsreisende», Zürich 1882

dentopfs Gäste brennen ein wahres Feuerwerk von Gipfelbesteigungen ab. «Auch hier», schrieb Jaeger darüber, «bestiegen wir sämtliche Berge, wie ich überhaupt auf Bergbesteigungen, die eine weite Übersicht gewähren, stets den größten Wert legte.» Was da bescheiden festgestellt wird, sähe in einem Tourenbuch so aus: Oldeani (3216 m), Lemagurut (3132 m), Gipfel der Somma am Embakaai (Ela Nairobi, 3231 m), Olosirwa (Sirua, 3322 m), Loolmalassin (3648 m; die höchste Erhebung zwischen Mount Meru und den Virungavulkanen am Kivusee), Olmoti (3099 m) und so weiter.

Es gibt eine Fotografie von Fritz Jaeger aus der Zeit seiner Reisen in Deutsch-Südwestafrika – damals war das heutige Namibia noch deutsche Kolonie. Die Aufnahme zeigt ihn auf irgendeiner Farm, fein zu einem Empfang hergerichtet: weißer Leinenanzug, schwarze Weste und Fliege, gepflegter Vollbart, und das von der Sonne schwarz gebrannte Gesicht will nicht so recht zu diesem Aufzug passen. Jaeger lächelt. Die Erklärung dafür findet sich an dem Baumstamm hinter ihm, an den ein Schild genagelt worden ist: «Ausspannen verboten! Das Kaiserliche Bezirksamt.» Das Gebot könnte das Motto seines Forscherlebens sein.

Und das mit Kompass, Peiltisch, Sextant, Chronometer, Theodolit, Messlatten, Thermometer, Psychrometer, Barometer. Danach, im Lager, die grafische Triangulation und eine Vielzahl von Berechnungen – oft unter einer Sonne, die das Hirn kochen lässt. Ist es Ehrgeiz, der da wirkt? Sicherlich auch, vor allem aber wohl das Glücksgefühl, das man empfindet, wenn man eine sinnvolle Aufgabe ganz selbständig erfüllt.

Außer Mühen auch Gefahren? Gewiss, weniger von den allgegenwärtigen Nashörnern, über die schon Oscar Baumann schrieb: «Vor allem ist das Nashorn nicht sehr scheu, und wenn der Wind nur halbwegs günstig ist, so kann man sich ohne weiteres bis auf 30 Schritte nahen, ohne dass es sich stören lässt. Um auf 30 Schritte ein Rhinozeros zu treffen, braucht man gerade kein hervorragender Schütze zu sein, und wenn die Kugel in den Oberleib oder (mit dem kleinkalibrigen Gewehr) in den Kopf einschlägt, so fällt das Tier meist ohne weiteres. Verwundet man es an einer anderen Stelle, so läuft es entweder davon, und zwar so schnell, dass eine Verfolgung selten Erfolg hat, oder es greift den Jäger an. Dieser Moment wird von den Nimroden meist besonders grell ausgemalt. Ihre Begleiter laufen gewöhnlich davon, und nur der Nimrod hält dem anstürmenden Koloss stand. Das klingt sehr gefährlich, der ‹anstürmende Koloss› ist aber so gut wie blind, ein Schritt auf die Seite genügt, und er rast vorbei, bleibt dann stehen und blickt sich verwundert nach dem Jäger um, der ihm dann in aller Ruhe von nächster Nähe eine zweite Kugel in den Leib jagen kann.» Ungleich gefährlicher sind die ebenfalls zahlreich erscheinenden Büffel: im Falle alter Bullen eine Tonne Muskeln, tödlicher Hörner und nachtragender Schlauheit. Bisweilen kann man sehen, wie sie Löwen wie Hühner umherscheuchen. Ihretwegen werden Wanderer im Hochland heute von Rangern

Nashörner – hier Breitmaulnashörner – sind in Ostafrika nur noch überaus selten zu sehen. Ihre spitzmäuligen Verwandten haben Wilderer nahezu ausgerottet.

Rechte Seite: Szene vom Weg zum Seeufer im Embakaai. Die beiden Massai im Hintergrund, kenntlich an den Shukas, begleiten Touristen.

mit Maschinenpistolen oder von mit Speeren bewaffneten Massai begleitet. Man darf dann darauf vertrauen, dass diese Begleiter ihr Bestes geben werden, aber der Ausgang ist zweifelhaft. Darüber hinaus gelten die Ratschläge der Massai: beim Angriff eines Massais ein Grasbüschel hochhalten, bei dem eines Büffels sich auf den Boden werfen, bei dem eines Elefanten sich hinter einem Baumstamm verbergen. Und immer hoffen: dass der Massai es nicht ernst meint, dass man von dem anstürmenden Büffel nicht getreten wird und dass ein Baum in der Nähe ist.

Die nur durch einen Hochpass getrennten Gipfel des Loolmalassin-Olosirwa-Massivs benennt Jaeger zum einen nach dem Heidelberger Geografen Alfred Hettner, seinem Lehrer, zum anderen nach Carl Uhlig. Uhlig wird sich in seiner 1909 erscheinenden Karte damit bedanken, dass er den höchsten Punkt auf einem Ausläufer der Somma am Embakaai «Jaegergipfel» nennt, und so steht es noch auf heutigen Karten: Jaeger Summit. Die Landschaft um den Jaegergipfel ist vielleicht jene, von der die Forscher am tiefsten beeindruckt werden. Wer vom Ngorongoro her über den engen «One Trough Pass» gefahren oder gelaufen kommt, erblickt dort zur Rechten, über weißen Wolkenschleppen und sattgrünem Bergregenwald, erstmals den Oldonyo Lengai: steil, in silbernem Grau und strengem Faltenwurf, so verschieden von den anderen Bergen, dass man sich seiner Magie nicht entziehen kann. Fritz Jaeger verschwendet kein Wort darauf, aber es ist gut vorstellbar, wie dieser Anblick auf ihn wirkt und ihn für eine nachdenklich verbrachte halbe Stunde bannt. Zur Linken liegt dann eines der großartigsten Naturschauspiele des Kraterhochlandes: der Em-

Der See im Embakaaikrater, dessen Ufer von Flamingoscharen gesäumt wird. Darunter der Oldonyo Lengai in der Ansicht vom nördlichen Hochland der Riesenkrater.

bakaaikrater. «In gewaltigem Amphitheater fallen die Kraterwände ab zum Boden des Kessels, durch vorspringende Pfeiler gestützt, von Gipfelzinnen gekrönt. Tausend Meter überragen sie den See auf seinem Grunde. Tief da drunten liegt er, hier die dunkel bewaldeten Kraterwände spiegelnd, dort vom Wind zu glitzernden Wellen erregt. Mitten auf dem blaugrünen See erregt ein rosenfarbiger Fleck unsere Aufmerksamkeit, der einer Amöbe gleich seine Gestalt verändert, sich teilt und wieder vereinigt.» Gemeint ist das Ballett der Flamingos im Kratersee, der im Verlauf des Tages Färbungen in allen Spielarten von Jadegrün bis zum Meerblau annimmt. Bodenlos tief soll er sein, behaupten die Massai noch heute, aber Henry Fosbrooke hat ihn ausgelotet und dabei niemals mehr als 60 Meter Lotleine gebraucht.

Inzwischen führt ein gepflegter Weg hinunter, auf dem Touristen das Ufer in einer Stunde erreichen. Eduard Oehler brauchte dafür sechs Stunden: durch einen dichten Wald von Hageniabäumen und Würgefeigen, immer wieder froh, wenn ein Nashornpfad ihm das Vordringen erleichterte. Die Vielzahl solcher Pfade, von denen so häufig die Rede ist, gehört für den heutigen Leser zu den erstaunlichsten Dingen, weil Nashörner bis auf das reichliche Dutzend, das mit Peilsendern in den Hörnern in einem bewachten Teil des Ngorongoro umhertrottet, gänzlich aus dieser Landschaft verschwunden sind. Derzeit sieht es so aus, als ob diese Tiere aussterben werden, weil Wilderer nicht aufhören, ihnen nachzustellen. Nashörner gibt es in den verschiedenen Formen ihrer Evolution seit mehr als 50 Millionen Jahren – nun enden vielleicht die Hörner der letzten ostafrikanischen Exemplare als Zierde jemenitischer Dolche oder als Medizin in asiatischen Apotheken.

Gehört der besagte Leser gar zu jenen, die nunmehr das Hochland während einer Walking Safari erkunden, so kann er auf dem Weg von einem sogenannten Special Camp zum anderen – «special» bedeutet in dieser Gegend immer, dass es dort kein Wasser gibt – noch etwas von den Mühen der Forscher nachempfinden. Nur etwas, denn wenn er zum Beispiel seine Digitalkamera auf den Kratersee richtet, wird er sich kaum vorstellen können, was es hieß, eine der Balgenkameras im Format 9x12 und 13x18 herumzuschleppen, die Jaeger und Oehler mitführten. Schweißtreibend war das selten, es ist dort zu jeder Jahreszeit kühl, nachts sinkt die Temperatur manchmal bis zum Gefrierpunkt, und es hagelte, als die beiden erstmals am Rand des Embakaai standen. Doch sie mussten – nach der Flucht des Führers und mehrerer Träger – noch tragen, was nunmehr Touristen auf Eselsrücken oder in den Kofferräumen von Geländewagen begleitet: Faltboot, Zelt, Ausrüstung, Verpflegung, vor allem Wasser. Dafür waren sie die ersten Europäer dort, und wie bewegend muss es für Fritz Jaeger gewesen sein, als er das «Horn der Kälte», späterhin Jaeger Summit, erreichte und von dort zum Oldonyo Lengai hinübersah. Allerdings, die Überreste eines Ndorobolagers zeigten den Forschern, dass ihre Spuren nicht als erste durch die schwarze Vulkanasche führten.

Vorangehende Doppelseite: Der Gottesberg, gesehen von der Massaisiedlung Oltevesi.

Abendliche, vom Hunger geweckte Unterhaltungen am Lagerfeuer: Austern mit Meerrettich, Fasan in Trüffelsoße, Hecht mit Parmesankäse, Kalbsbrust mit Kapern und Rosinen, Rinderrostbraten mit Sardellenbutter, Gänseleber in Blätterteig, krustierte Wildschweinkeule mit Preiselbeeren, Rebhuhnpastete, Taubenfrikassee mit Spargel, Baumkuchen, Lübecker Marzipan, Mokkaparfait, Wiener Punschtorte, Birnenschnaps. Oehler entscheidet sich schließlich für aufgewärmten Räucheraal mit Rührei und eine eiskalte Karaffe Chardonnay, Jaeger bleibt unschlüssig. Ihre Gespräche gelten freilich nicht nur heimatlichen Gerichten, seit sie unter der Flora des Kraterrandes erstaunt Adlerfarn, Studentenblumen und sogar Vergissmeinnicht bemerkt haben. Es wird jemanden geben, an den sie da denken.

Irgendwann stellt sich heraus, dass die mitgeführten Metallkoffer wasserdicht sind, und sie leiden nun endlich weniger unter dem Mangel an Wasser. Meistens jedenfalls – auch das Wasser im Embakaaikrater erweist sich als salzig. Was ihnen während der gesamten Zeit gänzlich treu bleibt, das ist das Fieber: Als die Expedition endet, muss Eduard Oehler in einer Hängematte zur Küste getragen werden.

Embakaai ist der göttliche Entwurf für ein afrikanisches Hochland. Vom «Horn der Kälte» erreicht der Blick den Ngorongoro-Krater, die Oldupaischlucht, das Grasmeer der Serengeti, die Granitbuckel der Gol Mountains, den pflaumenfarbenen Natronsee, Oldonyo Lengais Silbergipfel und im Osten an klaren Tagen sogar Meru und Kilimandscharo. Als sie das alles gesehen und kartiert hatten, verließen die Forscher das Hochland der Riesenkrater. Eduard Oehler trieb es 1912 nochmals zum Kilimandscharo, Fritz Jaeger erkundete künftig den Südwesten Afrikas, reiste in Mexiko und Algerien, wurde ein bedeutender Geograf, der schließlich zwei Jahrzehnte lang an der Universität Basel lehrte. Das Lehramt wurde ihm 1947 entzogen. Weit gereist, aber politisch weltfremd – schon die Zeit des Ersten Weltkrieges verbrachte Jaeger in Deutsch-Südwestafrika, und Kolonisation sah er allein als kulturelle Leistung an –, hatte er seine Bindungen an Deutschland nicht aufgeben wollen. Sieht man ab von den nun überwiegend in deutschen Verlagen erschienenen Veröffentlichungen, so wurde es still um den Erstbesteiger des Gottesberges. 1958, siebenundsiebzigjährig, besuchte er als Leiter einer Reisegruppe wiederum die Landschaften, die er als junger Mann durchstreift hatte und die ihn nicht losließen. Es gibt Gegenden, in die muss man zurückkehren – und wenn es als Besenreiter geschieht. Die vielen Leser von Bernhard Grzimeks «Serengeti darf nicht sterben» lasen im Jahr darauf über Jaeger: «Wir [...] fliegen zum Natronsee. Dazu halten wir schnurgerade auf den ‹Berg Gottes›, den L'Engai, zu. Eigentlich ist es gar kein richtiger Berg, dazu ist er viel zu steil, wie ein Zuckerhut; es ist ein junger Vulkan, der in den letzten Jahrzehnten noch ein paar Mal Ausbrüche gehabt hat. Um die Spitze hat er große weiße Felder. Das ist kein Schnee wie am Kilimandscharo, sondern rührt von Salzschlamm her, den er ausgeworfen hat. Wir klettern mit unserer Maschine immer höher in die Luft, bis wir über der Vulkanöffnung sind. Ich muss hier ein paar Aufnahmen machen. Kaum glaublich, dass ein Mensch diese steile Esse hinaufsteigen kann. Und doch hat das Professor Fritz Jaeger getan, der 1906/07 als Geograf zu Fuß das ganze Reich der Riesenkrater abmarschiert und eine wundervolle, bis heute noch kaum verbesserte Karte gezeichnet hat. Er lebt jetzt in Zürich und hat mich um diese Fotos gebeten.»

Auch 1966, vermeldete Henry Fosbrooke in seinem Buch über das «achte Weltwunder» Ngorongoro, kam Fritz Jaeger nochmals in das Hochland am heiligen Berg der Massai. Er fand die Landschaft besiedelt und war nicht sicher, ob er sich darüber freuen oder es bedauern sollte. Am Fuß des Oldonyo Lengai waren Hütten wie Pilze aus der Steppe gewachsen, darüber sah er den Berg: hochfahrend, alt und faltenreich und abweisend mit den Wolken redend, als ob es Carl Uhlig und ihn und all die anderen nie gegeben hätte. Im August begann dann der rote Engai zu tanzen, vertrieb Menschen und Tiere, hüllte das Umland in eine dicke Ascheschicht und beruhigte sich erst im November, als Fritz Jaeger in Zürich starb. Da sammelte der Vulkan Kraft für einen neuerlichen Ausbruch im folgenden Juli, und es sollte Jahre dauern, bis wieder Menschen auf den Hängen des Gottesberges erschienen.

Anhang

Zeittafel: Oldonyo Lengai und das Gebiet der Kisongo-Massai

1856 Von den Missionaren Jakob Ehrhardt, Ludwig Krapf und Johannes Rebmann nach den Angaben von Karawanenführern sowie nach eigenen Forschungen zusammengestellte Karten bilden den Oldonyo Lengai ab und bezeichnen ihn als «Berg Gottes» sowie als «schneebedeckten Berg».

1862 Auch auf einer Karte der Afrikareisenden Carl Claus von der Decken, Otto Kersten und Richard Thornton erscheint der Oldonyo Lengai gemeinsam mit Mount Kenya und Kilimandscharo als «Schneeberg».

1880 Explosiver Ausbruch

1882 Explosiver Ausbruch

1883 Gustav Adolf Fischer forscht zwischen Pangani und Naivashasee und erblickt den Oldonyo Lengai als erster Europäer.

1885 Carl Peters und andere schließen (bis 1890) im Gebiet der späteren Kolonie Deutsch-Ostafrika sogenannte Schutzverträge.

1890 «Jahrzehnt der Katastrophen»: 1890 und in den folgenden Jahren Viehsterben durch Rinderpest, Lungenerkrankungen und Milzbrand. Die Viehseuchen gehen einher mit einer Pockenepidemie unter den Massai.

1891 Deutsch-Ostafrika wird zur Kronkolonie erklärt.

1892 Oscar Baumann als erster Europäer im Ngorongoro-Krater

1894 Unvollständige Lengai-Besteigung durch Oskar Neumann

1896 Krieg unter den Massai, geführt zwischen Anhängern Olonanas (Lenana) und Sendeyos (Sendeu), der Söhne des Oberlaibons Mbatiany

1900 Deutsche Truppen vertreiben die Massai und ihren Oberlaibon Sendeyo aus dem Landstrich zwischen Kilimandscharo und Meru auf britisches Gebiet, wo sie erneut in einen Krieg mit anderen Massai geraten.

1904 Lengai-Erstbesteigung durch Fritz Jaeger, Erforschung des Ostafrikanischen Grabens vom Norden des Natronsees bis zum Manyarasee mit Carl Uhlig

1905/06 Der weitaus größte Teil der Massai in Deutsch-Ostafrika wird gezwungen, in einer Reservation am oberen Pangani zu leben.

1907 Fritz Jaeger und Eduard Oehler erforschen das Gebiet des Ostafrikanischen Grabens von Gebieten südlich der Seen Eyasi und Manyara bis nach Engaruka sowie das Hochland der Riesenkrater.

1910 Zweite Lengai-Besteigung durch Carl Uhlig und F. Th. Müller

1913 Dritte Lengai-Besteigung durch Hans Reck

1914 Beginn des Ersten Weltkrieges, erste Gefechte zwischen deutschen und britischen Truppen

1917 Explosiver Ausbruch; nach dem Zerfall der deutschen Herrschaft verlassen viele Massai die Reservation und gehen in Gebiete westlich von Arusha zurück.

1918 Ende des Ersten Weltkrieges

1920 Das ehemalige Deutsch-Ostafrika (ausgenommen die Residenturen Ruanda und Burundi) wird unter dem Namen Tanganyika britisches Mandatsgebiet.

1921 Explosiver Ausbruch

1926 Explosiver Ausbruch

1928 Ngorongoro Complete Reserve (Jagdverbot)

1930 Ngorongoro und Serengeti Closed Reserve; Walter Mittelholzer und Alfred Künzle überfliegen den Oldonyo Lengai.

1940 Explosiver Ausbruch

1951 Gründung des Nationalparks Serengeti (14763 Quadratkilometer)

1952 Gründung des Schutzgebietes Mkomazi (Game Reserve)

1954 Explosiver Ausbruch

1955 Explosiver Ausbruch

1957 Gründung des Schutzgebietes (Game Reserve) Tarangire

1958 Explosiver Ausbruch, Unterzeichnung eines Vertrages mit zwölf Massaiältesten, der den Auszug der Massai aus der Serengeti regelt (bis 1959); die damit verbundenen Versprechen von Schulen, Straßen und Brunnenbohrungen bleiben unerfüllt.

1959 Teilung des Nationalparks Serengeti in Serengeti und Ngorongoro Conservation Area (NCA), Vergrößerung durch Einbeziehung des Kakesio-Endulen-Gebietes

1960 Explosiver Ausbruch, Gründung des Nationalparks Lake Manyara (325 Quadratkilometer)

1961 Tanganyika wird unabhängig.

1964 Vereinigung von Tanganyika, Sansibar und Pemba zur Republik Tansania

1966 Explosiver Ausbruch

1967 Explosiver Ausbruch

1970 Gründung des Nationalparks Tarangire (2600 Quadratkilometer), Weide- und Tränkverbot sowie Vertreibung der dort lebenden Massai

1970 Maasai Range Project: Von USAID finanziertes Vorhaben, tansanisches Massailand in 22 Großfarmen aufzuteilen; der umfassendste Versuch dieser Art scheiterte, es entstanden nur acht zeitweilige Farmbetriebe, in denen bald Überweidungsschäden auftraten.

1974/75 Staatliche «Operation Imparnati»: Zwangsansiedelung von Massai

1975 Verbot des Ackerbaus im NCA

1977 Tansania schließt die Grenze zu Kenia.

1979 Ngorongoro wird von der UNESCO zum Welt-Naturerbe erklärt. Ausweisung der Massai aus dem Krater, Schließung mehrerer Weidegründe im NCA

1981 Die UNESCO erklärt die Serengeti zum Welt-Naturerbe.

1983 Explosiver Ausbruch, Öffnung der Grenze zu Kenia

1987 Wegen illegalen Ackerbaues im NCA werden 666 Massai zeitweilig festgenommen, 558 verurteilt man zu Haft- und Geldstrafen.

1988 Gründung des Nationalparks Mkomazi (3234 Quadratkilometer), Vertreibung der dort lebenden Massai seit dem Jahr zuvor

1992 Beschränkter Ackerbau (keine Verwendung von Pflügen, vorgeschriebene Anbauflächen) im NCA wieder gestattet; die größten Äcker werden von Zugewanderten – darunter Angehörige der Parkverwaltung – betrieben und dienen nicht deren Ernährung, sondern sollen Gewinn bringen.

1994 Explosiver Ausbruch und das Beispiel Simanjiro: In dem vornehmlich von Massai besiedelten Distrikt wird von 80 Großfarmen auf 50 000 Hektar Getreide für den Export angebaut. Um zu verhindern, dass die Massai ihr Vieh nach der Ernte auf den Feldern weiden lassen, verbrennt man Stoppeln und Stroh.

2001 Neuerliches Verbot des Ackerbaus im NCA

2002 Ergebnisse der Zählung im NCA: 59 858 Massai mit 117 300 Rindern, 18 441 Eseln sowie 164 490 Schafen und Ziegen

2007 Explosiver Ausbruch; nahezu 3000 Menschen verlassen zeitweilig ihre Siedlungen.

2008 Explosiver Ausbruch

Informationen zur Anreise und Besteigung

Anreise

Der nächste internationale Flughafen ist Kilimanjaro International Airport, etwa in der Mitte zwischen Arusha und Moshi gelegen. Er wird von vielen Fluggesellschaften angeflogen, darunter Lufthansa, Condor, Swiss, KLM, British Airways, Air France, Ethiopian Airlines. Abhängig vom Wohnort des Reisenden und von der gewählten Gesellschaft kann es zu sogenannten Gabelflügen über Frankfurt, Amsterdam oder Paris kommen. Daneben ist es möglich, einen der preiswerteren Flüge nach Nairobi zu nutzen und von dort mit einem der Shuttle-Services in etwa fünf Stunden nach Arusha oder Moshi zu gelangen. Fahrten mit diesen klimatisierten Bussen sind geradezu billig, aber wahrscheinlich gelingt es vielen Reisenden nicht, Beamte in Nairobi von ihrem Status als Transitreisende zu überzeugen, sodass auch noch Visagebühren für Kenia entrichtet werden müssen. Im Vergleich mit einem Direktflug erscheint dieser Reiseweg dennoch häufig günstiger.

Von Staatsbürgern Deutschlands, Österreichs und der Schweiz werden für die Einreise nach Tansania ein noch mindestens sechs Monate gültiger Reisepass sowie ein Visum verlangt, das man entweder bei einer tansanischen Botschaft (Antragsformular im Internet, Passbild, Kopie vom Rückflugticket, 50 Euro) oder am Kilimanjaro International Airport (50 Dollar) erhält. Sieht man ab von der Wartezeit nach der Ankunft, ist der zuletzt genannte Weg unkomplizierter: Die Anträge werden im Flugzeug ausgegeben, und man benötigt zum Beispiel keine Passbilder. Der früher unumgängliche Nachweis einer Schutzimpfung gegen Gelbfieber wird nur noch gefordert, wenn man aus einem Land einreist, in dem Gelbfieber auftritt. Bestandteile solcher Anforderungen können sich verändern und sollten vor der Reise nochmals erfragt werden.

In Tansania kommt man am besten mit baren US-Dollars und Reiseschecks in dieser Währung voran. Es ist zweckmäßig, Teilbeträge davon in den Banken oder Wechselstuben von Moshi oder Arusha in tansanische Schillinge umzutauschen, weil Forderungen in Dollars oft sehr großzügig aufgerundet werden. Kreditkarten kann man nur in den Großstädten und in Hotels der Oberklasse verwenden.

Gesundheitsvorsorge und Sicherheit

Grundlage jeglicher Gesundheitsvorsorge muss das Gespräch mit einem in solchen Belangen erfahrenen Arzt sein. Der wird unter anderem zu einer Malariaprophylaxe raten, die schon vor der Reise beginnen sollte. Mehrere der entsprechenden Medikamente schränken die Leistungsfähigkeit ein und haben – das ist individuell sehr verschieden – zum Teil erhebliche Nebenwirkungen. Sie werden deshalb von manchen Bergsteigern abgelehnt. Überdies soll die Anopheles-Mücke, der Überträger der Malaria, in Höhen von mehr als 1800 Metern nicht vorkommen. Ein Aufenthalt in Ostafrika bleibt ohne Malariaprophylaxe allerdings immer ein sehr erhebliches Risiko. Empfohlen wird wahrscheinlich auch eine Schutzimpfung gegen Cholera sowie eine weitere gegen Hepatitis, die lange Zeit vor der Reise beginnen muss. Besonders gut informiert wird fraglos derjenige, der ein Tropeninstitut oder eine ähnliche medizinische Einrichtung in seiner Nähe findet, ansonsten können Internetseiten wie travelmed.de hilfreich sein. Was den persönlichen Vorrat an Medikamenten anbelangt, so dürfen darunter Mittel gegen Durchfallerkrankungen nicht fehlen.

Auch in Tansania können Touristen sich bei Flugrettungsdiensten versichern. Feldflugplätze sind im Norden des Landes selten sehr weit entfernt, und die Hoffnung, nach einem Unfall in eine Spezialklinik geflogen zu werden, stimmt sicherer. Wer die Qualität seines Reiseveranstalters einschätzen will, wird sich erkundigen, ob dessen Angebot eine derartige Leistung einschließt.

Wenn uns Schreckensmeldungen über Pogrome in Ostafrika erreichen, dann wird Tansania häufig mit Kenia verwechselt. Das ist nicht gerechtfertigt; auch die Übergriffe somalischer Banditen, die von Kenia her den Norden Tansanias heimsuchten, sind anscheinend beendet. Durch Diebstähle gefährdet ist ein Reisender überall auf der Welt und vielleicht am wenigsten in der Gegenwart von Massai. Auskunft über die allgemeine Sicherheitslage geben Internetseiten der Auswärtigen Ämter.